Thomas C. Rochford

Die schönsten
KAKTEEN
und Sukkulenten

W0035450

Thomas C. Rochford

Die schönsten
KAKTEEN
und Sukkulenten

Aus dem Englischen von Hans-Georg Riebold
Bearbeitet von Dr. Erich Götz

Illustriert von June Baker,
mit 255 Farbzeichnungen
und 19 Schwarzweißzeichnungen

Inhalt

Thomas Christopher Rochford ist bereits der vierte Träger des Namens Thomas Rochford in dem schon im Jahre 1876 gegründeten Familienunternehmen, einer Gesellschaft, die sich auf Topfpflanzen spezialisiert hat. Schon als kleiner Junge zeigte er besonderes Interesse für Kakteen und Sukkulenten. Inzwischen gilt er als anerkannter Fachmann auf diesem Gebiet.
Nach dem Studium der klassischen Philologie am Ampleforth College in Yorkshire schloß er im Jahre 1968 an der Universität Cambridge sein Jurastudium ab. Zunächst arbeitete er eine Zeit in Deutschland und kehrte anschließend wieder in das Familienunternehmen zurück, wo er den wichtigen Bereich »Blumen aus der Wüste« betreute.
Nach Erlangung eines Diploms für Betriebswirtschaft trat er im Jahre 1972 in den Vorstand der Firma Thomas Rochford and Sons Limited ein und wurde nach Ausscheiden seines Vaters zum Geschäftsführer des Unternehmens berufen.

June Baker studierte am Southport College of Art. Seit 27 Jahren arbeitet sie als Gebrauchsgraphikerin, wobei sie sich besonders als Designerin feiner Stoffe sowie als Malerin von Landschafts- und Blumenbildern in Aquarelltechnik einen Namen machte.
Langjährige Erfahrungen mit Kakteen und Sukkulenten kamen ihr bei der Buchillustration zugute. Sie ist Mitglied der Kakteengesellschaft von Southport und besitzt eine Sammlung von hunderten solcher Pflanzen. Durch gezielte Reisen in die Heimat vieler Kakteen, die sie nach Südkalifornien, in die Wüste von Arizona und nach Mexiko führten, vertiefte sie ihr Spezialwissen noch weiter.
June Baker lebt mit ihrem Mann und einem Sohn in Formby, einem Ort in der britischen Grafschaft Lancashire.

Dank

Herr J. E. Bolton, Altcar Road, Formby, Merseyside, England, stellte Frau June Baker freundlicherweise seine umfangreiche Kakteen- und Sukkulentensammlung für ihre künstlerischen Arbeiten zur Verfügung.
Der Firma Thomas Rochford and Sons Limited danken wir für die Bereitstellung von Pflanzen für den gleichen Zweck.

CIP-Kurztitelaufnahme der Deutschen Bibliothek

Rochford, Thomas C.
Die schönsten Kakteen und Sukkulenten/
Thomas C. Rochford.
Illustriert von June Baker, aus dem Englischen
von Hans-Georg Riebold. Bearb. von Erich Götz.
Stuttgart: Ulmer, 1986.
   ISBN 3-8001-6185-0
   NE: Baker, June; Götz, Erich [Bearb.]

© 1976, 1983 The Hamlyn Publishing Group Limited
Titel der Originalausgabe: The Collingridge Book of Cacti and other Succulents
© 1986 Verlag Eugen Ulmer GmbH & Co.
Wollgrasweg 41, 7000 Stuttgart 70 (Hohenheim)
Das Werk einschließlich aller seiner Teile ist urheberrechtlich geschützt. Jede Verwertung außerhalb der engen Grenzen des Urheberrechtsgesetzes ist ohne Zustimmung des Verlages unzulässig und strafbar. Das gilt insbesondere für Vervielfältigungen, Übersetzungen, Mikroverfilmungen und die Einspeicherung und Verarbeitung in elektronischen Systemen.
Printed in Germany
Umschlaggestaltung: Alfred Krugmann, Freiberg/Neckar
Umschlagillustrationen: June Baker
Satz: Typobauer Filmsatz GmbH, Ostfildern 3 (Scharnhausen)
Druck und Bindung: Druckhaus Neue Stalling GmbH & Co KG, Oldenburg

Vorwort

Sukkulenten steigen ständig in der Beliebtheitsskala der Hobbygärtner. Keine andere Pflanzenfamilie stellt so geringe Forderungen an Pflege und Umweltbedingungen. Die wachsende Nachfrage ermutigte den Handel, das Artensortiment laufend zu erweitern. Zunehmende Erfahrungen bei der Haltung und Aufzucht verbesserten schließlich die Erkenntnisse bezüglich optimaler Bedingungen für die Kultur dieser faszinierenden Pflanzen.

Leider lockt die Konjunktur auch Anbieter fragwürdiger »Accessoires« an. Hölzerne »Blumen«, in symmetrischen Mustern um die Pflanzen herum angeordnet, oder Einrahmungen aus grellbuntem Kies dürften wohl kaum den Geschmack eines echten Pflanzenfreundes treffen. Ich hatte das Glück, in Frau June Baker eine Künstlerin zu finden, die es in unnachahmlicher Weise verstanden hat, die natürliche Schönheit dieser Pflanzen im Bild darzustellen, so daß ich mich auf die Beschreibung der einfachen Maßnahmen, die zur Pflege und Kultur der einzelnen Arten erforderlich sind, beschränken konnte.

Das Buch wurde sowohl für den Anfänger als auch für den erfahrenen Sukkulentenfreund geschrieben. Die Kakteen habe ich nach botanischen Merkmalen geordnet, nicht ohne Unterschiede zwischen den einzelnen Arten so genau wie möglich zu definieren. Wesentliche Erkennungskriterien zur Bestimmung der einzelnen Spezies findet der Leser auf Seite 16, ergänzt durch Abbildungen auf der gegenüberliegenden Seite. Beim Aufsuchen der Beschreibung schon bekannter Gattungen hilft das Inhaltsverzeichnis.

Auf die große Vielfalt der vom Handel angebotenen Pflanzen habe ich bereits hingewiesen. Bei der Auswahl der in diesem Buch zu behandelnden Arten ließ ich mich nicht nur von geschäftlichen Erfahrungen, sondern auch von persönlichen Präferenzen leiten. Ausgezeichnete Veröffentlichungen über einzelne Gattungen, so z.B. *Epiphyllum* (Blattkakteen), aber auch allgemeine Beschreibungen der Sukkulenten sind bereits erhältlich. Ein für das Studium der Kakteen unerläßliches Standardwerk ist Backebergs Kakteenlexikon. Jacobson schrieb ein dreibändiges Werk über andere Sukkulenten. Solche Bücher erlauben natürlich eine viel umfassendere Übersicht über die vielen verschiedenen Arten.

Für die Zukunft ist mit einem weiteren Anstieg des Interesses – insbesondere an *Zygocactus*-Hybriden (Weihnachtskakteen) – zu rechnen. Eine europäische Regelung der Sortenschutzrechte steht unmittelbar bevor, so daß in Bälde auch die von U.S.- und dänischen Züchtern entwickelten Form- und Farbvarietäten dieser Hybriden auf dem britischen Markt erscheinen werden. Weitere Zuchterfolge sind vorprogrammiert.

Bleibt zu hoffen, daß das vorliegende Buch den Leser zum weiteren Studium und zur erfolgreichen Pflege und Aufzucht dieser fremdartigen, wunderschönen Pflanzen anregen wird.

Einführung

Verbreitung der Sukkulenten

Obwohl man im europäischen Bereich wildwachsende Kakteen rund um das Mittelmeer antrifft, steht zweifelsfrei fest, daß es sich dabei ausschließlich um eingebürgerte amerikanische Arten handelt. Die anderen Sukkulenten sind in allen fünf Kontinenten der Erde beheimatet. In vorhistorischen Zeiten kam es zur Aus-

wanderung einiger Kakteenarten. So ist *Rhipsalis cassutha* schon lange Zeit in Afrika zu Hause. Der Römer Plinius der Ältere (23–79 n. Chr.) erwähnte bereits Opuntien. Er verstand darunter aber keine Opuntien im heutigen Sinn, sondern irgendwelche Distelarten in Griechenland. Da es sich bei beiden Kakteen um Arten mit auffälligen Beeren handelt, geht man davon aus, daß die Samen von Vögeln über den Atlantik herübergebracht wurden. Die meisten Kakteen kommen in und um Mexiko vor. Aber auch weiter nördlich und vor allem in Südamerika kennt man zahlreiche eigene Spezies.

Heiße, trockene Zonen werden augenscheinlich von diesen Pflanzen bevorzugt, aber man findet sie selbst in subarktischen und subantarktischen Bereichen. Auch scheint die Höhe über dem Meeresspiegel für sie keine entscheidende Rolle zu spielen. Einige Spezies gedeihen nahe der Grenze ewigen Eises. Bevor Sie jedoch damit beginnen, Ihr Gewächshaus abzureißen, um Ihre faszinierenden Pfleglinge im Garten anzupflanzen, muß ich Sie daran erinnern, daß die atmosphärischen Bedingungen in den Heimatländern der Kakteen sich durch extreme Trockenheit auszeichnen. In gleicher Weise, wie wir dies von vielen alpinen Gewächsen wissen, würden diese Pflanzen die meist naßkalten Witterungsverhältnisse des Winters nicht überstehen.

Im allgemeinen werden Kakteen, die besonders weit vorgedrungen sind, weniger kultiviert. *Pterocactus valentinii* gilt als eine der südlichsten Arten. Sie ist in Patagonien heimisch. *Opuntia polyacantha* findet man noch nahe dem Peace River in Canada (56° nördlicher Breite). *Oreocereus trollii* gedeiht in Höhenlagen bis zu 4000 m. Den Höhenrekord halten die Opuntien mit der Art *Opuntia floccosa*, die man in einzelnen Fällen sogar in Höhen von 5300 m angetroffen hat. Die östlichste Spezies ist *Monvillea insularis* auf der Insel Fernando Narouha.

Sukkulenten, die sich nicht in die Familie der Kakteen einordnen lassen, sind in der Welt weiter verbreitet. In den großen Wüsten wie der Sahara, der Gobi oder der großen zentralaustralischen Wüste kommen sie nicht vor, wohl aber in Halbwüsten. In ihren dickfleischigen Blättern und anderen Pflanzenteilen speichern die Sukkulenten Wasser. Viele dieser Arten wachsen auch an den Küsten. So gedeihen in Wattbereichen Pflanzen, die in ihren fleischigen Blättern Süßwasser speichern und sich auf diese Weise in einer Brackwasserumgebung behaupten. Sukkulenten findet man hauptsächlich unter folgenden Pflanzenfamilien: Dickblattgewächse (Crassulaceae), bei uns hauptsächlich vertreten durch Fetthenne *(Sedum)* und Hauswurz *(Sempervivum)*, Wolfsmilchgewächse (Euphorbiaceae), wozu auch in unseren Breiten heimische nichtsukkulente Arten gehören, Eiskrautgewächse *(Aizoaceae)*, darunter die in unseren Gärten wachsende Mittagsblume *(Drosanthemum)*. Die sogenannte Hottentottenfeige *(Carpobrotus edulis)* ist in einigen Gebieten Englands und im Mittelmeergebiet sogar bereits heimisch geworden. Erstaunlicherweise gibt es auch bei den Agavengewächsen (Agavaceae) und unter den Liliengewächsen (Liliaceae) sukkulente Arten. Eine weitere Familie, die hier zu nennen ist, sind die Schwalbenwurzgewächse (Asclepiadaceae). Von den drei zuletzt genannten Familien existieren bei uns keine wildlebenden Sukkulenten. Bei vielen anderen Familien gibt es einige sukkulente Arten, z. B. bei den Korbblütern (Compositae) und selbst die als Hauspflanzen beliebten Pelargonien und Tradescantien haben einige Sukkulenten in ihrer Verwandtschaft.

Bei der so breit gefächerten Verbreitung der nicht zu den Kakteen zählenden Sukkulenten ist es naturgemäß schwierig, allgemeine Angaben über ihre Verbreitung zu machen. So kann man sagen, daß die Eiskraut- und Wolfsmilchgewächse unter ihnen hauptsächlich in Südafrika vorkommen, während Dickblattgewächse viel weiter verbreitet sind. Die hier interessierenden Arten

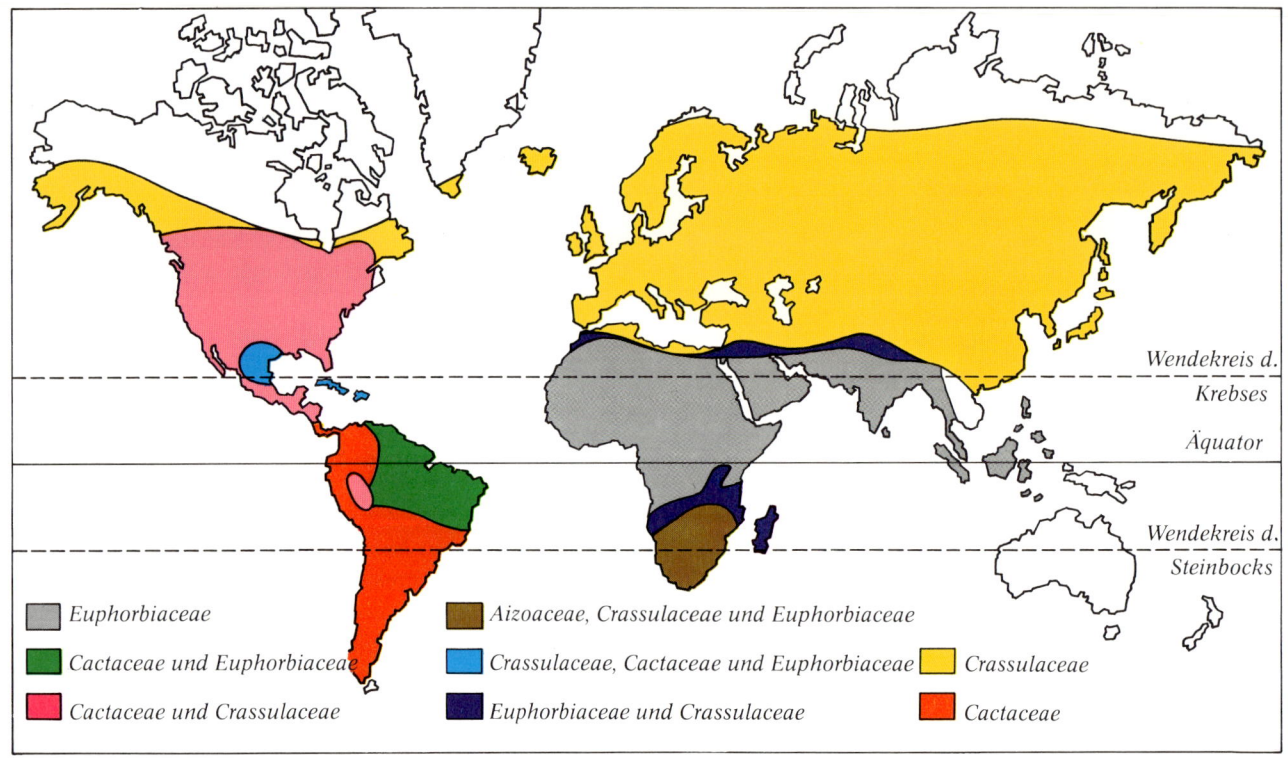

Hauptverbreitungsgebiete der Kakteen und anderer Sukkulenten.

Legende:
- Euphorbiaceae
- Cactaceae und Euphorbiaceae
- Cactaceae und Crassulaceae
- Aizoaceae, Crassulaceae und Euphorbiaceae
- Crassulaceae, Cactaceae und Euphorbiaceae
- Euphorbiaceae und Crassulaceae
- Crassulaceae
- Cactaceae

dieser Familie findet man fast in allen Ländern. Die sukkulenten Agaven- und Liliengewächse teilen sich wiederum in die Agaven, die hauptsächlich in Amerika und Westindien vorkommen, und die ihnen etwa ähnlichen Aloen, die man zusammen mit ihren Verwandten, den Haworthien und Gasterien, im südlichen Afrika findet.

Unterscheidungsmerkmale

Die Sukkulenten entwickelten ihre besonderen Formen im Kampf gegen eine pflanzenfeindliche Umwelt. Lange Trockenzeiten in ihrer angestammten Heimat werden nur von kurzen, regenreichen Perioden unterbrochen. Während des begrenzten Zeitraumes reichlichen Wasserangebotes müssen die Pflanzen genügend Feuchtigkeit aufnehmen und optimal speichern, um die anschließende Dürrezeit überstehen zu können. Die Vorfahren der Kakteen waren vermutlich den Pereskien ähnliche, belaubte Sträucher. Obwohl man etwa 50 Millionen Jahre alte fossile Opuntien aufgefunden hat, wird angenommen, daß die Kakteen sich schon viel früher zu einer selbständigen Gruppe entwickelten.

Lassen Sie mich an dieser Stelle auf die Merkmale eingehen, durch die sich die Kakteen von den anderen Sukkulenten unterscheiden. Beide Gruppen verlangen unterschiedliche Pflegebedingungen und werden daher in diesem Buch getrennt behandelt. Die Seiten **18** bis **82** sind den Kakteen gewidmet, während ich in den danach folgenden Abschnitten einige ausgewählte Sukkulenten vorstelle. Die Abbildungen zeigen typische Merkmale der Sukkulenten. Die Stacheln der Kakteen

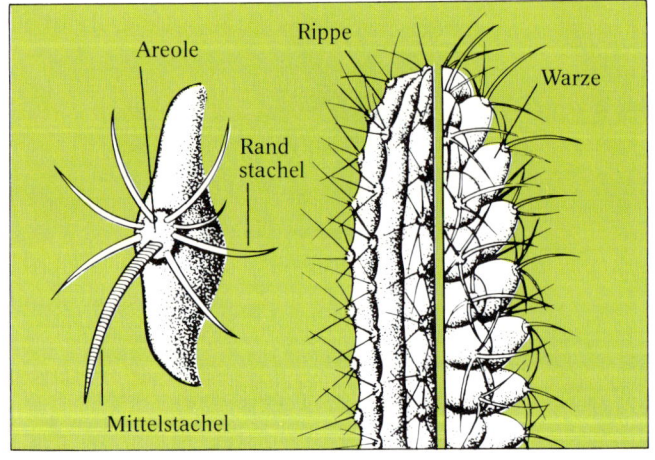

Einige typische Merkmale der Kakteen. Links: Vergrößerte Darstellung einer Areole.

sind eigentlich zurückgebildete Blätter, welch letztere der Pflanze bei den geschilderten extrem trockenen Bedingungen durch Verdunstung (Transpiration) zu viel Wasser entziehen würden. Man unterscheidet zwei Arten: Mittel- und Randstacheln. Mittelstacheln fallen auf durch ihre größere Länge. Sie befinden sich gewöhnlich im Zentrum eines Stachelbüschels, umgeben von radial angeordneten Randstacheln. Die Stacheln sitzen auf haarigen oder filzigen Polstern, den Areolen. Aus diesen Vegetationspunkten treten bei bestimmten Kakteen die Blüten hervor. Solche filzigen oder haarigen Stellen bilden wichtige Erkennungsmerkmale der Gruppe. Wenn Sie bei Ihrem stacheligen Pflegling keine haarigen Erhebungen finden, handelt es sich wahrscheinlich um eine andere Sukkulentenart. Stehen die

Stacheln auf einem filzigen Kissen, haben Sie einen Kaktus vor sich. Wie gesagt, die Areolen sind das wichtigste Erkennungsmerkmal der Kakteenfamilie, das sie von anderen Sukkulenten unterscheidet. Statt Stengel bilden sie kugelförmige, zylindrische oder sogar flache Formen mit warziger, höckeriger oder längsgerippter Oberfläche. Einige Kakteen, besonders Pereskien, besitzen richtige Blätter. Die Areolen befinden sich bei diesen Pflanzen in den Blattachseln. Auch Opuntien, besonders die jungen Triebe, bilden rudimentäre Blätter, aber nur einige Arten behalten sie über den Winter. Es gibt auch sukkulente Wolfsmilchgewächse, die in ausreichend feuchter Umgebung Blätter entwickeln. Obwohl man diese Gewächse auf den ersten Blick für Kakteen halten könnte, fehlen ihnen die Areolen.

Schädlinge und Krankheiten

Kakteen sind besonders anfällig gegen Krankheiten, von denen viele durch Pilzbefall verursacht werden, oft begünstigt durch verunreinigtes Substrat oder mangelnde Hygiene im Gewächshaus. So mancher Hobbygärtner machte schon die schmerzhafte Erfahrung, daß eine preisgekrönte Pflanze plötzlich umkippte, oft als Opfer einer Fäule, die von den wasserhaltigen inneren Gewebeteilen ausging. *Pythium* befällt hauptsächlich die Wurzeln. Vorher gesunde Nebenwurzeln werden plötzlich braun und welk und lassen sich leicht vom Wurzelstock ablösen. *Rhizoctonia*-Pilze befallen meist den Übergangsbereich zwischen dem aus dem Substrat herausragenden Pflanzenkörper und den Wurzeln. Man muß daher darauf achten, daß sich an dieser Stelle kein Wasser ansammelt. Bekanntlich gehen Pilzinfektionen in vielen Fällen von stehendem Wasser in der Nähe empfindlicher Pflanzenteile aus. Auch ein Befall durch *Fusarium* konnte in manchen Fällen festgestellt werden. Um sich vor Pilzkrankheiten zu schützen, verwende man sterilisierte Töpfe und Kakteenerden und sorge für ein regelmäßiges Besprühen der Pflanzen mit geeigneten Fungiziden. Eine nützliche Maßnahme ist das Eintauchen jeder neu erworbenen Pflanze in eine entsprechende Lösung, und zwar so lange, bis keine Blasen mehr aus der Komposterde austreten.

Während sich der Pflanzenfreund beim Auftreten von Pilzkrankheiten in seiner Kakteensammlung häufig mit beachtlichen Problemen konfrontiert sieht, hat er es bei der Insektenbekämpfung leichter, weil diese robusten Pfleglinge solchen Parasiten gegenüber widerstandsfähiger sind als andere Pflanzenarten. Sukkulenten werden praktisch von allen im Haus auftretenden Schadinsekten befallen. So können Ameisen zum Problem werden, einmal durch ihre Tunnelbauten im Pflanzsubstrat und zum anderen durch das Einschleppen von Blattläusen. Handelsübliche Ameisenvertilgungsmittel schaffen hier Abhilfe. Das am häufigsten auftretende Schadinsekt ist die Schmierlaus. Man bekämpft sie durch Aufsprühen eines geeigneten Präparates. Vorsicht ist allerdings geboten bei der Behandlung von *Crassula*-Arten, besonders wenn sie auf der Haut graue oder befilzte Stellen aufweisen. Diesbezügliche Hinweise findet der Leser im Rahmen der Beschreibung dieser Pflanzen. Als Alternative zum Besprühen mit einem Insektizid kann man ein in vergällten Alkohol getauchtes Streichholz benutzen, um die Schädlinge einzeln abzutöten. Diese Behandlung wiederholt man in Abständen von 14 Tagen, bis keine Schmierläuse mehr zu finden sind. Die Spinnmilbe, auch »Rote Spinne« genannt, findet man oft auf Kakteen, Wolfsmilchgewächsen und Mittagsblümchen. Ihre Bekämpfung ist schwierig, seit sie gegen die üblichen Spritzmittel weitgehend resistent geworden sind. Am wirkungsvollsten sind wahrscheinlich systemisch wirksame Insektizide, die die Pflanzen für saftsaugende Schädlinge giftig machen. Diese Präparate sind, sofern sie versprüht werden, aber auch sehr gefährlich und in Wohnräumen kaum anzuwenden. Man sollte Gießmittel oder Pflanzenstäbchen verwenden. Deckelschildläuse sind ebenfalls schwer auszurotten. Wie ihr Name sagt, leben sie unter einem für die üblichen Chemikalien undurchdringlichen Deckelschild. Das übliche Besprühen der Pflanzen ist also in diesen Fällen meist zwecklos. Zunächst wird man auch hier ein systemisch wirkendes Insektizid anwenden. Wenn man damit keinen Erfolg hat, wird man gezwungen sein, die Parasiten einzeln mit Hilfe eines spitzen Hölzchens abzuheben oder wegzukratzen. Andere bekannte Gartenschädlinge, wie die grüne Blattlaus, bekämpft man mit handelsüblichen Markeninsektiziden, aber nicht ohne vorher die Gebrauchsanleitung sorgfältig zu studieren.

Vermehrung

Aussaat

Gewerbliche Anbaubetriebe ziehen Kakteen meist aus Samen heran. Diese Art der Aufzucht ist keine absolut sichere Methode, weil unbeabsichtigte Kreuzungen zwischen artverwandten Spezies nie absolut ausgeschlossen werden können. Nur in seltenen Fällen ist eine Selbstbestäubung möglich. Für eine erfolgreiche Bestäubung und Samengewinnung benötigt man daher zwei Elternpflanzen. Man erntet die noch geschlossene Fruchtkapsel, steckt sie in einen kleinen Umschlag und läßt sie zum Ausreifen an einer sonnigen Stelle liegen. Sobald die Fruchtkapsel aufgebrochen und der Samen ausreichend abgetrocknet ist, löst man ihn so gut wie möglich aus der Beerenhülse heraus und vermischt ihn mit etwas trockenem Sand. Sämlingsschalen füllt man am besten mit einer Mischung aus zwei Teilen sterilisierter Kakteenerde, einem Teil Torf, einem Teil grobem Sand und einem Teil feinem Kies. Kalkdünger hinzuzufügen ist nicht empfehlenswert. Beim Einbringen des Aufzuchtsubstrats in die Anzuchtschale häuft man in der Mitte einen kleinen Wall auf, um günstige Abflußbedingungen zu schaffen. Zur Sterilisation kann man das Substrat in eine fungizide Lösung eintauchen. Der mit Sand vermischte Samen wird dann leicht eingesprüht, worauf man die Anzuchtschale mit einer Glasscheibe abdeckt. In der Keimzeit, die zwischen drei Tagen und drei Wochen betragen kann, ist kein Gießen erforderlich. Ein Beheizen von unten ist von Nutzen. Vorteilhaft ist die Verwendung eines geschlossenen Aufzuchtkastens. Von diesem Zeitpunkt an ist häufig leicht zu gießen, bis bei Kakteen die Stacheln erscheinen und bei anderen Sukkulenten die typische Wuchsform zu erkennen ist. In diesem Stadium sind Algen ein Hauptproblem. Man bekämpft sie am besten durch Übersprühen mit einer schwachen Kupfersulfatlösung (1 cm³/l). Sobald die Entwicklung genügend fortgeschritten ist, sollte man mit dem Pikieren beginnen. Wenn die Pflanzen groß genug sind, kann man sie in Einzeltöpfe umpflanzen. Dies kann bei manchen Arten erst nach zwei Jahren der Fall sein. Es hat sich gezeigt, daß man Parodien, die sich selbst unter günstigsten Bedingungen nur sehr schwer aus Samen heranziehen lassen, leichter zum Keimen bringen kann, wenn man die Aufzuchtschalen eine Zeitlang in dunkler Umgebung stehen läßt wie z.B. in einem belüfteten Schrank.

Stecklinge

Obwohl die Aufzucht aus Samen sich für eine rasche Vermehrung einer größeren Stückzahl von Pflanzen einer bestimmten Art anbietet, benötigt man dazu einen erheblich längeren Zeitraum als für eine Aufzucht von Stecklingen. Die beste Jahreszeit für die Stecklingsaufzucht ist das Frühjahr, weil dann die günstigsten Bedingungen für die Anpassung der Pflanzen an die neue Umgebung, für die Wurzelbildung und das Wachstum vorliegen. Auch der Herbst bietet noch die Möglichkeit für das Anwachsen der Stecklinge, da die Wurzeln dann rechtzeitig ausgebildet werden können, um im Frühling weiter auszutreiben. Auch zu anderen Zeiten kann man mit der Stecklingsaufzucht beginnen, vielleicht mit Ausnahme der im Winter üblichen Trockenzeit. Kindel bestimmter Kakteen wie z.B. von *Notocactus ottonis* und *Mammillaria zeilmanniana* sollte man möglichst regelmäßig entfernen, um bei einem eventuellen Pilzbefall der Mutterpflanze eine Reserve zu haben.

Nach Abschneiden von Stecklingen, besonders von Kakteen und anderen Sukkulenten mit ausgesprochenen Trennstellen, sollte man die abgetrennten Glieder nicht in ihrer ursprünglichen Form in das Bewurzelungssubstrat einstecken. Man säubert die Trennstelle zunächst und schneidet den Steckling dann nochmals an seiner breitesten Stelle durch, um eine möglichst große Bewurzelungsfläche zu erhalten. Auf diese Weise schafft man die Voraussetzung für die Bildung gesunder Wurzeln. Im Fall von Opuntien und Blattkakteen ist dies besonders wichtig, weil beide Arten beim Heranwachsen auf einen guten Halt im Boden angewiesen sind. Einige Gattungen, besonders die *Kalanchoë*, entwickeln Adventivknospen oder kleine Pflänzchen an den Blatträndern, die abfallen und am Fuße der Mutterpflanzen in kleinen Gruppen heranwachsen. Natürlich kann man solche Pflänzchen zu einem späteren Zeitpunkt eintopfen. Einige solcher Adventivpflanzen bilden ihre Wurzeln schon am Stamm oder Blatt der Mutterpflanze aus.

Die Stecklingsvermehrung bietet die Möglichkeit einer sicheren Vermehrung einzelner Arten. Man muß dabei

Pfröpfling

Unterlage mit abgeschrägten Rippen

Stacheln zum Fixieren des Pfröpflings

Klarsichthaube aus Kunststoff

Pfropfen von Kakteen unter Verwendung einer Klarsichthaube als Schutzabdeckung

allerdings eine Verunstaltung der Spenderpflanze in Kauf nehmen. Sie bildet die einzige Möglichkeit einer Nachzucht von hahnenkammartigen Kakteen (Cristatformen) und Monstrosus-Formen, die selten während der Kultur zum Blühen gebracht werden können, bzw. bei denen sich Blüten erst in einem fortgeschrittenen Alter ausbilden. Cristatformen von Kakteen stammen übrigens nicht in jedem Fall von Samen ab. Man züchtet sie häufig in Form von Pfröpflingen, weil ihr Wurzelwerk oft nicht kräftig genug ausgebildet ist, um sie auch beim Größerwerden fest im Boden zu verankern. Wenn ein Aufzuchtkasten und sterilisierte Werkzeuge zur Verfügung stehen, ist das Pfropfen einfacher.

Pfropfen

Der Pfröpfling genannte obere Pflanzenteil wird auf die bewurzelte Unterlage aufgesetzt. So verwendet man beispielsweise *Pereskia aculeata* als Unterteil für aufzupfropfende *Rhipsalis*- und *Zygocactus*- und andere Arten mit hängendem Habitus, obwohl man dabei oft auf stützende Hilfsmittel angewiesen ist. Andere Kakteen eignen sich als Pfröpflinge für *Trichocereus*-Arten, die als besonders robuste Unterlage gelten. *Hylocereus*- und *Myrtillocactus*-Arten sind zwar preisgünstige Unterlagen, sie benötigen jedoch hohe Überwinterungstemperaturen, bei denen die Pfröpflinge oft Schaden leiden.

Pfröpfling und Unterlage schneidet man so durch, daß beide Durchmesser sich weitgehend entsprechen und ein gutes Zusammenwachsen gewährleistet ist. Die Kanten der Unterlage werden abgeschrägt, damit Kondenswasser, das sich an der Pfropfperipherie bildet, ablaufen kann. Infektionen an diesen empfindlichen Stellen kann man durch Einpinseln mit einem Fungizid vermeiden. Man setzt dann den Pfröpfling so auf die Unterlage auf, daß sich die Leitbündel beider Pflanzenabschnitte weitgehend decken. Die beiden Teile lassen sich leicht mit einem oder mehreren Stacheln verschiedener Kakteenarten gegenseitig fixieren, die man nach dem Anwachsen wieder entfernt. Bei einigen Arten kann man Pfröpfling und Unterlage auch durch ein über die Spitze des Pfröpflings gespanntes und um den Topfboden geschlungenes Gummiband zusammenhalten. Ein solches Band wird nach etwa drei Wochen wieder entfernt. In diesem Fall ist die Pflanze vorzugsweise mit einer Schutzhaube abzudecken, die man nach der genannten Zeit abnehmen kann, um die Pfropfstelle genau zu untersuchen. Sollten die beiden Teile noch nicht fest verbunden sein, deckt man wieder ab, um nach weiteren drei Wochen nochmals nachzusehen. Sollten die beiden Teile dann immer noch nicht fest miteinander verbunden sein, ist der Pfropfversuch als gescheitert anzusehen.

Pflege von Sukkulenten

Es ist davon auszugehen, daß man Sukkulenten während der Sommermonate normal gießen muß. Solange für ausreichende Belüftung gesorgt wird, nehmen sie kaum Schaden durch zu hohe Temperaturen. Von September bis März muß man echte Kakteen vollständig trocken halten. vorzugsweise bei Temperaturen von ca. 7° C. Bei anderen Sukkulenten kann es etwas wärmer sein. Bevor man die folgenden sehr allgemein gehaltenen Anweisungen in die Tat umsetzt, sollte man zunächst die Beschreibung der einzelnen Arten durchlesen, denn es gibt viele Ausnahmen bei den zu treffenden Pflegemaßnahmen.

Das Klima in den Halbwüsten zeichnet sich aus durch Luft, Licht und Wärme. Alle drei Bedingungen sind für eine erfolgreiche Pflege von Wichtigkeit. Es hat keinen Zweck, Sukkulenten in einem Gewächshaus zu kultivieren, wenn dieses unbeheizt oder von hohen Bäumen beschattet ist. Im letzteren Fall wird die Blütenentwicklung der Kakteen beeinträchtigt und die anderen Sukkulenten bleiben schwach und wachsen nur in die Länge. Mit dem Gießen sollte man nicht sparen: Man läßt die Substratoberfläche zunächst austrocknen und wartet dann bei einem 6 cm hohen Topf drei Tage, bei einem 10 cm hohen Topf oder einem größeren eine Woche, bis man den ganzen Topf in Wasser eintaucht und ihn darin beläßt, bis keine Luftblasen mehr aufsteigen. Wo dies nicht möglich ist, also zum Beispiel im Fall einer großen Kultur, sollte man immer darauf achten, daß die Pflanzen ausreichend bewässert werden. Andernfalls können Teile des Substrats versauern, was einem Befall der Pflanzen mit Schadpilzen und Bakterien Tür und Tor öffnet.

Kaktusgärten, wie man sie häufig in Blumenläden und Gartenzentren antrifft, sollte man tunlichst vermeiden. Es ist wichtig, Kakteen von anderen Sukkulenten getrennt zu kultivieren, weil letztere andere Pflegemaßnahmen erforderlich machen (sie müssen beispielsweise im Winter alle drei Wochen gegossen werden). Man sollte auch das Substrat nicht mit Split abdecken, weil dies eine wirksame Belüftung der Pflanzen behindert. Am besten pflanzt man Kakteen und andere Sukkulenten in getrennte Schalen und verwendet Steine, um die Szenerie interessanter zu gestalten, wenn dies nicht durch Anpflanzen der passenden Arten möglich ist.

Wir haben bereits angedeutet, daß sich Kakteen von den anderen Sukkulenten hauptsächlich darin unterscheiden, daß sie im allgemeinen niedrigere Wintertemperaturen tolerieren und während dieser Jahreszeit viel weniger Wasser benötigen als ihre sukkulenten Verwandten. Natürlich gibt es auch Ausnahmen von dieser Regel, man kann aber im allgemeinen davon ausgehen, daß Kakteen während der Nachtstunden Temperaturen bis zu 7° C vertragen und daß man sie zwischen Ende September und Mitte März vollständig trocken halten muß. Die anderen Sukkulenten ziehen etwas höhere Wintertemperaturen von etwa 10° C vor und müssen daher auch öfter gegossen werden, z. B. einmal in vier Wochen. Wenn es sich vermeiden läßt, sollte man Kakteen nicht anbinden, weil man sie sonst dauerhaft schwächt. Ein nicht angebundener unstabiler Kaktus und nicht gestützte Sukkulenten werden oft mit der Zeit gerader und fester.

Schlüssel für die Reihenfolge der Pflanzen im Text

Die nachfolgenden Einzelbeschreibungen der verschiedenen Pflanzen sind teilweise nach botanischen und teilweise nach Gesichtspunkten der Wuchsform zusammengestellt. Wenn Sie den Namen ihrer Pflanze kennen, suchen Sie ihn im Stichwortverzeichnis, das die Seitenzahl angibt, wo die Beschreibung der Art zu finden ist. Sollte Ihnen jedoch der Name Ihrer Pflanze nicht bekannt sein, können Sie ihn vielleicht anhand der folgenden allgemeinen Merkmalsbeschreibung der Gattungen bestimmen.

Zunächst sollten Sie sich vergewissern, ob die Pflanze am Fuß der Stacheln büschelförmige oder wollige Polster besitzt. Beim Fehlen von Stacheln fallen vielleicht nur die wollartigen Polster auf, die in der Fachsprache als Areolen bekannt sind. Kakteen, d.h. Areolen tragende Pflanzen, finden Sie auf den Seiten **18** bis **82**. Andere Sukkulenten, also Gewächse ohne Areolen, sind auf den Seiten **83** bis **106** beschrieben.

Die erste Gruppe der Kakteen, auf Seite **18** behandelt, läßt sich leicht auf Grund ihrer auffälligen, ganz normal ausgebildeten Blätter erkennen. Es handelt sich um die primitivste Kakteengattung, die Pereskien **(1)**.

Die auf den Seiten **19** bis **25** beschriebenen Feigenkakteen zeichnen sich aus durch die sogenannten Glochiden, sehr kleine, zerbrechliche, mit Widerhäkchen versehene, in den Areolen versteckte Stacheln, die sich leicht in die Haut einbohren und dann schmerzhafte Wunden verursachen können. Man unterteilt diese Gruppe in flachgliedrige (Seiten **19** bis **23**) und rundgliedrige (Seiten **24** und **25**) **(2)**.

Der Rest der Familie wird in der großen Gruppe der Cereanae zusammengefaßt. Diese Pflanzen besitzen weder Glochiden noch Blätter und repräsentieren die Mehrzahl der Kaktusarten. Man teilt sie in verschiedene Untergruppen ein.

Zunächst die Cereanae, aufrechte, zylindrisch wachsende Kakteen. Der Name ist von dem lateinischen Wort für Kerze abgeleitet. Die Pflanzen dieser Gruppe finden Sie auf den Seiten **26** bis **36**. Außer ihrer zylindrischen Form fällt bei diesen Kakteen auf, daß sie in den ersten Jahren nur schwer zum Blühen zu bringen sind **(3)**. *Wilcoxia schmollii* ist in dieser Hinsicht eine bemerkenswerte Ausnahme. Sie bildet hängende Blütenstengel. *Carnegiea gigantea*, eine der größten Pflanzen dieser Gruppe mit den typischen Verzweigungen, sieht in ihrer Jugendform eher rundlich aus.

Die *Hylocereus*-Arten sind schnell wachsende, wuchernde Kakteen mit Luftwurzeln, die sich in der Natur an Bäumen und Felsen anheften. Sie sind blühfreudiger als die zuletzt genannte Gruppe und benötigen im Winter etwas höhere Temperaturen. Die Beschreibung dieser Kakteen finden Sie auf den Seiten **37** und **38** **(4)**.

Es folgt die Gruppe der igelförmigen Kakteen, die Echinocereanae, (Seiten **39** bis **46**), meist faßförmig oder zylindrisch wachsend, die seitlich im Bereich des letztjährigen Triebes Blütenknospen ausbilden. Zu dieser Gruppe gehören einige der blühfreudigsten Gattungen wie *Rebutia* und *Aylostera* **(5)**. Die auf den Seiten **47** bis **65** beschriebenen Echinocactanae dagegen bilden ihre Blüten an der Spitze der Pflanze und die Blütenareolen entfalten sich jedes Jahr zusammen mit den nichtblühenden in der Kaktusmitte **(6)**.

Die Cactanae umfassen nur eine Gattung: *Melocactus*, beschrieben auf Seite **66**. Das hervorstehende

Merkmal dieser Gruppe ist das große Cephalium, ein wolliger Busch, der sich unmittelbar vor der Blütenbildung kronenförmig in der oberen Pflanzenmitte bildet. Solche Pflanzen werden selten kultiviert und man muß nicht damit rechnen, daß eine unbenannte Varietät zu dieser Gruppe gehört. Im allgemeinen benötigen diese Pflanzen während des Winters höhere Temperaturen **(7)**.

Die vorhergenannten Gruppen zeichneten sich durch Blütenbildung aus den Stachelbüscheln, den Areolen, aus. Die Coryphanthanae sind warzentragende Kakteen, welche ihre Blüten in den Achseln (Axillen) zwischen den Stacheln ausbilden. Ich habe auch die *Thelocactus*-Arten in diesem Fall eingeschlossen, obwohl sie nicht in dieser Weise Blüten bilden. Sie sind aber den Coryphanthaneen sehr ähnlich und sind auch in den frühen Jahren schwer zum Blühen zu bringen. Die Coryphanthaneen sind auf den Seiten **67** bis **78** beschrieben **(8)**.

Die letzten zwei der in diesem Buch behandelten Kakteengruppen sind die Epiphyllanae, abgebildet auf Seiten **79** und **80**, die hauptsächlich flache, blattartige Glieder ausbilden **(9)**, und die Rhipsalidanae, die Sie auf den folgenden Seiten finden und die sich mit Ausnahme von *Rhipsalidopsis* und *Rhipsalis houlletiana* durch kantige oder zylindrische Glieder auszeichnen **(10)**.

Die anderen Sukkulenten kann man mehr oder weniger durch ihren Habitus bestimmen. Arten ohne Areolen, die beim Anstechen einen milchigen Saft abgeben, sind Wolfsmilchgewächse (Euphorbiaceen), die auf den Seiten **83** bis **87** beschrieben sind **(11)** (Pflanzen mit Areolen und Milchsaft sind wahrscheinlich Mammillarien, Kakteen, die Sie auf den Seiten **75** bis **78** finden). Die verbleibenden, nicht zu den Kakteen zählenden Sukkulenten wurden eingeteilt in die sogenannten Lebenden Steine, die im allgemeinen keinerlei Stengel besitzen und, wie der Name sagt, wie Kieselsteine aussehen oder klumpenartige Formen ausbilden. Sie gehören alle zu der Familie der Aizoazeen und werden auf den Seiten **88** bis **91** beschrieben **(12)**.

Die Seiten **92** bis **96** sind Sukkulenten gewidmet, die keine oder nur kleine Stengel besitzen und stattdessen Rosetten oder fleischige Blattformen ausbilden **(13)**.

Schließlich verbleiben noch die Sukkulenten mit aufrechten, bogenförmigen oder hängenden Stengeln, die auf den Seiten **97** bis **106** beschrieben sind **(14)** und aus einer großen Anzahl verschiedener Gattungen ausgewählt wurden. Die Beschreibung beginnt mit den aufrecht wachsenden Arten und endet mit den Pflanzen mit hängenden Stengeln.

Typische Formen von Kakteen und anderen Sukkulenten. Die Numerierung entspricht den oben im Text in runden Klammern aufgeführten, halbfett gedruckten Zahlen.

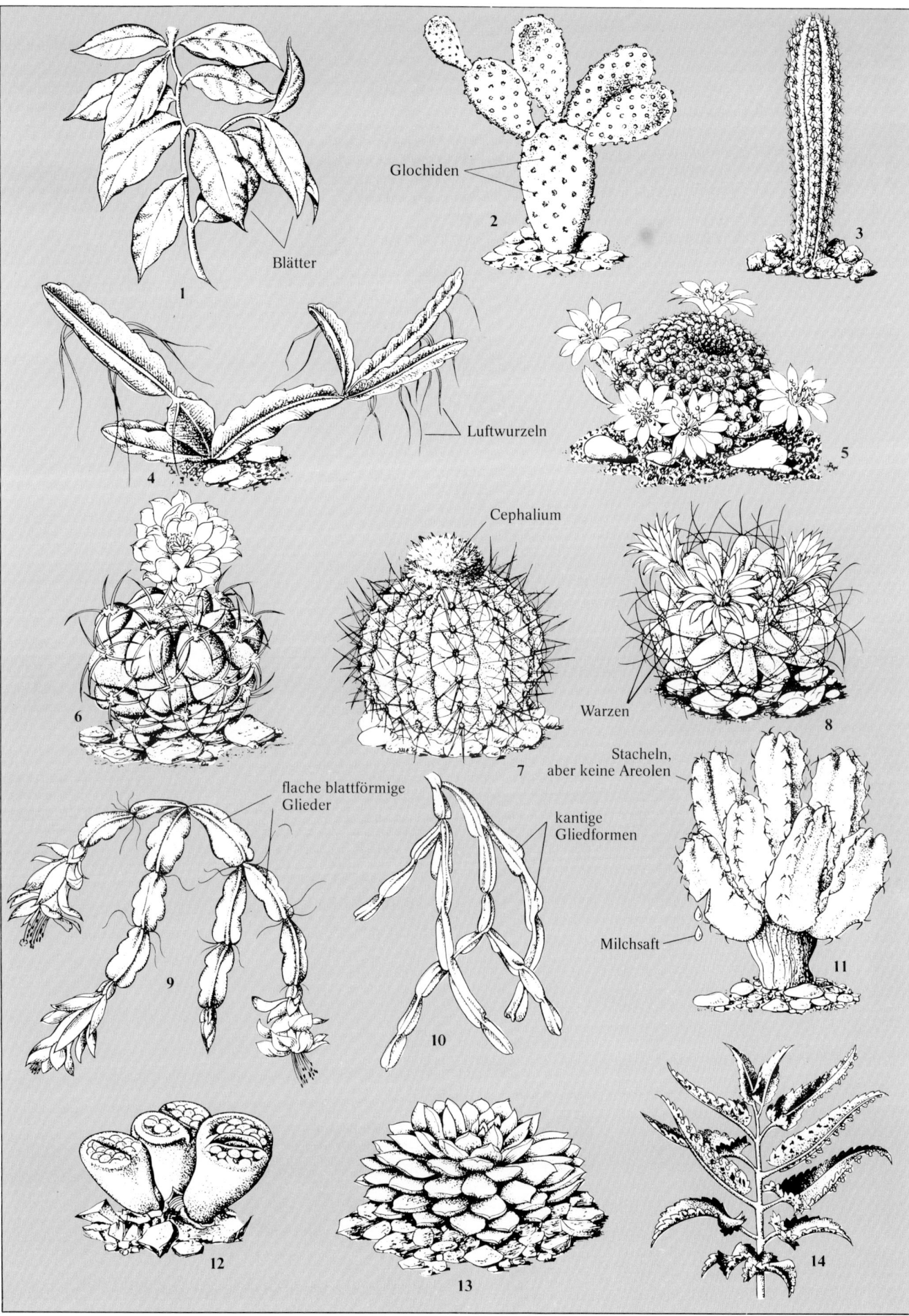

Blätter

Glochiden

Luftwurzeln

Cephalium

Warzen

flache blattförmige
Glieder

kantige
Gliedformen

Stacheln,
aber keine Areolen

Milchsaft

1

2

3

4

5

6

7

8

9

10

11

12

13

14

Echte Kakteen mit Areolen

Pereskioideae

Pereskien ähneln im Habitus der Hundsrose. Auf den ersten Blick kann man keine Merkmale erkennen, die auf einen Kaktus hinweisen würden. Erst beim näheren Hinsehen finden wir unter den Blättern Areolen mit festen, tückischen Stacheln. Diese Pflanzen benötigen im allgemeinen im Winter höhere Temperaturen und ein anderes Pflanzsubstrat als andere Kakteen. Eine geeignete Mischung besteht aus vier Teilen einer mittleren Kakteenerde – oder sterilisierter Gartenerde –, sechs Teilen einer mittleren Torfmullkörnung und zwei Teilen gewaschenem Flußsand. Sand in einem Kakteensubstrat sollte grundsätzlich Süßwassersand sein. Salzwassersand bringt die Pflanzen zum Absterben.

Während des Winters muß man eine Mindesttemperatur von 10° C einhalten, wenn Pereskien ihr Aussehen bewahren sollen. Wenn man sie zusammen mit anderen Kakteen in einem Gewächshaus hält oder auf einem nach Norden gerichteten Schlafzimmer-Fensterbrett, was allgemein für die Kakteenpflege in der Wohnung empfohlen wird, verlieren die Pflanzen in der kalten Jahreszeit oft die unteren Blätter. Arten, die man besonders wegen ihrer schönen Beblätterung zieht, wie z.B. *Pereskia godseffiana*, verlieren dann sogar einige ihrer oberen Blätter. Sobald das Wetter dann aber wieder wärmer wird, so daß man wieder regelmäßig gießen und düngen kann, entwickeln sich rasch neue Blätter.

Pereskien sind nicht leicht aus Samen heranzuziehen, obwohl fast jede Blüte zur gegebenen Zeit eine Frucht ansetzt. Die Vermehrung geschieht vorzugsweise mit Hilfe von Stecklingen, die sehr schnell Wurzeln entwickeln. Selbst blütentragende Zweige bilden Wurzeln. Man

Pereskia   *Pereskia aculeata*

hat so die Möglichkeit, wunderschöne blühende Miniaturpflanzen aufzuziehen.

Pereskien entwickeln sich auf die Dauer zu großen, wuchernden Pflanzen, die man stützen muß. Wenn Sie ein Gewächshaus oder einen Wintergarten besitzen, ist es von Vorteil, die Pereskia im oder nahe dem Boden einzupflanzen und sie frei über die Wand hinaufklettern zu lassen. Man kann sie auch über das Dach hinausführen. Wenn dann die rosa Blüten erscheinen, ist dies ein wunderschöner Anblick. Man verwendet Pereskien auch gern als Pfropfunterlage für andere Kakteen, besonders epiphytisch wachsende Arten wie *Zygocactus* (der sogenannte Weihnachtskaktus) oder *Schlumbergera* (bekannt als Osterkaktus). Für diesen Zweck wählt man einen etwa 45 cm langen Pereskiastamm aus und schneidet ihn in der Mitte ein. Der gewünschte Pfröpfling kann dann in den Schlitz eingesetzt werden, worauf man die Pfropfstelle entweder mit einem elastischen Band zusammenbindet oder mit einem langen Kaktusstachel fixiert.

Drei Arten dieser Pflanzen sind für den Hobbygärtner interessant. *P. aculeata*, ein kräftig wachsender Strauch, der bis zu 9 m hoch werden kann, ist die beliebteste. Die Blätter dieser Art kann man kaum als sukkulent bezeichnen, jedes besitzt eine auffällige Mittelrippe. Diese Pflanzen sind »dorniger« als andere Arten. Unter jedem Blatt sitzen bis zu drei bräunliche Stacheln, die sich von denen von *P. grandiflora* durch ihre Hakenform unterscheiden. Die Blüten werden wegen ihres Duftes geschätzt und die gelben, dornenbesetzten Früchte wirken sehr dekorativ. *P. godseffiana* wird häufig als eine Abart von *P. aculeata* angesehen, von der sie sich durch das rot-

Pereskia aculeata godseffiana

goldene Blattwerk unterscheidet, das an eine Herbstfärbung erinnert. *P. godseffiana* blüht selten. Ihr Habitus ist buschiger als der von *P. aculeata* und sie ist weniger robust als jene. In jedem Fall handelt es sich um eine attraktive Topfpflanze. *P. grandiflora* blüht rosa und hat ovalere Blätter als *P. aculeata*. Sie bildet lange schwarze Stacheln im Bereich der älteren Areolen aus, während der neue Trieb unbestachelt bleibt.

Ich hatte empfohlen, diese Pflanzen an einer sonnigen Wand wachsen zu lassen. Außer der Sonne benötigen sie aber auch viel frische Luft, wenn die Stengel für die Blütenbildung reifen sollen. Bei der Innenhaltung kann eine direkte Sonnenbestrahlung ohne ausreichende Belüftung besonders bei *P. godseffiana* die Blätter verbrennen.

Brasilopuntia brasiliensis

Opuntia basilaris

Opuntioideae

Die Opuntien sind wohl die bekannteste Kakteengattung. Sie werden auch Feigenkakteen genannt. In Fachkreisen unterscheidet man mehr als 10 verschiedene Opuntiengattungen. Wissenschaftliche Arbeiten über diese Pflanzen wurden schon sehr früh veröffentlicht. Der Name Opuntia ist von dem Ort in Griechenland abgeleitet, wo man sie zuerst gefunden haben soll (s. auch Seite **11**). Diese Pflanzen, die man heute im gesamten Mittelmeerraum antreffen kann, waren dort nicht von Anfang an heimisch. Wie alle anderen Kakteen stammen sie von amerikanischen Arten ab.

Opuntien erregten sogar die Aufmerksamkeit Goethes. Er hat einige Exemplare aus Samen aufgezogen und die Pflanze gründlich studiert. Er befaßte sich außerdem mit Cotyledon-Blättern und illustrierte seine Notizen mit präzisen, akkuraten Skizzen.

Der Name Feigenkakteen weist darauf hin, daß man die Früchte essen kann. Man röstet die »Feigen«, worauf sich die Haut mit den Stacheln vom Fruchtfleisch abziehen läßt. Der Geschmack ähnelt dem der Passionsfrucht.

Die Wissenschaftler teilen diese Gruppe in eine große Zahl von Untergruppen ein. Für Zwecke dieses Buches soll jedoch eine Einteilung in zwei Hauptgruppen genügen, und zwar in die für diese Gattung typischen Pflanzen mit fleischigen, flachen Gliedern und die zylindrisch wachsenden, die man leicht mit anderen Kakteenarten verwechseln kann. Das wichtigste Merkmal, das es den Wissenschaftlern erlaubt, eine Art als Opuntia einzustufen, sind die Glochiden. Es handelt sich um sehr kleine Borsten, die sich leicht aus den Areolen lösen, die Haut durchbohren und dann schmerzhafte

Opuntia

Verletzungen verursachen können. Man sollte daher im Umgang mit diesen Pflanzen äußerst vorsichtig vorgehen. Sollte es Ihnen passieren, daß sich solche Glochiden in Ihre Haut verhakt haben, können Sie diese am besten mit Hilfe eines elastischen Klebstoffs loswerden, den man an den betreffenden Stellen über die Haut schmiert. Man wartet ab, bis der Klebstoff hart und elastisch ist und zieht ihn dann zusammen mit den Stacheln ab. Wenn kein Klebstoff zur Verfügung steht, kann man sich auch mit Seife und Wasser helfen.

Opuntien lassen sich leicht vermehren. Die Glieder setzen schnell Wurzeln an, wenn man sie in eine Mischung von Torfmull und Sand steckt. Vor dem Einsetzen des Stecklings schneidet man am besten an der Unterseite ca. 6 mm ab, um eine breitere Basis für die Wurzelentwicklung zu schaffen.

Die zwei oben abgebildeten Arten haben eine sehr auffällige Form. *Brasilopuntia brasiliensis* ist eine sehr schöne Pflanze mit kleinen Gliedern, die zwei verschiedene Formen aufweisen: Nahe dem Hauptsproß sind sie rund und werden nach außen hin immer länglicher bis elliptisch. Die Blüten sind weiß, sie erscheinen aber bei der langsam wachsenden Pflanze erst verhältnismäßig spät.

Opuntia basilaris wird wegen der Form ihrer Glieder auch Biberschwanzkaktus genannt. Sie wird nicht so oft kultiviert wie die vorerwähnte Art, vielleicht wegen ihrer größeren Empfindlichkeit. In der Herbst- und Winterzeit besteht die Gefahr eines Pilzbefalls. Es ist daher empfehlenswert, diese Pflanzen rechtzeitig vor der Winter-Ruhezeit vorsorglich mit einem systemischen Fungizid zu behandeln.

Falls möglich, sollte man diese Art während des Winters etwas wärmer halten, um die Wurzeln zu aktivieren und die Pflanze gegen Krankheiten widerstandsfähiger zu machen. Die dicken Glieder sehen fast grau aus und haben an den Kanten rötliche Stellen. Diese Art besitzt häufig überhaupt keine Stacheln, obwohl sich gewöhnlich in den etwas vertieft liegenden Areolen gelbbraune Glochiden entwickeln. Wie bei der Art *B. brasiliensis* bilden sich Blüten erst an älteren Pflanzen. Da es sich um eine äußerst langsam wachsende Art handelt, kann man nicht sicher damit rechnen, Topfpflanzen zum Blühen zu bringen.

Opuntia bergeriana

Opuntia engelmannii

Opuntia ficus-indica 'Burbank'

Opuntia (Fortsetzung)

Opuntia bergeriana und *O. rafinesquei* sind zwei Arten mit eßbaren Früchten. Man sieht sie oft in den Mittelmeergebieten. Sie sind beschränkt winterhart und lassen sich gut in einem Gewächshaus ziehen. *O. bergeriana* entwickelt sich mit der Zeit zu einer baumartigen Pflanze mit vielen, breitgefächerten Verzweigungen, die viel Platz beanspruchen. Wenn man ein rasches Heranwachsen wünscht, welches für eine reiche Blütenbildung erforderlich ist, empfiehlt sich die Einpflanzung im Boden. Sollte dies nicht möglich sein, sollte man den Kaktus während der Sommermonate reichlich düngen, um das Wachstum zu fördern. Man verwendet den kleinstmöglichen Topf, der noch genügend Substrat enthält, daß die Pflanze nicht verkümmert. Wenn in Töpfen gezogene Pflanzen ausgewachsen sind, bilden sie oft das Schmuckstück der Veranda. Man kann sie im Sommer in der Nähe eines Swimmingpools aufstellen. Frische Luft, die durch die Glieder der Kakteen zirkuliert, fördert die Reifung der Pflanze und damit die Ausbildung von Blüten während des folgenden Jahres.

Opuntia bergeriana entwickelt schließlich einen beachtlichen Stamm und wirkt dann etwas unansehnlich, denn der Stamm wird braun und trägt holzfarbige Narben. Die zunächst erfrischend blaßgrünen Glieder erscheinen mit zunehmendem Alter der Pflanze bläulich überzogen. Die Stacheln sind an der Spitze leicht gebogen und können bei älteren Exemplaren bis zu 5 cm lang werden.

Die üppigen Blüten, die sich erst im fortgeschrittenen Alter der Pflanze entwickeln, sind orangefarbig, mit einer sechslappigen Narbe in der Mitte.

Opuntia engelmannii unterscheidet sich stark von den vorerwähnten Arten, sie neigt zum Wuchern und bildet viele Verzweigungen. Die Pflanze hat einen halb niederliegenden Habitus, obwohl natürlich jüngere Exemplare im Topf zunächst nach oben wachsen. Aus diesem Grund ist es empfehlenswert, diese Kakteen in ein verhältnismäßig breites, schüsselartiges Gefäß zu pflanzen – also nicht in einen normalen Blumentopf – damit sie zu der für diese Art charakteristischen Größe heranwachsen. Die ausgesprochen dicken Glieder können bei ausgewachsenen Exemplaren Durchmesser von bis zu 30 cm erreichen. Ziehen Sie keine falschen Schlüsse, wenn die Pflanze einen etwas vertrockneten Eindruck macht. Sie sieht immer so aus. Wie *O. bergeriana* werden Blüten erst in einem ausgewachsenen, reifen Alter angesetzt. Eine Haltung im Freien fördert die Reifung und verkürzt damit das Warten auf die Blüten. Die Areolen treten stark hervor und sind wie bei den meisten Opuntien mit schmutziggrauen Wollbüscheln besetzt. Die Blüten sind gelb und erreichen einen Durchmesser bis zu 10 cm. *O. engelmannii* eignet sich nicht als Pflegeobjekt für Anfänger, die gerade erst damit beginnen, sich eine Sammlung aufzubauen, oder für eine Kultur auf engstem Raum. Diese Art ist weder besonders dekorativ, noch erreicht sie ihre charakteristischen Formen, wenn man sie in einem kleinen Topf zieht.

Opuntia ficus-indica ist der eigentliche Feigenkaktus. Seine Früchte haben den feinsten Geschmack. Die Glieder sind länglich geformt und werden bis zu 45 cm lang. Sie sind viel dunkler gefärbt als die der vorerwähnten zwei Arten. Wie *O. basilaris* ist diese Pflanze fast völlig dornenlos. Die Areolen sind nur mit den üblichen strohfarbigen Borsten besetzt.

Nopalea coccinellifera, der Koschenillekaktus, ist eine sehr ähnliche Art. Man züchtet ihn als Wirtspflanze der Koschenille-Schildlaus, aus der Lebensmittelfarben gewonnen werden. Wie *O. ficus-indica* ohne Dornen, wird er nicht so groß wie der Feigenkaktus und hat rote anstatt gelbe Blüten.

Opuntia leucotricha   *Opuntia microdasys*   *Opuntia microdasys albispina*

Opuntia leucotricha ist eine der schönsten in Blumenläden angebotenen Opuntien für eine Topfhaltung. Die dunkelgrünen Glieder bilden einen wirkungsvollen Hintergrund zu den langen, wuscheligen, weißen Haaren oder Borsten, mit denen die Areolen besetzt sind, aus denen schlanke weiße Stacheln hervortreten. Die Gliedform ist länglich breit. Einzelne Glieder können bis zu 18 cm lang werden. Diese Art zeichnet sich durch verhältnismäßig schnelles Wachstum aus. Die sehr schönen gelben Blüten bildet die Pflanze allerdings erst in einem reiferen Alter. Die Wildform erreicht Höhen bis zu 4,5 m und ist von weitverzweigtem Wuchs. Aus den Früchten bereitet man einen aromatisch schmeckenden Brei.

Zwei andere Arten mit weißen Stacheln sind *O. amyclaea* und *O. spinulufera*, bei denen allerdings die Stacheln nicht so eng beieinander stehen wie bei den abgebildeten Pflanzen, und sie werden auch seltener kultiviert. *O. bella* erkennt man an den braunen Haaren und stärkeren Stacheln (die Stacheln von *O. leucotricha* sind sehr schwach und können beim Transport leicht abbrechen oder beschädigt werden).

Opuntia microdasys wird in einer großen Vielfalt von Formen, Größen und Farben angeboten. Die drei beliebtesten Varietäten sind auf dieser und auf der nächsten Seite beschrieben. *O. microdasys* wächst in ihrer Wildform als niedriger, kriechender Busch. Die Kulturpflanze wird meistens aufrecht stehend gehalten. Wie dies in der Natur oft der Fall ist, entsteht die liegende Wuchsform erst mit zunehmendem Alter. Die Glieder sind entweder länglich oder fast rund geformt und können etwas über 13 cm

lang werden. Sie tragen normalerweise keine Stacheln. Die mangelnde Bestachelung dieser Pflanzen sollte jedoch nicht als Freibrief für mangelnde Vorsicht beim Umgang mit diesen Kakteen angesehen werden. Wie bei den anderen Opuntienarten, sind es die an den Areolen sitzenden Glochiden, die sich beim Berühren in der Haut festhaken und dann schmerzhafte Wunden verursachen können. Die genannte Art wird wegen ihrer dichtgestaffelten hervorstehenden Areolen mit den strohfarbigen, gelben oder braunen Glochiden gern von Handelsgärtnern gezüchtet. Pflanzen, die 6 Jahre oder älter sind, kommen zum Blühen. Mit zunehmendem Alter werden immer mehr Blüten gebildet, die durch ihr schönes, reines Gelb, leicht mit Rot überzogen, beeindrucken.

Wie bereits erwähnt, gibt es von der Ausgangsart eine große Anzahl von Varietäten. Eine der beliebtesten ist *O.m. albispina*, die man in den Vereinigten Staaten als »Polka dots« (»Punktmuster«) verkauft, ein Name, der für sich selbst spricht. Das Grün der Glieder ist dunkler als bei den anderen und ähnelt eher dem von *O. leucotricha*. Die Glochiden sind rein weiß. In letzter Zeit bietet man einige Varietäten von *O.m. albispina* an, welche ihre Glochiden nicht so leicht verlieren. Auch gibt es eine weitere Varietät, *O.m. alba*, bei der die Areolen nicht ganz so dicht beieinander stehen.

Die oben und auf der folgenden Seite abgebildeten Opuntien werden während der Winterzeit und im zeitigen Frühjahr oft von rostigbraunen Flecken befallen. Diese Verfärbung ist an sich nicht schädlich und ein spezielles Spritzen der Pflanzen als Vorbeugungsmaßnahme ist

nicht erforderlich. Die Flecken entstehen meist als Reaktion auf eine zu kalte und zu feuchte Haltung im Winter. Man kann sie also vermeiden, wenn man in Fällen, wo dies möglich ist, die Umgebungstemperatur etwas erhöht. In einem Gewächshaus wird man solchen Pflanzen also während der kalten Jahreszeit einen Platz geben, der näher an der Wärmequelle liegt. Auf der anderen Seite muß man stets darauf achten, daß die Kakteen nie austrocknen oder schrumpfen. Bei den ersten Anzeichen eines solchen Zustandes sollte man am folgenden Morgen gießen.

Opuntia microdasys rufida

Opuntia monacrantha variegata

Opuntia × puberula

Opuntia (Fortsetzung)

Opuntia microdasys rufida ist den beiden vorerwähnten Varietäten sehr ähnlich, besitzt jedoch rotbraune Glochiden, die bei *O. microdasys* strohfarbig und bei *O.m. albispina* weiß sind. Das Grün der Glieder ist blasser als das der vorherbeschriebenen Varietäten und ein wenig dunkler als das der echten Art. Außer den abgebildeten gibt es noch eine Varietät, der man zuweilen begegnet: *O.m. rufida minor.* Dabei handelt es sich wohl um keine wirkliche Verwandte von *O. microdasys,* denn die Glieder sind leicht zylindrisch geformt, also nicht flach. Sie sei aber hier erwähnt, weil sie in ihrem Habitus ähnliche Merkmale aufweist wie die vorerwähnten Kakteen (Verzweigung, niederliegender Wuchs). Die Art *O. rufida* andererseits ist eine gänzlich andere Spezies, die aufrecht wächst als *O. microdasys.* Sie wird auch viel größer als letztere und ihre Glieder sind runder und eher graugrün. Häufig treibt diese Art bis zu 6,5 cm lange rudimentäre Blätter mit rötlicher Spitze. Wie die meisten Opuntien bilden sich die gelben oder orangefarbenen Blüten erst in einem reiferen Alter. Diese Art wird selten angeboten. Sie zeichnet sich durch schnelles Wachstum aus.

Opuntia monacantha und *O. vulgaris* werden häufig miteinander verwechselt und es gibt sogar Fachleute, die behaupten, es handle sich um ein und dieselbe Pflanze. Die Verwirrung wird noch verschlimmert durch die Tatsache, daß man auch andere Arten als *O. vulgaris* bezeichnet. Die Reihe der betreffenden Kakteen reicht von *O. ficus-indica* (auf Seite **20** beschrieben und abgebildet) bis zu einer niedrig wachsenden Art, *O. compressa.* Dies beweist wieder einmal, daß man durch lateinische Bezeich-

nungen nicht immer vor Verwechslungen beim Kauf gefeit ist. Der Name *O. monacantha* bedeutet eigentlich, daß die Pflanze nur einen einzigen Stachel besitzen sollte, aber es ist nicht ungewöhnlich, daß ausgewachsene Exemplare auf Teilen des Stammes mehr als 10 Stacheln aufweisen und die meisten Glieder sind mit bis zu zwei Stacheln pro Areole besetzt. Die aufrecht wachsende Pflanze erreicht eine Höhe von 2,25 m und darüber. Die Glieder haben gewöhnlich eine längliche bis fast ovale Form und sind am Ansatz auffällig verjüngt. Die stark glänzende Haut ist dunkelgrün. Allfällige Blüten sind gelb. Die Areolen stehen in einem ziemlich großen Abstand voneinander und die bräunlichen Glochiden machen weniger Schwierigkeiten.

Es gibt eine interessante, wenn auch ziemlich empfindliche Varietät von *O. monacantha,* bekannt unter dem Namen *O.m. variegata.* Wie der Name andeutet, handelt es sich um eine fleckige Art. Der junge Trieb ist oft rosa überzogen. Diese Pflanzen sind nicht besonders wuchsfreudig und erreichen in der Kultur selten ihre volle Größe. Die Stacheln sind brüchiger als die der echten Art.

Eine andere Art, die man häufig mit *O. monacantha* verwechselt, ist *Nopalea coccinellifera,* letztere besitzt aber kaum Stacheln. Beide Kakteen werden in ihrem natürlichen Lebensraum als Wirtspflanzen für Koschenille-Blattläuse genutzt, aus denen man Farben herstellt.

Opuntia puberula ist ein weiteres Beispiel für die Verwirrung, die hinsichtlich einer exakten Benennung der einzelnen Arten besteht. Die ursprüngliche *O. puberula* ist eine niedrig wachsende, oft kriechende Pflanze, die nur selten kulti-

viert wird. Ihr richtiger Name ist *O. decumbens.* Die Varietät, die im allgemeinen unter der Bezeichnung *O. puberula* angeboten wird, sollte als *O. × puberula* verkauft werden, wobei das × bedeutet, daß es sich hier nicht um eine Art, sondern um eine Hybride, also eine Kreuzung verschiedener Arten handelt. Die wirkliche Herkunft dieser Varietät ist nicht sicher nachgewiesen, aber die meisten Fachleute sind sich einig, daß es sich um eine Kreuzung zwischen der bereits beschriebenen *O. microdasys* und *O. cantabrigiensis* handelt. Die Areolen der Hybride stehen weiter auseinander als bei *O. microdasys.* Man nimmt an, daß ihre größere Winterhärte von der anderen Elternpflanze kommt, die man heute noch außerhalb der Gewächshäuser im Botanischen Garten von Cambridge antreffen kann.

Opuntia robusta   *Opuntia spinosissima*   *Opuntia tuna*

Opuntia robusta ist eine der größten von Hobbygärtnern gezogenen Kakteen. Wie schon der Name andeutet, ist dies eine kräftige, aufrecht wachsende Pflanze. Sie neigt zu starker Verzweigung. Die ziemlich dicken, blaugrau gefärbten Glieder erreichen Durchmesser von 30 cm und darüber. Obwohl wildwachsende Arten gewöhnlich zwischen 8 und 12 sehr kräftige, unterschiedlich gefärbte Stacheln entwickeln – selbst an der gleichen Pflanze variieren die Farben der Stacheln zwischen blaßgelb und dunkelbraun – bleiben die im Gewächshaus und in Töpfen gezogenen Exemplare meist stachellos. Nur im Freien angepflanzte Kakteen dieser Art erreichen ihre natürliche Höhe und die genannten Gliedddurchmesser. Die ausgereiften Pflanzen entwickeln gelbe, manchmal auch rot gerändete Blüten. Die dunkelrote Frucht unterscheidet diese Art von der sonst ähnlichen *O. guerrana*, die grünlich-weiße Früchte hat und nicht so oft kultiviert wird. *O. robusta* wird oft wegen ihrer eßbaren Früchte angebaut.

Opuntia spinosissima ist typisch für eine weitere aufrecht wachsende Gruppe von Feigenkakteen, die allerdings in ihrer Kulturform oft gestützt werden muß. Diese Pflanzen sind nur schwach gegliedert und die einzelnen Glieder haben eher die Tendenz, länger zu wachsen, anstatt neue Triebe anzusetzen. *O. spinosissima* hat dichtstehende Areolen mit bräunlichen Glochiden und heimtückischen Stacheln, die bis zu 9 cm lang werden. Der Pflanzenkörper ist mattgrün gefärbt. Wegen der ungewöhnlichen Wuchsform dieser Pflanze kann es vorkommen, daß die Glieder bis zu dreimal so lang werden wie breit. Die nur an reifen Exemplaren ausgebildeten

Blüten sind zunächst gelb und nehmen mit zunehmendem Alter eine rote Farbe an.

Opuntia tuna, die in ihrer natürlichen Umgebung aufrecht wächst, muß im Gewächshaus ebenfalls meistens gestützt werden. Es handelt sich um eine schnellwachsende Art, die sich daher gut für Anfänger und solche Hobbygärtner eignet, die ausreichend Platz zur Verfügung haben. Die Pflanze erreicht Höhen von bis zu 3,5 m. Die eliptischen, dunkelgrünen Glieder besitzen Areolen mit zwei bis vier, manchmal auch mehr Stacheln. Glochiden und Stacheln sind gelb. Auch die Blüten an ausgewachsenen Exemplaren sind gelb.

Ich möchte an dieser Stelle kurz auf das Stützen von Kakteen eingehen. Natürlich braucht man die Pflanzen in ihrer natürlichen Umgebung nicht stützen und aufrecht wachsende Exemplare benötigen bei richtiger Haltung auch keine Unterstützung. Allgemein gesagt sollte man eine Pflanze, die im ausgewachsenen Alter bei guter Bewurzelung anfängt zu kippen, am besten umtopfen in ein Gefäß, in welchem die Wurzeln mehr Raum haben, um den Kaktus genügend zu ernähren und in einer senkrechten Lage zu halten.

Wenn die Pflanze keine ausreichenden Wurzeln angesetzt hat, die ein Umtopfen rechtfertigen, sollte man mit Ausnahme einiger besonderer Fälle, wo auch ich eine Unterstützung empfehle, davon ausgehen, daß möglicherweise etwas mit diesem Gewächs nicht in Ordnung ist. Es ist dann ratsam, die Pflanze zurückzuschneiden und zu versuchen, die so gewonnenen Stecklinge in einer Weise zu kultivieren, daß ein besseres Wachstum gewährleistet ist.

Bevor ich diesen Abschnitt über flachgliedrige Opuntien schließe, möchte ich noch das Phänomen der Cristatformen erwähnen. Solche Formen finden wir selbst bei einigen in England heimischen Wildpflanzen, wie zum Beispiel den Disteln, bei denen sich meistens der Stamm verdickt. Bei Kakteen, die praktisch nur aus einem Stamm bestehen, können dabei unglaublich bizarre, gewundene Formen entstehen, die meist kammartig aussehen, wie ja aus dem lateinischen Stamm des Wortes zu ersehen ist. Das Wachstum solcher Pflanzen ist meist nicht beeinträchtigt, und es gibt Sammler, die solche Cristatformen besonders schätzen. Manchmal treibt aus einem Cristatzweig eine ganz normale Pflanze aus. In einem solchen Fall ist es empfehlenswert, den betreffenden Pflanzenabschnitt mit einem Messer abzuschneiden, um ihn auf einer Cereus-Unterlage wie auf Seite 15 beschrieben aufzupfropfen. Es gibt noch eine etwas ähnliche Gestaltvarietät, die man als Monstrosus-Formen bezeichnet. Cristatvarietäten werden meistens mit dem Zusatz »cristata« nach dem Pflanzennamen ausgewiesen, während Monstrosus-Formen durch Anfügung des Wortes »monstrosa« identifiziert werden.

23

Austrocylindropuntia cylindrica

Austrocylindropuntia salmiana

Austrocylindropuntia subulata

Austrocylindropuntia

Wir kommen nun zu der zweiten Gruppe von Opuntien, die sich im Gegensatz zu den vorher beschriebenen flachgliedrigen Arten durch runde oder ovale Gliedformen auszeichnet. Auch hier bestehen gewisse Unklarheiten und Differenzen zwischen botanischen und handelsüblichen Benennungen. Die meisten Züchter bezeichnen diese Pflanzen – wahrscheinlich auf Grund lange vorhandener Schilder – einfach mit dem Gattungsnamen *Opuntia*. Botaniker dagegen ziehen den Terminus *Cylindropuntia* oder gar *Austrocylindropuntia* vor. So ist beispielsweise die *Opuntia subulata* offensichtlich identisch mit der in diesem Buch beschriebenen Art *Austrocylindropuntia subulata*.

Den Namen *Austrocylindropuntia* gab man einer Pflanzengruppe aus Südamerika. Die Vorsilbe Austro ist abgeleitet vom lateinischen *australis* = Süden, einem Wort, das auch bei der Benennung des australischen Erdteils Pate gestanden hat. *Austrocylindropuntia cylindrica* ist eine sich leicht verzweigende, aufrecht wachsende Pflanze mit zylindrischen Trieben. Die Areolen sitzen auf warzenähnlichen Erhebungen. Mit zunehmendem Alter der Pflanzen werden die Warzen flacher, um schließlich ganz zu verschwinden, d.h. die Oberfläche ist dann eben. Die Sprosse sind am Scheitelpunkt abgeflacht, als hätte man sie mit einem Holzhammer plattgeschlagen. Junge Triebe entwickeln an den Spitzen lange Blätter, die im folgenden Winter in natürlicher Weise abfallen. Die Areolen sind ziemlich tief in die Warzen eingelassen. Sie sind mit weißen, wolligen Fäden angefüllt und einige der weißen Haare hängen weit herab. Während die im Gewächshaus gehaltenen Exemplare

oft stachellos bleiben, treten bei den Wildformen der Pflanze 2 bis 3 Stacheln aus der Areole hervor. Die Blüten sind klein und unansehnlich. Kultivierte Kakteen dieser Art blühen selten. In Ecuador und Peru wachsen diese Pflanzen zu beträchtlichen Höhen heran. Sie vertragen ziemlich niedrige Temperaturen und man kann sie sehr trocken halten. Feuchte Kälte dagegen, wie sie im Winter häufig in England herrscht, vertragen sie nicht. Diese Art wird gern in Cristata- oder Monstrosus-Form angeboten. Die erstgenannte Form kann sehr attraktiv aussehen.

Austrocylindropuntia salmiana ist wohl unter allen Opuntien das lohnendste Pflegeobjekt, besonders für Amateure. Die elegant wirkende, strauchförmig wachsende Pflanze kann schon im vierten Jahr mühelos zum Blühen gebracht werden. Ihre Heimat ist Brasilien, Paraguay und das nördliche Argentinien. Die Pflanzen sind alle steril, d.h. man kann sie nicht aus dem Samen ziehen. Dies ist aber nicht weiter schlimm, denn Stecklinge treiben bereitwillig Wurzeln und wachsen schnell zu stattlichen Exemplaren heran. Pflanzen, die man in einem guten Substrat bei reichlich natürlichem Licht zieht, benötigen kaum eine Unterstützung, man sollte sie aber regelmäßig beschneiden, damit sie nicht kopflastig werden. Es kann jedoch bei der Fensterbretthaltung der Pflanze in einer Stadtwohnung vorkommen, daß sie übermäßig wuchert. In einem solchen Fall muß man eine Abstützung vornehmen, damit sie ihr schönes Aussehen bewahrt. Die Triebe sind normalerweise purpurrot gefärbt. Diese Farbe ist an sich kein Anzeichen eines Wassermangels. Man sollte die Pflanze nie zu trocken

werden lassen. Die schwachen, schlanken Triebe trocknen sonst im Sommer sehr schnell aus, was auch im Winter vorkommt, wenn man den Kaktus zu warm hält. Das schönste an dieser Pflanze sind die Blüten, die in etwa so aussehen wie Hundsrosen. Es gibt sehr verschiedene Blütenfarben. Gelb herrscht vor, aber es gibt auch eine weiß blühende Varietät, die manchmal rot gerändert ist.

Austrocylindropuntia subulata ist eine weitere Art, die sich besonders für den Anfänger eignet. Es gibt allerdings 2 verschiedene Wuchsformen dieser Art, was Verwirrung schafft. Die meistgepflegte Form treibt aus einer Basis eine Anzahl dicker, fleischiger Triebe, die an der Spitze sehr lange sukkulente Blätter tragen, welche manchmal jahrelang stehen bleiben und später abfallen (manchmal erst nach Jahren) als dies bei anderen Arten der Fall ist. Aus jüngeren Areolen treten oft keine Stacheln hervor, manchmal besitzen sie 2 schlanke, leicht strohfarbige Stacheln. In einem späteren Stadium treiben die älteren Areolen am Stamm 8 oder mehr zusammenstehende Stacheln aus. Die einzelnen Triebe stehen zunächst rechtwinklig vom Stamm ab, richten sich dann aber auf und geben der Pflanze ihr charakteristisches kompaktes Aussehen. Junge Triebe bilden willig Wurzeln. Es gibt auch eine andere Form mit einem einfachen, aufrechten Stamm, die *A. cylindrica* ähnlich sieht, jedoch ohne die langen weißen Haare. Die sehr kleinen, orange oder grünlichgelb gefärbten Blüten werden bei Kulturpflanzen selten gebildet und waren lange Zeit unbekannt. Die Art wurde lange Zeit zu den Pereskien gezählt. Dr. George Engelmann, nach wel-

Cylindropuntia leptocaulis

Austrocylindropuntia vestita

Cylindropuntia

Cylindropuntia tunicata

chem die *Opuntia engelmannii* (auf Seite **20** abgebildet und beschrieben) benannt wurde, stufte die oben beschriebene Pflanze dann im Jahre 1883 richtig ein.

Austrocylindropuntia vestita kommt aus Bolivien, wo sie auf den Hügeln rund um La Paz wächst. Sie besitzt sehr faserige Wurzeln, ist empfindlich gegen zu starkes Gießen und nimmt eine mangelhafte Bodenhygiene übel. Die Triebe sind sehr verzweigt und ziemlich schwach. Freiwachsende Pflanzen stehen in Gruppen zusammen. Die Glieder importierter Exemplare sind manchmal extrem kurz, aber in Gewächshäusern in besserem Substrat bei ausreichender Wurzeldüngung gezogene Pflanzen entwickeln meist längere, üppigere Triebe. Allerdings behalten die im Treibhaus kultivierten Kakteen dieser Art ihre zerbrechliche Konstitution. Die runden Sprosse brechen bei unvorsichtiger Behandlung leicht ab. Die Areolen sind mit kurzen, wolligen Haaren, Stacheln und langen Haaren besetzt. Letztere sind das auffälligste Merkmal der Pflanze. Sehr kleine Blätter werden gebildet, die aber abfallen, sobald man im Winter mit dem Gießen aufhört. Wenn die Pflanze ihr Reifestadium erreicht hat, erscheinen kleine Blüten und danach hellrote Früchte. Letztere bleiben einige Zeit an der Pflanze und entwickeln dann bis zu 5 ziemlich stachelige Triebe aus, die abfallen und am Boden zu neuen Pflanzen heranwachsen. Es gibt von dieser Art auch eine Cristatform, die häufig angeboten wird und nicht nur einen attraktiven Schmuck für jede Sammlung darstellt, sondern auch viel weniger bruchempfindlich ist als die normale Form.

Cylindropuntia leptocaulis ist eine weitere Art, die sich durch eine Vielfalt verschiedener Formen auszeichnet. Sie wird gewöhnlich als buschige, kompakte Pflanze angeboten, es gibt aber auch Formen mit kurzen, wenigen, bis zu 9 cm starken Sprossen. Wie bei der vorerwähnten Art sind die Stämme und seitlichen Verzweigungen ziemlich schlank, sie werden aber mit zunehmendem Alter der Pflanze dicker. Die seitlichen Triebe lösen sich leicht vom Hauptstamm ab. Solche abgefallenen Glieder eignen sich hervorragend als Stecklinge, denn sie bilden im Boden rasch Wurzeln. Die Areolen sind mit weißen Haaren besetzt, die aber nicht lang werden. Das hervorstehende Merkmal dieser Art sind die langen weißen, meist einzeln stehenden, bis zu 5 cm lang werdenden Stacheln. Sie stecken in papierartigen Scheiden, die mit der Reifung der Stacheln abfallen. Das äußere Erscheinungsbild der Pflanze differiert beträchtlich, was durch unterschiedlich lange Stacheln und verschiedene Arten von Stachelscheiden bedingt ist. Dies hat wohl etwas mit dem extrem großen Verbreitungsgebiet dieser Art zu tun, das von den südlichen Staaten der USA bis nach Puebla in Mexiko reicht.

Cylindropuntia tunicata besitzt ebenfalls sehr auffällige papierähnliche Stachelscheiden. Wie die vorher beschriebene Art entwickelt sie unterschiedliche Wuchsformen. Man findet diese Pflanzen in den gebirgigen Gegenden von Mexiko, Ecuador, Nordchile und Peru. Die in England gezogenen Exemplare entwickeln sich meist zu niederliegenden, vielfältig verzweigten Gebilden, aber es gibt auch aufrecht wachsende Formen, die eine beträchtliche Höhe erreichen und zahlreiche seitliche Glieder austreiben.

Die Triebe brechen leicht ab und erreichen bei Kulturpflanzen selten ihre volle Größe. Nur die Bestachelung entwickelt sich gut. Obwohl die Stacheln sehr dekorativ wirken, sind sie ziemlich heimtückisch und man muß daher beim Umgang mit dieser Art große Vorsicht walten lassen. Unter Berücksichtigung ihrer normalen liegenden Wuchsform sollte man die Pflanze möglichst in ein breites, flaches Gefäß einpflanzen, da dies den Tag hinauszögert, wo man umpflanzen muß. Dies ist in der Tat kein leichtes Unternehmen. Andere Arten mit in papierartigen Scheiden steckenden Stacheln sind *C. imbricata*, die mehr zu einem aufrechten Habitus neigt, *C. bigelovii* und *C. ciribe*, die sich buschiger entwickelt und mit mehr Stacheln besetzt ist als die vorerwähnte Art, und *C. alcahes* sowie *C. fulgida*, letztere mit Gliedern, die sich besonders leicht ablösen und bräunliche Stacheln haben, während die vorerwähnte Art widerstandsfähigere Glieder mit weißen Stacheln besitzt.

Allgemein läßt sich sagen, daß die zuletzt genannte Pflanzengruppe sich nicht für Hobbygärtner eignet, insbesondere, wenn nur wenig Raum für die Kultur zur Verfügung steht. Diese Arten stellen zwar keine besonderen Ansprüche an die Pflege, aber die Vielzahl heimtückischer Stacheln erschwert den Umgang mit ihnen. Hinzu kommt, daß sie sehr zum Wuchern neigen, so daß es bei beengten Platzverhältnissen schwierig wird, andere Pflanzen zu erreichen, ohne sich zu verletzen.

Carnegiea gigantea   *Cereus forbesii*

Cereanae

Die Cereanae sind eine Gruppe von kandelaberartig wachsenden Arten, die man zu der großen Familie der Cereeae zählt. 75% aller Kakteen, in Habitus und Blüte verschieden, gehören zu dieser Gruppe. Die Cereanae sind meist zu erkennen an den Rippen und den stachelbewehrten Areolen. Blüten und Stacheln treten aus den gleichen Areolen hervor. Sie entwikkeln mehrere Glieder und wachsen im allgemeinen aufrecht, buschig oder bogenförmig im Gegensatz zu den Hylocereanae, die sich rankenartig ausbreiten und in Abständen Luftwurzeln ausbilden. Viele der typischen verzweigten Formen bilden sich erst, nachdem sich die Pflanze gut etabliert hat. Ein besonders gutes Beispiel ist die Nationalpflanze von Arizona, der Saguaro-(Riesen-)kaktus *(Carnegiea gigantea)*, den man meist als kleine, rundliche Pflanze kauft, die sehr lange braucht, bis sie ihr natürliches Aussehen annimmt, denn sie wächst ausgesprochen langsam. Die zu dieser Gruppe gehörenden Arten blühen nur, wenn sie eine ansehnliche Größe erreicht haben. So wäre es ungewöhnlich, wenn *Cereus peruvianus* vor Erreichen einer Höhe von 60 bis 100 cm zum Blühen kommt. Als Topferde verwendet man einen sandigen Lehm, aus dem das Wasser gut abfließen kann. Im Winter sollte man die Pflanzen kühl und trocken halten, im allgemeinen genügen Temperaturen von 6–8° C, obwohl einige Arten, besonders *Lemaireocereus*, eine um 3° C höhere Temperatur schätzen. Diese Arten lassen sich gut aus Samen ziehen oder man schneidet oben ein Stück ab, das man als Steckling verwendet, der meistens schnell Wurzeln bildet. Man kann auch warten, bis die Pflanzen anfangen, sich zu verzweigen.

Carnegiea

Carnegiea gigantea, der Riesenkaktus, ist eine der am längsten bekannten Kakteenarten. In seinem natürlichen Lebensraum in Arizona, Südkalifornien und Mexiko bildet er so beeindruckende Formen, daß man ihn zum Nationalemblem von Arizona wählte. Er ist allgemein unter seinem indianischen Namen Saguaro bekannt. In der Literatur taucht auch der Name Pitahaya auf. Teile der Pflanze nutzt man als Baumaterial und aus den Früchten bereiten die Indianer eine Suppe. Diese Art wächst außerordentlich langsam. Kulturpflanzen kommen nur selten zum Blühen. Im Handel erhältliche Exemplare haben ein rundliches Aussehen und die natürliche aufrechte Wuchsform bildet sich erst nach 6 Jahren oder noch später. Die mittelgrünen Säulen haben etwa 11 Rippen. In Abständen von ca. 1 cm gebildete Areolen sind mit etwa 11 oder mehr Randstacheln und 4 oder 5 Mittelstacheln besetzt. Alle Stacheln sind bräunlich gefärbt, die Mittelstacheln werden allerdings mit zunehmendem Alter der Pflanze blasser.

Cereus

Während man *Carnegiea gigantea* Anfängern eigentlich nur wegen der nationalen und historischen Assoziationen empfehlen kann, stellt *Cereus forbesii* ein wirklich dankbares Pflegeobjekt dar. Die Pflanze wird auch *C. validus* genannt, stammt aus Argentinien und kann aus dem Samen gezogen werden. Sie verzweigt sich bereits in jungem Alter und selbst Topfpflanzen besitzen bereits die für diese Art typische äußere Erscheinung. Der blaue Schimmer der jungen Triebe verliert sich mit zunehmendem Alter. Jedes Glied hat 4 bis 6 etwas zusammengedrückte Rippen. Die dicht beieinander stehenden Areolen sitzen in kleinen Einkerbungen an den abgeflachten Kanten der Rippen und tragen bis zu 5 kurze Randstacheln und gewöhnlich einen einzigen Mittelstachel (in Einzelfällen können es auch 3 sein), der viel kräftiger ist als die Randstacheln und bei ausgewachsenen Exemplaren fast 16 cm lang wird. Von *C. peruvianus* unterscheidet sich die Art durch die geringere Rippenzahl (ausgewachsene Exemplare von *C. peruvianus* haben zwischen 6 und 9 Rippen) und von *C. jamacaru* durch dichter stehende Areolen und rote Blüten. (*C. jamacaru* hat außen grüne Blüten und die Areolen stehen in Abständen von ca. 2,5 cm.) Auf Grund der vielen Kreuzungen zwischen allen 3 Arten ist es zuweilen sehr schwer, eine Pflanze einer bestimmten Spezies zuzuordnen. Dies trifft insbesondere für sehr junge Pflanzen zu. Die oben angeführten Unterschiede sind nur Anhaltspunkte. Da es schwer ist, die Arten im jungen Alter zu unterscheiden, werden Pflanzen, die ihre Rippen noch nicht vollständig ausgebildet haben, meist ohne Angabe des Artnamens verkauft.

Eulychnia floresii

Cereus jamacaru   *Cereus peruvianus*

Eulychnia

Cereus jamacaru ist eine der meistgepflegten aufrecht wachsenden Kakteen. Bei vielen der als *C. peruvianus* angebotenen Pflanzen handelt es sich in Wirklichkeit um *C. jamacaru*. Die beiden Arten unterscheiden sich durch die Anzahl der Rippen. *C. jamacaru* hat 4 bis 6 Rippen, während *C. peruvianus* davon 6 bis 9 besitzt, wobei man allerdings berücksichtigen muß, daß diese Pflanzen die volle Rippenzahl erst im Alter von 3 Jahren oder erst später erreichen. Sollten Sie junge Exemplare besitzen, bezeichnen Sie sie am besten zunächst als *Cereus* sp., bis die Pflanze alt genug ist, daß man eine Bestimmung wagen kann.

Cereus jamacaru kommt ursprünglich aus Brasilien, obwohl man sie überall in Westindien als Zaunpflanze verwendet. Es ist eine sehr große Pflanze. Die Wildform erreicht Höhen von 9 m und darüber. Sie bildet den Rohstoff für die Herstellung von Kisten und Bilderrahmen. Während der Trockenzeit verfüttert man die jungen Triebe als Viehfutter. Junge Sprosse sehen meist blau aus, eine Farbe, die wie bei *C. forbesii* mit zunehmendem Alter verschwindet. Die Rippen der Jungpflanzen sind sehr ausgeprägt und ähnlich wie bei den vorerwähnten Arten leicht gewellt, mit in Vertiefungen sitzenden Areolen. Die Form der gelblichen Stacheln ist bei den einzelnen Pflanzen sehr unterschiedlich. Blüten werden nur von ziemlich großen Exemplaren – während der Nacht – gebildet. Nachtfalter besorgen die Bestäubung.

Ähnliche Arten sind *C. stenogonus* und *C. xanthocarpus*. Die vorerwähnte Pflanze hat manchmal graublaue junge Triebe, die bei der letzteren fehlen. Für Leute, welche die Früchte kochen wollen, existiert ein wichtiger Unterschied zwischen diesen beiden Arten, indem die Früchte von *C. xanthocarpus* recht schmackhaft sind, während die von *C. stenogonus* ziemlich widerlich schmecken. Sie sind gelb bzw. rotorangefarbig.

Es wurde schon erwähnt, daß von besagter Art *C. peruvianus* nicht annähernd so viele Pflanzen existieren als man von der Beschilderung her annehmen könnte. Das hervorstechende Merkmal dieser Art ist die größere Anzahl von Rippen (bis zu 9 und nicht weniger als 6). Es gibt zwei sehr attraktive Monstrosus-Formen dieser Pflanze, *C.p. monstrosus* und *C.p. monstrosus minor*. Die erstere sieht man oft in Sammlungen, sie wächst jedoch äußerst langsam. Trotzdem sind reife Exemplare vielfach das Schmuckstück einer Kollektion. Eigenartigerweise kommt *C. peruvianus* nicht etwa aus Peru, wie der Name dies andeutet, sondern aus dem Südosten von Südamerika.

Cereus aethiops und *C. azureus* sehen sich als Topfpflanzen ziemlich ähnlich. Sie unterscheiden sich aber in der Form ihrer Rippen. Letztere hat welligere Rippen als die vorgenannte. Von der Art *C. peruvianus* unterscheiden sich die beiden durch ihren viel niedrigeren Habitus, während sich alle diese Pflanzen durch herrliche bläuliche Bereifung auszeichnen. Die letztgenannte Art fällt diesbezüglich besonders auf, wie schon ihr Name andeutet.

Eulychnia floresii sollte wohl besser als *E. iquiquensis* bezeichnet werden. Der Gattungsname ist von dem griechischen Wort für Fackel abgeleitet. Die Pflanze ist in Chile heimisch. Die Stacheln dieser Art sind besonders bei jungen Exemplaren sehr eindrucksvoll, obwohl sie abfallen, wenn die Pflanze älter wird, so daß dann nur noch eine völlig stachellose Säule übrigbleibt. Man verwendet sie in Südamerika als Brennholz. In ihren natürlichen Lebensräumen dominieren sie die Landschaft. *E. floresii* ist ein aufrecht wachsender Säulenkaktus, der in seiner Heimat Chile über 6 m hoch wird. In Bodennähe verzweigt sich die Pflanze. Die Säulen sind dunkelgrün mit 10 bis 15 flachen, breiten Rippen, die sich hinter den fast nebeneinander liegenden Areolen verstecken. Die Areolen sind weißlich befilzt, wobei die weißen Wollfäden die zahlreichen kurzen Randstacheln verdecken. Die Mittelstacheln sehen sehr unterschiedlich aus. Meist wird nur ein einziger Mittelstachel gebildet, dessen hübsches Grau sehr dekorativ wirkt. Er hat eine dunklere Spitze und wird bei ausgewachsenen Exemplaren bis zu 13 cm lang. Selbst bei jungen Pflanzen ist dieser Stachel bereits über 5 cm lang.

Lemaireocereus aragonii

Lemaireocereus

Lemaireocereus marginatus

Lemaireocereus pruinosus

Lemaireocereen sind im allgemeinen schwierige Pflegeobjekte für Anfänger. Sie benötigen im Winter mehr Wärme als die meisten anderen Kakteen und anderen Sukkulenten. Sie sind offenbar sehr anfällig für einen Befall durch den Pilz Rhizoctonia, der an der weichen Basis der Pflanze angreift, wo sie aus dem Substrat heraustritt. Systemisch wirkende Fungizide können hier Abhilfe schaffen. Man kann beispielsweise beim letzten Gießen im September den Kaktus mit einer Fungizid-Lösung (Mischungsverhältnis des Herstellers beachten!) tränken. Lemaireocereen bilden in ihrer heimatlichen Umgebung meist kompakte, verzweigte Formen, obwohl *Lemaireocereus humilis* gewöhnlich niedrig wachsende Dickichte entwickelt. Blüten werden nur von herangewachsenen Exemplaren hervorgebracht. Mit der möglichen Ausnahme von *L. thurberi* (dem »Orgelpfeifenkaktus«) wachsen diese Arten ziemlich langsam.

Lemaireocereus aragonii ist eine der schönsten Arten, deren dunkelgrüne Säulen an den Stellen, an denen die jeweiligen Jahrestriebe hervorgetreten sind, auffällige graublaue Streifen aufweisen. Die Rippen sind sehr groß. 6 bis 8 an der Zahl, sind sie ein typisches Merkmal dieser Art. Leider wächst die Pflanze nur sehr langsam, was verwunderlich ist, denn in ihrer Heimat Costa Rica wird sie allgemein als Zaun verwendet. Um die graublaue Färbung der Säulen zu konservieren, sollte man die Wurzeln am besten von unten her bewässern, indem man den Topf entweder in eine Untersatzschüssel oder auf ein Sandbett stellt, welche man bei Bedarf anfeuchtet. Durch diese Maßnahme erhält man nicht nur die blaue Färbung der Pflanze,

man verhindert gleichzeitig auch die Kragenfäule, die von den bereits erwähnten Rhizoctonia-Schadpilzen verursacht wird.

Lemaireocereus marginatus wird heute schon vielfach *Marginatocereus marginatus* genannt. Diese Art soll aber hier genannt werden, weil sie von vielen Züchtern noch immer unter dem alten Namen angeboten wird. Diese mexikanische Art wird in ihrer Heimat wegen ihres attraktiven Aussehens kultiviert. Die 5- bis 6rippigen schlanken, dunkelgrünen Säulen fallen besonders durch ihre glänzendweiß befilzten Areolen auf, die so dicht beieinander stehen, daß man sie als durchgehendes Band am Außenrand der Rippen wahrnimmt. Junge Exemplare sind sogar noch dekorativer, wegen der anfänglich roten Färbung der Stachelspitzen. Wie die vorerwähnte Art nutzt man diese Pflanzen gern als Hecke. Im fortgeschrittenen Alter bilden sie eine fast undurchdringliche Mauer. Diese Kakteen wachsen etwas schneller als die vorerwähnte Art, man muß jedoch beim Gießen ähnliche Vorsichtsmaßregeln treffen. Während des Winters brauchen sie eine warme, trockene Umgebung.

Lemaireocereus pruinosus trifft man auch häufig an. Diese Art scheint aber empfindlicher zu sein und es ist schwerer, sie zu überwintern. Sie besitzt 5 oder 6 sehr ausgeprägte Rippen mit nur wenig Stacheln. Die Areolen sitzen dicht beieinander und der junge Trieb an der Spitze trägt eine geschlossene, silbriggraue Kappe. *L. eburneus*, manchmal als *L. griseus* angeboten, ähnelt den vorerwähnten Arten, hat aber zwischen 5 und 10 Rippen und es fehlt meist die silbergraue Bereifung des jungen Triebes. Die Früchte, die natürlich erst an sehr viel

älteren Pflanzen wachsen, sind sehr wohlschmeckend, weshalb man diese Pflanzen in ganz Südamerika gern kultiviert. Die Nutzung ist sehr vielseitig. In Curaçao verwendet man sie als Zäune, in Venezuela schätzen die Indianer sie als Baumaterial für ihre Häuser ähnlich der früher in England verwendeten Latten- und Leistenverschalung, wobei die aufgespaltenen Säulenteile die Latten bilden, auf welche dann Mörtel und Ziegel aufgebracht werden. Die Verzweigungen sind dick und fleischig und werden in Curaçao als Gemüse gegessen.

Andere *Lemaireocereus*-Arten, die im Handel angeboten werden, sind *L. chichipe*, deren Areolen tief in die Rippen eingelassen sind, im Gegensatz zu *L. pruinosus*, bei der die Areolen am Rand der Rippen sitzen, und *L. chende*, die ähnlich aussieht wie letztere, aber nur zwischen 7 und 9 Rippen hat, während *L. pruinosus* 9 bis 12 Rippen besitzt.

Lophocereus schottii

Machaerocereus
gummosus

Lemaireocereus thurberi

Lemaireocereus thurberi, oft als »Orgelpfeifenkaktus« bezeichnet, gehört zu einer Gruppe der Lemaireocereen mit dunkelbrauner bis schwarzer Befilzung in den Areolen, wodurch sich diese Art von den vorhergenannten unterscheidet, die alle hellfarbig befilzt sind. Außerdem besitzt diese Spezies viel mehr Rippen, zwischen 12 und 17, und sieht daher ganz anders aus als die anderen Arten. In seiner Heimat im südlichen Arizona, in Sonora und Niederkalifornien, bildet dieser Kaktus vom Boden verzweigte große Gruppen. Auch Topfpflanzen neigen zu einem verzweigten Habitus. Sie sind ein Schmuck für jede Sammlung und eignen sich besonders als Ausstellungsexemplare. Die zahlreichen, ziemlich niederen Rippen sind in Abständen von kaum 1 cm mit randständigen Areolen besetzt, die sich mit zunehmendem Alter der Pflanze mit einer wachsartigen Masse füllen. Dies ist ein natürlicher Vorgang, der das Wachstum nicht beeinträchtigt. Zahlreiche Stacheln bedecken praktisch die gesamte Oberfläche der Pflanze.

Lophocereus

Lophocereus schottii gilt als die einzige Art dieser Gattung. Wie *Lemaireocereus thurberi* verzweigt sich die Pflanze vom Boden aus, also nicht erst in einer gewissen Höhe. Der Name ist abgeleitet aus dem griechischen Wort lophos = Helmbusch, wohl wegen des buschigen Kranzes von Blüten. In unseren Breitengraden in einem Topf gezogene Exemplare werden aber kaum diese Form ausbilden, denn die Pflanzen benötigen einen warmen, besonders sonnigen Platz. Diese Art bildet in ihrer Heimat große Gruppen von bis zu 100 Trieben, die über 6 m hoch werden. Die Rippen (meist zwischen 5 und 7, aber auch bis zu 9) stehen verhältnismäßig weit auseinander und geben den etwas kränklich wirkenden Säulen ihr charakteristisches Aussehen. Die ziemlich kleinen Areolen sind bei kultivierten Pflanzen meist wenig oder gar nicht befilzt und tragen bis zu 7 kurze Randstacheln und 2 Mittelstacheln. Die dichten Borsten, die bei blühenden Trieben den erwähnten Kranz bilden, sind viel länger und können Abmessungen von bis zu 5 cm erreichen. Importierte Exemplare sind manchmal mit einem solchen Kranz besetzt.

Dieser Kaktus wächst in den sehr trockenen Gebieten von West-Mexiko und Süd-Arizona. Er kann dort in dichten Gruppen wachsend überleben, weil sich in dem Eigenschatten auch kleinste Feuchtigkeitsmengen konservieren lassen. Es gibt eine ungewöhnliche, attraktive Monstrosusform dieser Pflanze, bei der die Rippen vollständig von großen Warzen ersetzt sind, und eine Form mit bündelförmigem Wuchs wird unter dem Namen *Cereus mickleyi* angeboten. Letztere muß besonders trocken gehalten werden.

Machaerocereus

Machaerocereus eruca, der kriechende Teufelskaktus, ist eine sehr eindrucksvolle, zur Ausbreitung am Boden neigende Art, deren Triebe sich nach unten biegen, im Boden Wurzeln schlagen, um dann wieder nach oben weiterzuwachsen. Wegen ihrer Neigung zu wucherndem Wuchs und da die Art auch wenig kultiviert wird, haben wir sie nicht abgebildet. Ihr Name ist von dem griechischen Wort für Dolch abgeleitet, wohl ein Hinweis auf die sehr scharfen Stacheln. Als Kulturpflanze wächst sie zunächst nach oben. Sie kann aber an Hindernissen vorbei oder um diese herumwachsen. An Stellen, wo die Triebe die Erde berühren, werden Wurzeln gebildet. Mit zunehmendem Alter stirbt die Basis ab und die Pflanze sieht dann aus wie eine Raupe, die sich über die Wüste schlängelt. Dem Hobbygärtner, der ein Exemplar dieser interessanten Art in seine Sammlung aufnehmen möchte, kann man *M. gummosus* empfehlen, die nicht so stark zum Wuchern neigt, und die zumindest anfangs senkrecht nach oben wächst. Sie besitzt gewöhnlich 8 etwas abgeflachte Rippen, die an den Kanten in Abständen von 2,5 cm mit Areolen besetzt sind. Die kräftigen Stacheln ähneln denen von *M. eruca* insofern, als der Mittelstachel flach und dolchartig ausgebildet und von 8 bis 12 Randstacheln umgeben ist.

Die in Niederkalifornien heimische Pflanze läßt sich leicht aus Samen ziehen. Obwohl die Frucht als Delikatesse gegessen wird, gilt das Pflanzengewebe als giftig. Die Eingeborenen werfen die zusammengeschlagenen Pflanzenreste in die Flüsse, um die Fische zu töten.

29

Monvillea haagei cristata

Myrtillocactus geometrizans

Myrtillocactus schenkii

Monvillea

Monvilleas sind robuste, schnellwachsende Arten, was allerdings voraussetzt, daß man ihnen im Sommer viel Sonne gönnt und sie im Winter genau so warm hält wie *Lemaireocereus*. Es gibt etwa 8 Arten, von denen 2 im Handel erhältlich sind. Die härteste Pflanze ist zweifellos *Monvillea haagei* (die teilweise auch *M. haageana* genannt wird). Sie bildet einen aufrechten oder kletternden Busch, den man mit zunehmendem Alter manchmal stützen muß. Der Stamm ist sehr schlank, oft unter 2,5 cm dick und purpurrot gefärbt. Bei ausreichenden Platzverhältnissen ist es das beste, die Pflanze in ein Gewächshaus zu setzen und sie dort zu einem Dickicht heranwachsen zu lassen. Die Triebe haben 4 bis 6 Rippen mit auffälligen Einkerbungen. Die Areolen sitzen in diesen Vertiefungen in Abständen von ca. 2,5 cm und tragen eine Anzahl grauer Stacheln. *M. cavendishii* sieht ähnlich aus, hat aber mehr Rippen, manchmal bis zu 10, und grünliche Stämme. Die Kerbung der Triebe ist weniger ausgeprägt und die Areolen stehen dichter beisammen, manchmal beträgt der Abstand weniger als 1 cm. Diese Art ist verhältnismäßig blühfreudig, besonders wenn man sie an sonnigen äußeren Stellen im Gewächshaus unterbringt. Sie können dann von April bis September ununterbrochen ihre weißen Blüten entwickeln.

Monvillea insularis ist nicht im Handel erhältlich, wurde aber als die am weitesten östlich auftretende Kakteenart bekannt. *M. spegazzinii* wird manchmal in gepfropfter Form angeboten. Sie ähnelt *M. haagei*, hat aber bläuliche, stark mit Weiß marmorierte Glieder, ein Grund, weshalb sie manchmal als *Cereus marmoratus* angeboten wird.

Myrtillocactus

Myrtillocactus geometrizans ist eine große, kräftige und hübsch aussehende Kaktusart, die man gern – wenn auch nicht gerade vernünftigerweise – als Pfropfunterlage für Arten mit weniger kräftigem Wurzelsystem verwendet. Sie hat den Vorteil, bereits in einem frühen Entwicklungsstadium ausgeprägte Äste auszubilden. Die bläulich grauen Stämme bilden Streifen, die den jeweiligen Jahrestrieb anzeigen. Die 5 oder 6 Rippen sind sehr breit und geben dem Stamm daher eine an ein Fünfeck erinnernde Form. In Abständen von knapp 3 cm wachsende Areolen tragen wenige kurze Randstacheln, die sich zum Stamm hin abflachen. Die im Gegensatz hierzu sehr langen, schwarzen, flachen Mittelstacheln haben einen großen Anteil an dem attraktiven Erscheinungsbild dieser Pflanze. In Mexiko trifft man die Art häufig. Man baut sie wegen ihrer eßbaren Früchte, genannt Garambullas, an. Sollten sich an Ihrem Exemplar solche Früchte bilden, sollten Sie diese wie Rosinen an der Sonne trocknen. Geschmack und Verwendung sind etwa die gleichen.

Obwohl man diese Pflanze gern als Pfropfunterlage verwendet, weil sie so kräftig wächst, würde ich dies nicht empfehlen. Kultivierte Exemplare neigen zum Ansatz harter, schuppiger Flecken am Stamm, die ich bisher nicht als schädlings- oder krankheitsbedingte Blessuren erklären konnte. Augenscheinlich leidet die Pflanze nicht darunter, aber sie wird unansehnlich. Es dürfte sich hier um ein ähnliches Phänomen handeln, wie ich es bereits im Kapitel über die Opuntien beschrieben habe. Die Flecken werden also durch kalte, feuchte Winter, wie wir sie in unseren Breiten kennen, begünstigt. Tatsächlich kann man die Flecken deutlich verringern, wenn man die Pflanzen etwas wärmer hält, also beispielsweise bei 10° C. Es ist bedauerlich, wenn man eine sonst attraktive Cristatform auf einer Unterlage aufpfropft, die mit der Zeit fleckig aussieht, und es ist einem erfahrenen Hobbygärtner zu empfehlen, in solch einem Fall eine Neupfropfung auf einer anderen Art vorzunehmen wie beispielsweise auf *Pachycereus pringlei*, die auf der folgenden Seite abgebildet ist.

Myrtillocactus schenkii hat einen dunkel olivgrünen Körper und kürzere Mittelstacheln. Die Areolen sind schwarzbraun befilzt. Ihr Abstand vergrößert sich, wenn die Pflanze älter wird. *M. cochal*, die manchmal angeboten wird, unterscheidet sich von den vorher beschriebenen Arten durch das Fehlen des Mittelstachels.

30

Nyctocereus serpentinus

Pachycereus pringlei

Pachycereus pecten-aboriginum

Nyctocereus

Nyctocereus serpentinus bindet man am besten an einen Stock, obwohl diese Art in ihrer Heimat Mexiko Häuser und Wände überwuchert. Die aufrechten Säulen kultivierter Exemplare wachsen aus einer Basis heraus und können 3 m und höher werden. Die einzelnen Säulen haben einen Durchmesser von ca. 2,5 cm. Sie sind hellgrün gefärbt und besitzen 10 bis 13 niedrige Rippen. Die dichtsitzenden Areolen auf den Rippenrändern sind mit ca. 12 Stacheln besetzt, die an der Spitze dunkelbraun gefärbt sind und zum Ansatz hin heller werden. Die Areolen sind filzig und wollig ausgefüllt. Für einen Säulenkaktus blüht diese Art verhältnismäßig willig. Die Blütenbildung kann bereits im 6. Jahr einsetzen. Wie bei vielen anderen rankenden Pflanzen profitiert diese Art, wenn man sie ausplanzt, am besten an einem nach Süden ausgerichteten Platz am Rande einer Veranda oder eines Gewächshauses. Während des Sommers verträgt die Pflanze ziemlich viel Hitze, was wahrscheinlich die Blütenbildung begünstigt. Topfpflanzen stellt man im Winter am besten auf ein hohes Brett, damit sie möglichst viel Licht bekommen. Im Gegensatz zu den meisten anderen Kakteen, die man während der winterlichen Ruhezeit am besten an ein Nordfenster stellt, empfiehlt es sich bei dieser Art, bei der Haltung in einer Wohnung ein Südfenster zu wählen.

Pachycereus

Wie bereits vorher erwähnt, eignen sich *Pachycereus*-Arten wegen ihres besonders kräftigen Wuchses sehr gut als Pfropfunterlage für Kakteen mit schwächerem Wurzelsystem, die nicht in der Lage sind, sich in einem entsprechenden Substrat zu verankern. Der Name ist abgeleitet aus dem griechischen Wort für dick, wohl wegen der dicken Stämme und Glieder der Pflanze. *Pachycereus pringlei* ist in Nordwestmexiko und Südkalifornien heimisch, wo die Art den Charakter der Landschaft bestimmt. Früher bildeten diese Kakteen ganze Wälder. Heute sind solche großen Ansammlungen selten geworden. In ihrer Heimat hat die Pflanze große wirtschaftliche Bedeutung. Man fertigt daraus Latten und Spazierstöcke und nutzt sie als Feuerholz. Der Samen wird bei den Yaqui-Indianern zu einer Art von Mehl verarbeitet, aus denen man das in dieser Gegend gern gegessene Tamal-Gericht bereitet. In vielen Sammlungen, wo man die aus den Samen herangezogenen Kakteen ständig unter Glas hält, bildet diese Pflanze Formen, die nur noch wenig an die der freilebenden Exemplare erinnert. Es lohnt sich aber trotzdem, sich mit diesen attraktiven Kakteen zu befassen, besonders wegen dem robusten, grau angehauchten, mit Dornen dicht besetzten Stamm. Aus den dicht nebeneinander stehenden Areolen treten an den Spitzen schwarz gefärbte Stacheln hervor. Man zählt meist 11 bis 15 flache Rippen, auf denen die Areolen in so dichtem Abstand sitzen, daß sie sich fast gegenseitig berühren. Sie sind mit braunem Filz besetzt und tragen über 20 Randstacheln. An jüngeren Teilen der Pflanze sind die Stacheln fast schwarz, eine Färbung, die sich später aufhellt.

Pachycereus pecten-aboriginum erhielt diesen Namen wegen der stachligen Früchte. Der lateinische Ausdruck pecten aboriginum bedeutet 'Kamm der Eingeborenen'. Ich weiß allerdings nicht, ob man die stachligen Früchte tatsächlich zu diesem Zweck verwendet hat. Die Pflanze ist viel kleiner als *P. pringlei* und hat weniger Rippen, normalerweise zwischen 10 und 11. Die Areolen sind stark mit grauer Wolle besetzt (solche, aus denen Blüten hervortreten – was bei Haltung in einer Wohnung allerdings nur selten vorkommt – erkennt man an der bräunlichen Wolle) und haben im Gegensatz zu *P. pringlei* nur selten mehr als 12 Stacheln. Die Mittelstacheln ähneln allerdings denen der genannten Art. Sie sind meist hellgrau gefärbt und an der Spitze etwas dunkler. Die langen gelben Borsten, die dieser Art den Namen gaben, werden nur auf den Früchten gebildet, die wiederum nur an älteren Pflanzen wachsen.

Außer den genannten Arten kennt man noch eine *P. columna trajani* genannte Pflanze, die *P. pecten-aboriginum* ähnlich sieht, sowie die Spezies *P. chrysomallus* (die verschiedentlich auch *Backebergia* oder *Mitrocereus chrysomallus* genannt wird), ein lohnendes Pflegeobjekt, das man in Sammlungen nicht oft findet. Letztere Art fällt durch dichte gelbe Wollbüschel an den Stellen auf, wo die Blüten hervortreten, besonders um die Fruchtknoten herum. Diese Pflanzen sind auch bekannt durch die auffälligen gelben Stacheln der jüngeren Exemplare.

Stetsonia coryne   *Setiechinopsis mirabilis*   *Trichocereus pasacana*

Stetsonia

Stetsonia coryne ist ein sehr stacheliger, baumartig wachsender Kaktus, der in seiner Heimat, dem nordwestlichen Argentinien, in dichten Gruppen auftritt und dort den Landschaftscharakter prägt. In der Wildform massige Formen bildend, eignet sich diese Art dennoch gut für die Pflege, weil sie sehr langsam wächst und auch als Topfpflanze gut aussieht. Die Triebe, die blaßgrün gefärbt sind, wachsen selbst bei Jungpflanzen bald zu ansehnlicher Dicke heran; sie haben 8 oder 9 Rippen, die durch ihre V-förmigen Furchen auffallen. Dazwischen stehen in einem Abstand von etwa 2 cm Areolen mit 7 bis 9 verschieden langen Randstacheln. Die weißen Blüten werden nur von völlig ausgewachsenen Pflanzen gebildet, nur selten, wenn überhaupt, von Topfpflanzen.

Es gibt eine ähnlich aussehende Art, *Escontria chiotilla*, die man manchmal mit *Stetsonia coryne* verwechselt. Ein Hauptunterscheidungszeichen für den Botaniker liegt in der Struktur der Schuppen am Fruchtknoten. Da man aber bei einer Topfpflanze wohl kaum die Möglichkeit hat, den Fruchtknoten zu prüfen, müssen wir nach anderen Unterscheidungsmerkmalen suchen. *E. chiotilla* hat meist einen kleineren Habitus, 6 bis 8 Rippen und mehr Randstacheln: zwischen 10 und 15. Der lateinische Name der Pflanze wurde von Chiotilla abgeleitet, dem Namen der Frucht, die von den Indianern in Südmexiko gegessen wird und die einen stachelbeerähnlichen Geschmack hat.

Setiechinopsis

Setiechinopsis mirabilis zählt noch immer zu den Cereen, eine andere Klassifizierung in der Zukunft wird jedoch nicht ausgeschlossen. Auf alle Fälle haben wir es hier mit einer Art zu tun, deren Habitus eine Behandlung in diesem Abschnitt des Buches rechtfertigt. Die merkwürdig purpurn gefärbten Triebe sind sehr schlank. Selten werden sie stärker als 2 cm und es ist schwierig, sie zu einer hohen Pflanze heranzuziehen. Dies ist jedoch kein Nachteil, da sie bereits ab dem 2. Jahr unermüdlich Blüten treibt und sich auch leicht aus Samen vermehren läßt. Die 11 flachen Rippen sind unter der Vielzahl von weichen schwarzen und weißen Stacheln kaum zu erkennen. Wenn sich im Frühsommer in den Areolen dichte schwarze Wollbüschel bilden, zeigt dies die bevorstehende Blütenbildung an. Die weißen, leicht duftenden Blüten wachsen lang röhrenartig aus den Areolen. Wenn die Knospe erst einmal gebildet ist, müssen Sie die Pflanze ständig im Auge behalten, denn die Blüte geht abends um 9 Uhr auf und ist Mitternacht bereits wieder verblüht. Die Blütenentwicklung geht unheimlich schnell. Die Blütenblätter sind selbst unmittelbar vor der Öffnung der Blüte oft noch nicht zu sehen. Die Pflanzen können sehr schnell absterben oder austrocknen. Manche Autoren sind der Meinung, daß dies vor allem dann passiert, wenn in einem Jahr zu viele Blüten zu viele Früchte bilden. Auf alle Fälle ist es immer gut, wenn man die Samen aufhebt, damit man für den Fall, daß die Pflanze abstirbt, gleich wieder Ersatz schaffen kann.

Trichocereus

Trichocereus pasacana ist eine in den Hochtälern Argentiniens und Boliviens heimische Riesenkaktusart. Im Habitus dem Saguaro ähnlich, kann sie 9 m hoch werden. Manchmal bilden sich die Verzweigungen schon am Boden, aber meistens beginnt die Aufteilung der einzelnen Triebe erst in einiger Höhe. Der Körper ist von 20 bis 38 ziemlich flachen Rippen umgeben, die so dicht mit großen Areolen besetzt sind, daß sie sich fast gegenseitig berühren. Topfpflanzen sind meist mit einer Vielzahl verschieden langer, steifer, gelber Stacheln in unterschiedlicher Anzahl besetzt. Die Pflanze wurde nach ihrer Frucht benannt, die bei den Indianern Pasacana heißt. Die holzigen Stämme, die mit zunehmendem Alter ihre Stacheln verlieren, werden als Rohmaterial für den Bau von Viehzäunen und Hütten verwendet.

Trichocereus pasacana eignet sich wegen des kräftigen Wuchses und aufgrund des großen Durchmessers vorzüglich als Pfropfunterlage. Ein so verwendetes Exemplar läßt sich auch leicht wieder ersetzen. In ihrer Heimat Argentinien wächst die Pflanze an exponierten Stellen wie Felsen und Bergen. Sie ist aus diesem Grunde ziemlich winterhart und muß ständig ziemlich trocken gehalten werden.

Eriocereus jusbertii

Trichocereus spachianus

Trichocereus spachianus und *T. santiaguensis* sind zwei Bezeichnungen der gleichen Art, obwohl der erstgenannte Name der korrektere ist. Die Pflanzen wachsen säulenförmig, ältere Pflanzen bilden gelegentlich Verzweigungen am Boden. Die Triebe sind mittelgrün, nehmen beim Älterwerden eine fast gelbliche Färbung an und vermitteln dann den Eindruck eines goldfarbigen Stammes. Die Anzahl der Rippen kann sehr unterschiedlich sein, obwohl die meisten kultivierten Exemplare offenbar zwischen 10 und 15 haben. Auch die Größe der Rippen variiert von Pflanze zu Pflanze. Manche bestehen nur aus ausgesprochen flachen, kaum sichtbaren Erhöhungen, andere dagegen heben sich deutlich vom Stamm ab. Die Stacheln sind zunächst blaßgelb, nehmen bei zunehmender Reifung einen bräunlichen Ton an und werden schließlich ganz weiß. Die Randstacheln, gewöhnlich sind es 9, können in einigen Abarten sehr zahlreich auftreten. Sie umgeben einen einzelnen Mittelstachel, der etwas länger ist. Die weißen, nachts aufgehenden Blüten werden nur an ausgewachsenen Pflanzen gebildet.

Trichocereus werdermannianus ist eine weitere ziemlich variable Art, die wahrscheinlich das Produkt einer natürlichen Kreuzung darstellt, denn man kann sie kaum als Topfpflanze zum Blühen bringen. Der Pflanzenkörper hat zunächst eine kugelförmige Gestalt, die ab dem 3. bis 4. Jahr länglicher wird, um schließlich den charakteristischen Habitus anzunehmen. Die blaßgrünen Glieder besitzen etwa 11 Rippen. Es gibt auch einige Formen mit mehr Rippen und kräftigeren Stacheln. Es ist anzunehmen, daß es sich hierbei um Verwandte der Art *T. chiloensis* handelt.

Trichocereus werdermannianus

Wie bei *T. spachianus* entwickelt die Pflanze die unterschiedlichsten Arten von Stacheln, wobei die Arten mit den kräftigeren Stacheln wiederum als Verwandte von *T. chiloensis* gelten. Als wichtigstes Merkmal von *T. werdermannianus* gelten die verhältnismäßig dicht stehenden Areolen.

Wie bereits erwähnt, ähnelt *T. chiloensis* der genannten Art in hohem Maße und einige Formen wurden auch mit eigenen lateinischen Bezeichnungen versehen, wie z. B. *T.c. eburneus*, eine weißstachelige Art, und *T.c. spinosissimus* mit braunen, nach oben gebogenen Stacheln. *T.c. panhoplites* hat fast schwarze Stacheln.

Pflanzen mit besonders schlanken, fast nadelartigen Stacheln sind wahrscheinlich eher mit *T. poco* verwandt, besonders wenn die Stacheln dunkelbraun gefärbt sind und bei der Jungpflanze in dichten Büscheln rund um die Rippen herum stehen.

Eriocereus

Unter den aufrecht wachsenden Cereus-Arten gelten die Eriocereen als besonders dankbare Pfleglinge. Sie sind von kräftigem Wuchs und werden daher gern als Pfropfunterlage für Arten verwendet, die kein so stabiles Wurzelwerk bilden. *Eriocereus jusbertii* kann man schon mit 5 Jahren bei einer Größe von 60 bis 90 cm zum Blühen bringen. Die dunkelgrünen Glieder sind purpurrot angehaucht und haben bei im Handel erhältlichen Exemplaren zwischen 4 und 6 Rippen. Es besteht ein interessanter Unterschied zwischen aus Samen gezogenen importierten Pflanzen und solchen, die man als Stecklinge aufgezogen hat. Erstere zeigen den charakteristischen aufrechten Wuchs erst in reiferen Jahren, während die aus Stecklingen gezogenen Exemplare gleich senkrecht nach oben wachsen.

E. jusbertii bietet nicht nur den Vorteil der Blühfreudigkeit. Es ist auch günstig, daß die Stacheln ziemlich klein bleiben. Sie sitzen in wolligen Areolen, die in Abständen von etwas über 2 cm auf den Rippen angeordnet sind. Die sehr großen Blüten lohnen das Warten. Sie sind grünlichgelb gefärbt und sind über 15 cm lang.

Eriocereus martinii ist eine weitere oft als Pfropfunterlage verwendete Art. Sie blüht aber nicht so bereitwillig wie die vorgenannte Pflanze. Ihre Areolen sitzen auf ausgeprägten Warzen und haben längere Stacheln.

Bei den Händlern besteht oft Unklarheit über die Bezeichnungen *Harvisia* und *Eriocereus*. Beide Namen werden mehr oder weniger wahllos für die eine wie andere Pflanze benutzt, obwohl sie in freier Natur zwei unterschiedliche Gattungen zu sein scheinen.

Wilcoxia schmollii

Cleistocactus baumannii

Cleistocactus straussii

Wilcoxia

Wilcoxia schmollii ist ein außergewöhnlicher Kaktus mit einem Wurzelsystem, das dem der Dahlien ähnelt. Die Pflanze bildet unter der Erde mehrere Knollen. Ihre schwachen, wuchernden Triebe müssen manchmal gestützt werden. *W. schmollii* wird meist in gepfropfter Form angeboten. In ihrer Heimat – Texas und Mexiko – wächst diese Art in offenem, sandigem Gelände und bildet daher die typischen knolligen Wurzeln. Kultivierte Exemplare entwickeln meist dickere, dunkelgrüne, fast bläulich-rot wirkende Triebe, die sich beim Älterwerden der Pflanze gelblich färben. Die Stämme sind etwa 1 cm dick und tragen 8 bis 10 nach unten abgeflachte, hängende Triebe mit dicht gestaffelten Areolen, die mit einigen schwachen, borstigen Stacheln besetzt sind. Die zahlreichen Randstacheln sind weiß, während die einzeln stehenden Mittelstacheln schwarz gefärbt sind. Außerdem wachsen aus den Areolen viele Haare heraus, die wie verlängerte Stacheln wirken.

Trotz der offensichtlichen Notwendigkeit der Pfropfung eignet sich diese Pflanze hervorragend als Pflegeobjekt für den Amateur. Schon in jungen Jahren werden dekorative rosa Blüten mit grüner, gelappter Narbe entwickelt. Letztere sieht der Narbe von Echinocereen ähnlich, was wohl der Grund war, daß man diese Pflanze ursprünglich als *Echinocereus tuberosus senilis* bezeichnet hat.

Wilcoxia poselgeri kann man zwar ohne Schwierigkeiten ungepfropft ziehen, sie ist allerdings schwächer und meist schlanker als die vorerwähnte Art. Im fortgeschrittenen Alter verliert sie fast alle Stacheln. Die Rippen, etwa 8 an der Zahl, sind nicht stark ausgeprägt.

Cleistocactus

Cleistocactus baumannii stammt aus Uruguay, Paraguay und Argentinien, wo diese Pflanze Gruppen von verzweigten, aufrechten, bis zu 2 m hohen Säulen bildet. Sie wächst schneller als die nachfolgend beschriebene Art und unterscheidet sich von jener durch viel weniger dicht stehende und gelbfarbige Stacheln. Die Pflanzenglieder sind dunkelgrün und haben 12 bis 16 niedrige, stumpfe Rippen. Die Areolen stehen so dicht an den Kanten der Rippen, daß sie sich fast berühren. Sie sind mit über 20 Stacheln besetzt und dunkelbraun – fast schwarz – befilzt. Wie dies auch bei der nachfolgend beschriebenen Art der Fall ist, öffnen sich die Blüten nicht richtig. Der Name der Pflanze ist aus dem griechischen Wort für »geschlossen« abgeleitet. Die Blüten werden an 60 cm hohen Exemplaren ohne Schwierigkeit ausgebildet. Sie sind schön rot gefärbt und bilden einen dekorativen Kontrast zu den gelblichen Stacheln. Diese Pflanze ist eine wertvolle Ergänzung jeder Sammlung.

Viele der jetzt als *C. straussii* angebotenen Pflanzen müßten korrekt *C.s. jujuyensis* genannt werden. Wie die vorerwähnte Art bildet sie von unten verzweigte Gruppen, aber junge Pflanzen entwickeln nicht so bereitwillig frische Triebe wie dies bei *C. baumannii* der Fall ist. Die Farbe des Körpers ist nicht so dunkel wie die der vorerwähnten Art – sie ist eher mittelgrün –, die Triebe sind etwas dicker und haben viel mehr Rippen, manchmal bis zu 25 an der Zahl. Die Stacheln sind unauffällig und fast versteckt unter langen weißen Haaren, die zusammen mit diesen aus den dicht gestaffelten Areolen herauswachsen. Man kann die Finger über den

unteren Teil des Stammes gleiten lassen, ohne sich zu stechen. Es handelt sich also um eine pflegeleichte, attraktiv aussehende Pflanze. In manchen Exemplaren wachsen bis zu 4 Mittelstacheln am jungen Trieb nahe der Pflanzenspitze. Diese Stacheln sind meist gelb, manchmal aber auch rein weiß. *C.s. jujuyensis* unterscheidet sich von der abgebildeten Art durch weniger Haare und viel längere Stacheln. Außerdem sind die Stacheln auffälliger durch ihr viel dunkleres Gelb oder sogar Braun.

Cleistocactus smaragdiflorus ist eine weitere oft in Läden angebotene Art. Sie hat nur 12 bis 14 Rippen und gerader und dichter wachsende Stacheln. Der botanische Hauptunterschied zwischen den beiden letztgenannten Arten und *C. baumannii* besteht in der Form der Blütenröhre, die bei letzterer gebogen und bei den anderen gerade ausgebildet ist. Wenn ich die Wahl zwischen diesen Arten hätte, würde ich mich wohl für *C. baumannii* entscheiden, da sie schneller wächst und weil sie blühfreudiger ist.

Haageocereus chosicensis

Cephalocereus palmeri

Haageocereus

Zu dieser Gruppe gehört eine Reihe sehr interessanter Arten, die man hauptsächlich an ihren stark gefärbten Stacheln erkennt. Die angebotenen Pflanzen kann man in zwei Kategorien aufteilen, die sich durch Stärke und Robustheit der Stacheln unterscheiden. Zu der Gruppe mit dünneren Stacheln gehört *Haageocereus chosicensis*, die wohl am meisten kultivierte Art, die sich durch ihre kräftig gelb gefärbten Stacheln von einer auch häufig gezogenen Spezies – *H. versicolor* – unterscheidet. Der lateinische Name der letzteren bezieht sich auf die regenbogenartigen Markierungen auf den Stacheln. Die Pflanze bildet schlanke Säulen mit etwa 16 dunkelgrünen Rippen. Die Stacheln sind verschieden gefärbt, von einem rötlichen Braun bis Orange. Sie stehen in großer Anzahl in den enggestaffelten Areolen, die Mittelstacheln sind leicht nach oben gerichtet. Im heimatlichen Peru wachsen diese Pflanzen zu Höhen von ca. 1,25 m heran. Importierte Exemplare können ganz anders gefärbte Stacheln haben als in der Wohnung gezogene Kakteen der gleichen Art.

Die zweite *Haageocereus*-Gruppe hat viel stärkere Stacheln. Eine der hauptsächlich in den Läden verkauften Arten dieser Kategorie ist *H. acranthus*, früher wahrscheinlich *Binghamia acrantha* genannt. Diese Art hat dickere Stämme, die 8 cm Durchmesser erreichen können und weniger Rippen aufweisen, normalerweise nicht mehr als 14. Außer mit Stacheln sind die Areolen dieser Pflanzen meist mit gelblichen Haaren besetzt. Einige der zu dieser Gruppe gehörenden Arten haben fast purpurfarbene Stacheln. Die bekannteste davon ist *H. olovinskyanus*.

Cephalocereus

Cephalocereus palmeri ist meiner Ansicht nach ein lohnenderes Pflegeobjekt als die öfter anzutreffende Art *C. senilis*, die neben der ersteren abgebildet ist. Sie wächst viel schneller und die nur 7 bis 9 Rippen sind besser sichtbar. Junge Triebe sind oft bläulich überzogen. In ihrer Heimat in Ostmexiko erreichen diese Pflanzen Höhen von fast 6 m und bilden dann verzweigte Formen. Das hervorstechende Merkmal dieser Art sind die vielen weißen, die in Abständen von 1 cm stehenden Areolen verbergenden, lange herunterhängenden Haare. Unter den Haaren sind etwa 10 Randstacheln verborgen. Bei zunehmender Größe und Reifung der Pflanze verschwinden die Haare langsam, die unteren zuerst.

Von den hier nicht abgebildeten *Cephalocereus*-Arten möchte ich noch nennen *C. sartorianus*, deren junger Trieb weniger Stacheln bildet – selten mehr als 8 – und bei der die Areolen nicht so dicht beieinander stehen, und *C. leucocephalus*, die bis zu 12 Rippen hat und durch die langen Wollhaare auffällt. *C. chrysacanthus* unterscheidet sich von den anderen Arten durch ihre gelben Stacheln.

Cephalocereus senilis, auch »Greisenhaupt« genannt, erfüllt eine der Kriterien, die bei Argumenten gegen die Kakteen immer eine Rolle spielen: besonders langsames Wachstum. Diese Pflanzen sind aber dennoch wegen ihrer langen weißen Haare, welche die zahlreichen flachen Rippen fast ganz bedecken, immer noch sehr beliebt. In Großstädten, wo die Pflanze einer rußigen und fettigen Atmosphäre ausgesetzt ist, sollte man die langen Haare von Zeit zu Zeit mit einer schwachen Lauge aus Seifenflocken und Wasser abwaschen. An-

Cephalocereus senilis

schließend kann man die Haare auskämmen, worauf man sie am besten an einer sonnigen Stelle trocknet, weil sie andernfalls matt und unansehnlich werden können. Wie bereits erwähnt, handelt es sich um eine sehr langsam wachsende Pflanze und man kann nicht davon ausgehen, daß kultivierte Exemplare zum Blühen kommen. Ein etwas schnelleres Wachstum läßt sich durch Pfropfung erreichen. Solche gepfropften Exemplare werden oft vom Handel angeboten. Im Gegensatz zu den meisten anderen Kakteen entwickelt *C. senilis* keinen verholzenden Stamm, wodurch diese Art besonders anfällig gegen Pilzbefall ist, besonders durch Rhizoctonia. Man kann dies meist durch Pfropfung auf einer kräftiger wachsenden Unterlage wie *Trichocereus* vermeiden.

C. hoppenstedtii, eine Art, die sich durch kürzere Haare und längere Stacheln auszeichnet, wird jetzt oft unter der Bezeichnung *Haseltonia hoppenstedtii* angeboten.

35

Espostoa lanata   *Oreocereus celsianus*

Oreocereus fossulatus

Espostoa

Der Laie könnte *Espostoa lanata* auf den ersten Blick für *Cephalocereus senilis* halten. Auch dieser Kaktus wird manchmal als 'Greisenhaupt' bezeichnet. Das Hauptmerkmal ist in den ziemlich scharfen und weit vorstehenden Mittelstacheln zu sehen. *C. senilis* hat fast überhaupt keine Stacheln. Heimisch ist die Pflanze im nördlichen Peru, wo sie große verzweigte Bäume bildet. Als Pflegeobjekt wächst diese Art ziemlich langsam. Sie hat zwischen 20 und 25 niedrige, rundliche Rippen, dicht besetzt mit Areolen. Die zahlreichen Randstacheln werden weitgehend von langen weißen Haaren verdeckt. Diese Haare wickeln sich horizontal um den Pflanzenkörper herum und bilden – selbst bei jungen Pflanzen – einen dichten Wollfilz am Kopf dieses Säulenkaktus. Ein weiteres Merkmal sind die gelblich-braunen, einzeln stehenden Mittelstacheln, die man deutlich fühlen kann, wenn man die Pflanze anfaßt. Zwei verschiedene Formen dieser Art werden im Handel angeboten. Bei *E. lanata* kann man die Rippen unter dem Haarmantel erkennen und zählen, während *E.l. sericata* viel dichter mit einer verschlungenen Wollmasse umgeben ist. Diese Pflanzen sollte man nicht waschen.

Die oben beschriebenen Pflanzen haben dunkelgrüne Triebe, es gibt aber auch Arten, bei denen der Körper fast schwarz oder purpurrot ist. Diese Kakteen sind noch dichter mit langen Haaren besetzt. Es handelt sich um *E. melanostele*, eine Pflanze, die man jetzt auch *Pseudoespostoa melanostele* nennt.

Oreocereus

Obwohl einige Autoren der Meinung sind, daß es sich bei *Orocereus celsianus* und *O. fossulatus* um die gleiche Spezies handelt, gibt es doch zwei voneinander sehr verschiedene Formen, und wir erlauben uns daher eine getrennte Behandlung unter diesen beiden Namen. *O. celsianus* ist eine als aufrechte Säule wachsende Pflanze, die beim Größerwerden vom Boden her Verzweigungen bildet. Die Glieder sind mittel- bis graugrün und haben zwischen 9 und 17 vorstehende, stark gerundete Rippen, die über den Areolen auffällig eingekerbt sind. Die Randstacheln verschwinden völlig hinter den dichten, die Glieder umspannenden Haaren. Nur die (bis zu 4) Mittelstacheln stehen aus den Haaren hervor und sind klar zu sehen.

Oreocereus fossulatus ist eine insgesamt kräftigere Pflanze mit dunkler grünen Gliedern und 9 bis 14 ausgeprägten Rippen, deren Einkerbungen über den Areolen tiefer sind als bei den vorerwähnten Arten. Die Stacheln sind im allgemeinen dicker und heimtückischer als die von *O. celsianus*. Die Areolen sind mit 11 Randstacheln und bis zu 4 Mittelstacheln besetzt, welch letztere zunächst bräunlich gefärbt sind und mit zunehmendem Alter viel blasser werden. Der Hauptunterschied zwischen diesen Arten liegt in der Dichte der Areolen. Bei *O. celsianus* stehen sie sehr dicht aneinander, der Abstand ist selten größer als 1 cm, während er bei *O. fossulatus* normalerweise 2 cm beträgt. Die Areolen der letzteren Art sind auffällig weiß befilzt und tragen weniger Haare, die bei diesen Pflanzen weniger zur Mattenbildung und zur Verfilzung neigen.

Eine andere Art, der man manchmal begegnet, ist *O. trollii*, die weniger Rip-

pen hat als irgendeine der vorerwähnten Pflanzen. Auch ist der Stamm an der Basis runder.

Der Grund, warum diese Pflanzen die für die vorgenannten Arten so typischen weißen Haare ausbilden, liegt an der Notwendigkeit, die Transpiration auf ein Minimum herabzusetzen. Die Transpiration der Pflanzen ist ein natürlicher Vorgang, den man mit dem Schwitzen des Menschen vergleichen kann. Beim Kaktus ist eine Minimierung dieses Prozesses, also die Konservierung einer maximalen Wassermenge, eine wesentliche Voraussetzung für sein Überleben. Die weißen Haare reflektieren nicht nur die Sonnenstrahlen und halten die Pflanze dadurch kühler, eventuell aus den Gliedern austretender Wasserdampf sammelt sich auch in den Haaren und rinnt nach unten, um vom Boden und schließlich von den Wurzeln wieder aufgenommen zu werden. In ihrer Heimat stehen die stark behaarten Pflanzen meist auf direkt besonnten Hügeln. Man kann das prächtige Weiß des Haarkleides am besten erhalten, wenn man diese Kakteen an einem Platz im Gewächshaus aufstellt, wo sie möglichst viel direkten Sonnenschein abbekommen. Ansonsten handelt es sich hier um unkomplizierte Pfleglinge und die einzige Art, die Schwierigkeiten machen kann, ist *Cephalocereus senilis*, den man aus diesem Grund häufig als gepfropfte Pflanze zieht.

Aporocactus flagelliformis

Hylocereus trigonus

Hylocereanae

Hylocereaneen sind kletternde, wuchernde Pflanzen, deren reifere Glieder Luftwurzeln ausbilden, die wildlebenden Exemplaren als Stütze dienen. Sie kommen alle aus Mexiko, Nord- und Südamerika sowie aus Westindien und sehen sich im allgemeinen ziemlich ähnlich. Der Name (vom griechischen hylos, der Wald) weist auf den von diesen Pflanzen bevorzugten Lebensraum hin. Stützende Maßnahmen sind meist von Vorteil (Ausnahme: *Aporocactus* und dessen Hybriden). Man kann sie zum Beispiel an einen mit Moos belegten Stock anbinden, den man in regelmäßigen Abständen befeuchtet. Zu diesem Zweck umwickelt man das Stützelement mit Sphagnum-Moos, das mit PVC-beschichtetem Draht befestigt wird.

Hylocereaneen, die zum Klettern neigen, kann man an der Wand eines Gewächshauses oder einer Veranda hinaufwachsen lassen. Sogar eine Spalierbildung wie bei Obstbäumen ist möglich. Im allgemeinen kann man davon ausgehen, daß frei ausgepflanzte Exemplare am besten wachsen und in vielen Fällen auch eher blühen. Es ist auch wichtig, diesen Waldbewohnern im Sommer genügend Feuchtigkeit zu gönnen und sie im Winter verhältnismäßig warm zu halten, ähnlich wie Rhipsalis (Seite 82). Dies dürfte bei ausgepflanzten Exemplaren nicht so wichtig sein wie bei Topfpflanzen, die man im Winter am besten aus dem Gewächshaus holt, um sie in der kalten Zeit in die Wohnung zu stellen. Dem für Cereus-Arten üblichen sandigen Substrat fügt man bei Topfpflanzen am besten etwas Buchenlauberde bei, um so den Pflanzgrund besser zu strukturieren und dadurch die Wuchsfreudigkeit zu fördern.

Aporocactus

Der echte *Aporocactus flagelliformis*, auch »Rattenschwanzkaktus« genannt, ist eine wunderschöne Hängepflanze, die man in verhältnismäßig jungem Alter zum Blühen bringen kann. Eine Pfropfung, z.B. auf *Hylocereus undatus*, ist zu empfehlen, da die langen Glieder gern bis zum Ansatz absterben, wodurch unter Umständen die ganze Pflanze wegfaulen kann. Eine *A. flagelliformis* ähnliche, aber weniger häufig kultivierte Art ist *A. conzattii*, die gelegentlich Luftwurzeln entwickelt. Ihre Areolen stehen dichter zusammen (meistens beträgt der Abstand weniger als 6 mm) als bei *A. flagelliformis*, bei der die Zwischenräume meistens größer sind. Es existiert auch eine bigenerische Hybride zwischen *Heliocereus* und *A. flagelliformis*, die manchmal unter der Bezeichnung *A. mallisonii* angeboten wird. Diese Pflanze, die man korrekter als *Heliaporus smithii* bezeichnen sollte, entwickelt erheblich größere Blüten.

Hylocereus

Hylocereus trigonus ist im allgemeinen eine unauffällige Pflanze, die jedoch – ähnlich wie die bereits erwähnte Art *H. undatus* –, eine gewisse Bedeutung als Pfropfunterlage erlangt hat. Obwohl beide Arten zweifellos für Züchter für eine solche Verwendung wichtig sein dürften, schon weil diese Pflanzen kräftig wachsen, sollte man bedenken, daß sie viel Feuchtigkeit und meist höhere Temperaturen brauchen, was sie für ein Pfropfen mit wüstenbewohnenden Kakteen als ungeeignet erscheinen läßt. Der Hauptunterschied zwischen den beiden Arten besteht in der Ausbildung der Gliedränder, die bei *H. undatus* hornig sind, während dies bei *H. trigonus* nicht der Fall ist. Bei wild lebenden Exemplaren werden die dreikantigen Glieder, die über Felsen und andere Büsche hinwegwuchern, bis zu 9 m lang. Die Gliedränder sind stark gewellt und die Areolen, die mit etwa 8 kurzen Stacheln besetzt sind, sitzen auf der Wellenkrone. Aufgrund ihres wuchernden Wuchses eignen sich diese Pflanzen nicht für Sammlungen, die auf kleinem Raum zusammengedrängt sind. Außerdem muß man davon ausgehen, daß diese Arten erst im ausgewachsenen Zustand ihrer großen weißen Blüten entwickeln.

Deamia testudo

Selenicereus grandiflorus

Deamia

Deamia testudo, nach dem Botaniker Charles Deam genannt, ist eine der am schwersten zu bestimmenden Kakteenarten. Obwohl es sich um eine selten Pflanze handelt, zählte sie schon immer zu den favorisierten Arten und es lohnt sich, Jahre zu warten, bis man eine davon findet. Wie alle anderen Kakteen in dieser Gruppe neigen diese Pflanzen zum Wuchern. In ihrer natürlichen Heimat (Guatemala) klettern sie über Felsen und ranken sich um Bäume herum. Die Glieder sind meist fünfrippig, Junge Triebe haben auch weniger Rippen. Zunächst wächst die Pflanze senkrecht nach oben. Der hängende Habitus entwickelt sich erst später. Offensichtlich wird ein flacher Topf bevorzugt, den man am besten auf einen erhöhten Platz stellt, der möglichst lange von der Sonne beschienen wird und wo die Glieder weit herunterhängen können. Die eng aneinandergereihten Areolen sitzen auf leichten Erhöhungen der Rippen. Die Glieder sind mittelgrün und die Rippen (Flügel) sind lang und sehr schmal. Jedes Jahr werden am Außenrand der Glieder neue Triebe gebildet. Die dann folgende Wuchsform erinnert an eine Schildkröte, von deren lateinischem Namen die Artbezeichnung abgeleitet wurde. Diese typische Form ist noch deutlicher bei wild lebenden Pflanzen zu beobachten, die durch Austrocknung bereits geschrumpft sind und ihre Farbe verloren haben. Die Stacheln sind unregelmäßig verteilt. Meistens sind es etwa 8, der Mittelstachel ist etwas länger als die anderen. Sie sind blaßbraun gefärbt und werden mit zunehmendem Alter der Pflanze immer grauer. Die Areolen sind mit einem dünnen blaßfarbigen Filz besetzt. Nur ausgewachsene Exemplare blühen.

Selenicereus

Die Selenicereen verdanken ihren Namen zwei griechischen Wörtern, die Mond und Kerze bedeuten. Sie gedeihen am besten, wenn man sie an einer sonnigen Wand eines Gewächshauses oder einer Veranda auspflanzt, weil sie sich dann ähnlich wie die wild lebenden Pflanzen wuchernd ausbreiten können. *Selenicereus grandiflorus* ist zweifellos die schönste Vertreterin dieser Gattung, weil sie enorm große Blüten bildet, die nach Berichten einen Durchmesser von 38 cm erreichen können. Diese sind weiß und strömen einen schweren Duft aus, allerdings gehen sie nur bei Nacht auf. Wegen dieser herrlichen Blüten bezeichnet man sie auch als »Königin der Nacht«, für die sich sowohl Botaniker als auch Hobbygärtner begeistern.

Wer sich dieser vielverzweigten, kletternden Spezies widmen möchte, sollte sie entweder an einer Wand hinaufwachsen lassen oder zumindest gut stützen, bzw. an einem Reifen angebunden ziehen. Die blaßgrünen Glieder werden mit zunehmendem Alter und fortschreitender Austrocknung purpurrot und haben 5 bis 7 niedrige Rippen. Mit goldfarbiger Wolle besetzte Areolen (Abstand knapp 1 cm) tragen zwischen 5 und 7 Stacheln, die zunächst gelb aussehen, um mit zunehmendem Alter der Pflanze einen grauen Farbton anzunehmen. Auch der goldfarbene Wollbesatz der Areolen wird mit der Zeit blasser.

Selenicereus grandiflorus ist bekanntlich weniger hart als *S. pteranthus*, eine Pflanze, die man wegen ihrer im Vergleich zur vorerwähnten Art kleineren Blüten auch »Prinzessin der Nacht« nennt. Sie unterscheidet sich von *S. grandiflorus* durch die Form der Glieder, die eher kantig statt gerippt sind.

Trotz ihres wuchernden Habitus wachsen die beiden vorerwähnten Arten nur sehr langsam und sie brauchen sehr viel Zeit, bis sie die für eine Blütenbildung erforderliche Reife erreicht haben. Wer weniger Zeit und Geduld hat, wird *S. boeckmannii* vorziehen, die schneller wächst, allerdings auch keine solchen wundervollen Blüten hervorbringt. Manche Fachleute glauben, daß es sich bei der zuletzt genannten Pflanze um eine Kreuzung aus *S. grandiflorus* und *S. pteranthus* handelt. Farblich und nach der Erscheinung ähnelt sie der »Königin der Nacht«, aber die Stacheln sind nicht gelb, sondern weißlich und die Areolen stehen enger beisammen auf 5 bis 7 niedrigen Rippen. Sie ist etwas blühwilliger als die beiden anderen Arten und die Blüten erscheinen bereits in verhältnismäßig jungem Alter.

Eine andere merkwürdige Pflanze, die zu dieser Gruppe kletternder und wuchernder Kakteen gehört, ist *Cryptocereus anthonyanus*, die man auf den ersten Blick für ein Epiphyllum – also einen Blattkaktus – halten könnte. Die Glieder sind völlig flach und hängend, so daß sich die Haltung in einer Hängeampel anbietet. Die Areolen sitzen tief in den Kerben der sägezahnförmigen Glieder und sind bei reifen Pflanzen praktisch unsichtbar. An der jüngeren Pflanze kann man sie besser erkennen. Sie sind oft mit etwas Wolle und einigen Borsten bedeckt. Von Epiphyllumarten unterscheidet sich diese Spezies durch die Luftwurzeln, die sie entlang der Mittelrippe in unterschiedlichen Abständen ausbildet (Epiphyllum hat keine Luftwurzeln). Die Glieder sind blaßgrün und die jüngeren Triebe sind seitlich rot getönt.

Aylostera deminuta

Aylostera spegazziniana

Echinocereanae

Echinocereanae gehören zu einer Kakteengruppe, die sich im allgemeinen durch ihren kurzen, untersetzten Wuchs auszeichnet. Typische Gruppenmerkmale sind die gerippten Glieder, wobei die Rippen allerdings spiralig angeordnet sein können wie bei den Rebutien und insbesondere die Art der Blütenbildung aus seitlichen Areolen, meist auf dem letztjährigen Sproß. Hierdurch unterscheiden sie sich von den Echinocactanae, die ihre Blüten auf der Spitze des Pflanzenkörpers bilden.

Allgemein läßt sich sagen, daß unter den Echinocereanae einige der blühfreudigsten Arten sind, die sich besonders für den Anfänger eignen, Pflanzen, welche die Behauptung widerlegen, daß man stets mehrere Jahre warten muß, bis man einen Kaktus zum Blühen bringen kann. *Rebutia kupperiana* zum Beispiel blüht bereits 2 Jahre nach einer Sämlingsaufzucht, zu einer Zeit also, wo die Pflanze noch nicht einmal einen Durchmesser von 4 cm erreicht hat. Fast alle diese Arten blühen früh. Man hält sie möglichst trocken und so kühl wie möglich während der Zeit vom 23. September bis 23. März, natürlich ohne sie erfrieren zu lassen. Im Frühjahr sollte man mit dem Gießen warten, bis die kleinen roten Knospen rund um die Basis des Körpers sichtbar werden, und selbst dann empfiehlt es sich, die Bewässerung der Pflanzen um eine oder zwei weitere Wochen zu verschieben, bis die Knospen sich schon ein wenig entwickelt haben. Zu frühes Gießen kommt zwar dem Wachstum der Glieder, aber nicht der Blütenbildung zugute. Die Bewässerungsbedürfnisse dieser Rebutien lassen sich auch auf viele anderen Arten dieser Gruppe übertragen.

Aylostera

Aylostera deminuta ist eine für diese Gruppe typische Art, die bereits im Alter von 3 Jahren oder sogar noch früher blüht. Die dunkelgrünen Glieder werden bei kultivierten Exemplaren bis zu 8 oder 10 cm hoch. Sie wachsen breit keulenförmig und besitzen etwa 13 spiralig angeordnete, abgeflachte, konische Warzen (rudimentäre Rippen). Aus der bräunlichen Filzauflage der Areolen ragen 8 bis 10 kleine weiße Randstacheln – gelegentlich auch ein einzelner Mittelstachel – heraus. Die feurig orangefarbigen Blüten, die in großer Anzahl während des Monats Mai auf der Seite des Pflanzenkörpers austreten, haben einen Durchmesser von etwas mehr als 1 cm. Eine größere Gruppe blühender Pflanzen ist der Schmuck jeder Sammlung und die große Anzahl der an älteren Exemplaren gebildeten Blüten sichern diesen herrlichen Anblick über den ganzen Monat hinweg.

Ähnliche Arten mit keulenförmigem Pflanzenkörper sind *A. fiebrigii*, eine etwas kleinere Pflanze mit mehr Rippen und dichter wachsenden Randstacheln, und *A. pseudodeminuscula*, die sich durch fast purpurrote Blüten und den besonderen Glanz der Glieder auszeichnet.

Aylostera spegazziniana, eine andere Art, hat eine mehr zylindrische Form, die oben nicht so abgeflacht ist wie die der vorhergenannten Pflanzen. Die Warzen sind in 11 bis 13 spiraligen Reihen angeordnet. Der Pflanzenkörper hat eine glänzende Oberfläche und besitzt Areolen, die zunächst fast stachellos bleiben, in einem späteren Stadium jedoch ein paar sehr kurze, eher als Borsten wirkende Stacheln tragen, gelegentlich auch einen Mittelstachel. Als charakteristi-

sches Merkmal der Pflanze gilt ein kleiner brauner Wollbelag auf den Areolen. Auch die Blüte differiert etwas von denen der vorerwähnten Arten. Sie ist eher karminrot als orangefarbig und hat auch einen größeren Durchmesser, der oft 4 cm übersteigt.

Obwohl es möglich ist, *Aylostera* durch Abbrechen von Gliedern an der Basis und Bewurzeln zu vermehren, ist es befriedigender, sie aus einem Samen zu ziehen, der bereitwillig aufgeht, wenn man die Saataufzuchtsregeln auf Seite **13** befolgt. Um einen Samen zu erzeugen, braucht man zwei separate Pflanzen, wobei es unter Umständen erforderlich wird, die erste Gruppe zu teilen, um dieses Ziel zu erreichen. Die meisten Kakteen sind selbststeril, was bedeutet, daß eine Fremdbestäubung und somit zwei verschiedene Pflanzen benötigt werden, um einen lebensfähigen Samen zu erhalten.

39

Chamaecereus silvestrii *Echinocereus enneacanthus*

Chamaecereus

Eine in unserem Land gern kultivierte Art ist *Chamaecereus silvestrii.* Leider ist es auch eine der Pflanzen, die falsch behandelt werden. Dies ist sehr schade, weil ein richtig gepflegtes Exemplar sehr blühfreudig ist und selbst eine gewisse Nachlässigkeit bei der Haltung verträgt, wenn man sie auf ein nach Süden ausgerichtetes Fensterbrett stellt. In ihrer Heimat – Westargentinien – bildet die Pflanze dichte, mattenförmige Gruppen. Die kurzen, untersetzten, erdnußförmigen Glieder werden bis zu 1 cm dick und 8 oder 10 cm lang. Sie lassen sich leicht ablösen und wurzeln auch bereitwillig. Es wird empfohlen, einige Stecklinge aufzuziehen, um eine Reserve zu haben, denn es kommt gelegentlich vor, daß der mittlere Pflanzenteil abstirbt. Die Glieder haben meistens 8 ausgeprägte Rippen mit kantenständigen, bestachelten und leicht behaarten Areolen, die so dicht aneinandergereiht sind, daß man meint, die ganze Pflanze sei mit borstigen Stacheln bedeckt.

Wer sich im Mai und Juni am Anblick der blühenden Pflanze erfreuen will, sollte die in der Einleitung dieses Buches aufgezeigten Hinweise befolgen. Die seitlich stehenden Blüten entwickeln sich meist an den herunterhängenden, und weniger an den untersetzten, mittleren, aufrecht wachsenden Gliedern. Ein zu reichliches Gießen bevor sich die Blüten gebildet haben macht sich nur durch erhöhtes vegetatives Wachstum bemerkbar. Von dieser Art gibt es auch eine eigentümliche gelbfarbige Varietät, *C. s. lutens*, die man pfropfen muß.

Echinocereus

Echinocereus enneacanthus wird noch immer unter dem Namen *Cereus enneacanthus* angeboten. Kulturpflanzen sind nicht leicht zum Blühen zu bringen. Sie eignen sich daher nicht als Schauobjekt. In ihrer Heimat, Texas und Südmexiko, wächst diese Art mehr oder weniger aufrecht und bildet an der Basis kleinere Gruppen. Aus diesem Grund zieht man diese Pflanzen am besten in einer flachen Schale, ähnlich den für Stapelien (Seite **104**) empfohlenen Pflanzgefäßen. Die Glieder sind ziemlich dick – oft erreichen sie Durchmesser von bis zu 5 cm – und eher hellgrün und nicht so bleichsüchtig grün gefärbt.

Sie haben 8 bis 10 ausgeprägte Rippen mit Areolen, die auf warzenähnlichen Erhebungen etwas erhöht angeordnet sind. Der artspezifische Name kommt aus dem Griechischen und bedeutet wörtlich »9 Stacheln«, die meisten kultivierten Exemplare haben aber zwischen 7 und 9 Randstacheln und 1, gelegentlich auch 2 Mittelstacheln. Wie bereits erwähnt, ist diese Pflanze nicht besonders blühfreudig, wenn aber Blüten erscheinen, sind sie groß und dunkelrosafarbig. Aus den Früchten kann man eine Art von Stachelbeermarmelade machen, die sehr gut schmecken soll.

Echinocereus fitchii ist eine der blühfreudigsten Kakteenarten. Die Glieder sind unterschiedlich gefärbt und geformt und bilden sich gewöhnlich aus der Basis älterer Pflanzen heraus. Zwischen 12 und 23 Rippen sind dicht mit borstigen Stacheln besetzt. Die herrlichen Blüten erreichen oft einen Durchmesser von 5 cm und darüber und sind leuchtend rosa gefärbt mit einer für diese Gattung typischen grünen Narbe. Das Substrat sollte durchlässiger und sandiger sein als

Echinocereus fitchii

bei den meisten anderen Kakteen. Leider ist es schwierig, diese Pflanzen zu ausgewachsenen Exemplaren heranzuziehen, da sie allen möglichen Pilzerkrankungen zum Opfer fallen. Das braucht jedoch nicht unbedingt ein Problem zu sein, denn es handelt sich wie gesagt um eine der blühfreudigsten Arten. Die Blüten werden bereits ab dem 3. Jahr gebildet. Das Kakteenerdengemisch sollte ein Drittel mehr Sand enthalten als normalerweise hineinkommt. Stattdessen kann man auch Polystyrolgranulat beimischen. Wie bei allen Kakteen mit ziemlich schwachem Wurzelsystem sollte man keinen Übertopf verwenden, weil die Pflanze bei stehender Nässe schnell eingeht.

Echinocereus rigidissimus   *Echinocereus salm-dyckianus*   *Echinocereus stramineus*

Echinocereus rigidissimus wird oft mit *E. pectinatus* verwechselt. Um die Verwirrung vollständig zu machen, sollte die von den Gärtnern als *E. pectinatus* angebotene Art botanisch richtig *E. rigidissimus* heißen. Diese Pflanze sieht *E. fitchii* ähnlich, die auf der vorhergehenden Seite beschrieben ist, meist ist sie jedoch viel kleiner. Die Glieder werden gewöhnlich einzeln gebildet und bleiben meist ziemlich niedrig, obwohl wild wachsende Exemplare bis zu einer Größe von 30 cm heranwachsen. Sie sind mittelgrün und haben ca. 20 niedrige, stumpfe Rippen. Auf jeder Areole sitzen bis zu 20 und mehr Randstacheln. Sie sind weit gespreizt und bedecken daher praktisch den ganzen Pflanzenkörper. Da sich ihre Spitzen jeweils berühren, entsteht ein nahezu geometrisches Bild. Diese Art ist nicht so blühfreudig wie *E. fitchii*, obwohl die Blüten ähnlich aussehen.

Höchstwahrscheinlich handelt es sich bei vielen der als *E. fitchii* angebotenen Pflanzen in Wirklichkeit um Hybriden mit *E. rigidissimus*, was man daran erkennen kann, daß solche Exemplare den zusätzlichen »Grat« aufweisen, der für die andere Art typisch ist. Wie bereits erwähnt, kann man auch einige Formen von *E. pectinatus* mit der abgebildeten Pflanze vergleichen. Der echte *E. pectinatus* besitzt 2 oder 3 Mittelstacheln, während der echte *E. rigidissimus* keine hat.

Obwohl *E. enneacanthus* manchmal als Stachelbeerkaktus bezeichnet wird, kommt dieser Name eher der Art *E. salm-dyckianus* zu. Es ist nicht leicht, Exemplare dieser Pflanze zu beschaffen, aber es lohnt sich, danach zu suchen, denn sie geben wundervolle Topfpflanzen ab. Die Glieder verzweigen sich be-

reitwillig von der Basis aus und man kann sie auch leicht als Stecklinge vermehren. Sie sind hellgrün und haben 7 ziemlich ausgeprägte Rippen. Die Areolen, die dichtgestaffelt auf den Rippenkanten stehen, sind bei jungen Exemplaren gelb befilzt, werden aber später braun. Die Stacheln sind dunkelgrau bis gelblich. 9 Randstacheln stehen um bis zu 3 Mittelstacheln herum. Die Hauptattraktion sind die orangefarbigen Blüten, die bei jungen Pflanzen kaum ausgebildet werden, aber man muß ja bei diesen schnellwachsenden Pflanzen nicht allzulange warten, bis sie groß genug sind, um ihren Blütenschmuck anzulegen. Die Blüten bilden einen schönen Kontrast zu den blaßgrünen Stacheln.

Wegen ihrer Neigung, Gruppen zu bilden, und wegen ihres flachen Wurzelsystems ist es das beste, sie in einem Dreivierteltopf oder eine Schale einzusetzen, weil sie sich dann maximal verbreitern können und die Luft besser um die Mitte der Gruppe streicht, was die Reifung und auch die Blütenbildung fördert.

E. stramineus sieht ziemlich ähnlich aus, verzweigt sich aber nicht so bereitwillig. Diese Pflanze hat etwas dickere (bis 6,5 cm) Glieder und neigt mehr zu einem aufrechten Wuchs als die vorerwähnten Arten. Der Körper ist blaßgrün wie bei *E. salm-dyckianus*, hat aber mehr Rippen, normalerweise zwischen 9 und 13, und ähnliche runde Warzen wie *E. enneacanthus*. Das lateinische Wort stramineus bedeutet »strohartig«, ein Hinweis auf die schwachen, borstenartigen, strohigen Stacheln, die zunächst braun sind aber mit zunehmendem Alter der Pflanze weiß werden. Die Mittelstacheln stehen weit heraus und werden bei wild lebenden Exemplaren bis zu 9 cm lang. Bei kultivierten Pflanzen sind sie kürzer. Sie werden von zwischen 7 und 10 Randstacheln umgeben. Kultivierte Pflanzen haben anfangs weiße Randstacheln. Die auffällig purpurrot gefärbten Blüten entwickeln sich bei diesen Kakteen erst bei völlig ausgewachsenen Exemplaren.

Echinocereus viridiflorus *Echinopsis eyriesii*

Echinocereus (Fortsetzung)

Echinocereus viridiflorus ist eine äußerst vielgestaltige Art, obwohl dies bei den kultivierten Pflanzen wohl mehr daran liegt, daß wir es vielfach mit Hybriden-züchtungen zu tun haben und nicht mit natürlichen Mutationen. Wie aus dem Artnamen hervorgeht, besteht das besondere Kennzeichen dieser Art in ihren eigenartigen grünen Blüten. Sie ist klein-wüchsig und bildet von einer Basis aus Gruppen. Die Glieder sind grün und haben gewöhnlich 12 Rippen, die sich spiralförmig um den Körper winden. Hierdurch unterscheidet sich diese Pflanze von allen anderen hier beschriebenen Echinocereen. Die kleinen Stacheln – etwa 15 – sind anfangs rot und werden mit zunehmendem Alter gelb. Wild lebende Pflanzen besitzen einen Mittelstachel, der hin und wieder auch auf einem kultivierten Exemplar zu sehen ist, aber niemals bei gepfropften Kakteen.

Es ist bei Echinocereen meist ziemlich leicht, die jungen Blütenknospen zu erkennen, denn die Areolen, aus denen sie hervortreten, entwickeln vor der eigentlichen Blütenbildung eine wollige Masse. Sprosse aus dem Oberteil des Körpers sind meistens die Vorboten von Blüten und es ist dann ratsam, mit dem Gießen zu warten, bis die Wolle gebildet ist. Wenn sich jedoch bis Ende April keine Wolle zeigt, ist es besser, das Gießen wieder aufzunehmen, da ausgetrocknete Pflanzen einschrumpfen und sich dann nie wieder erholen.

Echinopsis

Die Bezeichnungen *Echinopsis*, *Echino-cactus* und *Echinocereus* sind alle von dem griechischen Wort *echinos* = Igel abgeleitet. Natürlich sehen viele Kakteen einem Igel ähnlich und sie fühlen sich ja auch so an, aber bei keiner Gattung ist dieser Vergleich so treffend wie bei *Echinopsis*, einer selten – und nur nachts – blühenden Pflanze. Die meisten *Echinopsis*-Arten haben es gern, wenn man sie im Sommer ins Freie stellt, wenn sie auch die direkte Sonnenbestrahlung nicht gut vertragen. Falls möglich, sollte man diesen Pflanzen einen Platz am Nordhang eines Steingartens geben. Wenn solche Kakteen im nachfolgenden Sommer blühen sollen, muß man sie im Winter verhältnismäßig warm halten (mindestens 7° C) und nur sparsam gießen. Die Bewässerung fördert nicht die Blütenbildung, sondern nur die Ausbildung neuer Triebe. Bei richtiger Behandlung blühen *Echinopsis*-Arten im 4. Jahr nach der Aussaat. Wie bereits erwähnt, sind diese Pflanzen nicht besonders blühfreudig. Die natürliche Art *Echinopsis eyriesii* wird verhältnismäßig selten kultiviert. Bei den unter diesem Namen angebotenen Pflanzen handelt sich meist um *E. multiplex* oder um Kreuzungen von *E. multiplex* und *E. eyriesii*. Die natürliche Art hat 11 bis 12 ausgeprägte Rippen und sehr kleine, rötlichbraune Stacheln, die sich mit zunehmendem Alter der Pflanze dunkelbraun verfärben. Die Areolen sind dicht mit grauem Wollfilz besetzt. Es handelt sich um eine sehr schnell wachsende Art, die dazu neigt, blütenlose Seitentriebe auszubilden, die man leicht abbrechen und einpflanzen kann. Ohne Einhaltung der genannten Hinweise sind die Pflanzen nur schwer zum Blühen zu bringen.

Echinopsis tubiflora

Echinopsis tubiflora hat viel längere Stacheln als die vorerwähnten Arten. Diese sind schwarz und bis zu 1 cm lang. Die weiß bewollten Areolen sitzen auf den Kanten der 12 auffälligen Rippen. Wie im Fall von *E. eyriesii* hat man von dieser natürlichen Art zahlreiche Hybriden gezüchtet, bei denen die Stacheln nicht schwarz sind. Nur bei jungen Exemplaren erkennt man eine schwarze Färbung der Stachelspitzen. Für eine *Echinopsis*-Art ist diese Pflanze ziemlich blühfreudig. Wie der Name andeutet, bildet diese Art trichterförmige Blüten, die sich offensichtlich nie vollständig öffnen.

Eine andere stachelige Pflanze, die man im Aussehen etwa zwischen *E. eyriesii* und *E. tubiflora* ansiedeln könnte, ist die blaßrosa blühende *E. oxygona*. Eine der am meisten duftenden (weißen) Blüten entwickelt *E. turbinata*.

Lobivia haageana

Echinopsis multiplex   *Echinopsis rhodotricha*

Lobivia

Echinopsis multiplex ist eine extrem wuchernde Pflanze. Weil sie so viele Triebe ausbildet, sind die Chancen, sie zum Blühen zu bringen außerordentlich gering. Nur bei äußerst strenger Trockenhaltung und niedrigen Wintertemperaturen werden Blüten entwickelt. Diese Pflanze sieht man häufig auf Fensterbänken. Sie ist völlig anspruchslos und unempfindlich gegen Sonnenbestrahlung. Ich habe schon Exemplare gesehen, die den ganzen Sommer im Sonnenlicht gestanden haben, ohne daß sie gegossen worden sind, und die keinerlei Austrocknungserscheinungen erkennen ließen.

Wenn man sie richtig pflegt und sie zum Blühen bringen kann, sind sie ein Schmuck für jede Sammlung, denn die Blüten verbreiten einen starken Duft, ähnlich wie die auf der vorherigen Seite genannte *E. turbinata*. Die kugelige Form der Pflanze ist oft unter zahlreichen neuen Trieben versteckt, die, wenn sie gehäuft auftreten, den Hauptkörper so einengen, daß er eine Keulenform annimmt. Der Kaktus wird normalerweise 15 cm hoch, kann aber durch Ausbildung der vielen Triebe Breiten von mehr als 30 cm erreichen. Der Körper ist ausgesprochen blaßgrün, so daß die Pflanze einen ziemlich ausgehungerten Eindruck macht. Trotzdem sollte man sie nicht düngen, weil sie dann nur noch weitere neue Triebe und keine Blüten entwickelt. Von den bisher beschriebenen Pflanzen unterscheidet sich die natürliche Art durch die größere Anzahl der Rippen (12 bis 14). Die Areolen sind mit 10 Randstacheln besetzt, die durch ihre gelbliche Färbung und die dunkle Spitze auffallen. Die weißen, duftenden Blüten entwickeln sich am Ende einer langen Röhre.

Echinopsis rhodotricha ist nicht auf den ersten Blick als Art dieser Gattung erkennbar, denn diese Pflanze sieht mehr aus wie ein Säulenkaktus (Cereus) in seinen jungen Jahren. Sie zeigt einen stark variierenden Habitus, wohl verursacht durch Kreuzungen, und bildet selbst bei älteren Exemplaren nur zögernd Blüten aus. Das cereusähnliche Aussehen wird noch verstärkt durch die geringe Neigung dieser Art, sich zu verzweigen, obwohl bei älteren Exemplaren Triebe aus der Basis herauswachsen. Dieser Kaktus wird größer als die vorerwähnten Arten – Höhen von über 60 cm werden erreicht. Die dunklen, manchmal auch mittelgrünen Körper haben bis zu 13 gerade Rippen. Die 4 bis 7 Randstacheln sind gekrümmt und kommen in den verschiedensten Färbungen vor zwischen Braun und Weiß. Auch die Mittelstacheln werden unterschiedlich ausgebildet. Während sie bei manchen Pflanzen völlig fehlen, sind sie bei anderen ziemlich lang.

Innerhalb der Lobiviagruppe finden wir viele Arten, die sich besonders gut zur Pflege eignen. Der Name wurde durch Umstellung der Buchstaben der Landesbezeichnung für Bolivien (Bolivia) gebildet, der natürlichen Heimat dieser Pflanzen. Wie bei den anderen Mitgliedern dieser Kakteengruppe werden die Blüten seitlich des Körpers, etwa in Dreiviertelhöhe, ausgebildet. Die bevorstehende Entwicklung von Blüten wird durch das Hervortreten wolliger Knospen aus den Areolen angezeigt. Es ist von Vorteil, wenn man mit dem Gießen wartet, bis die Knospen erscheinen oder auszumachen sind, allerdings ist ein Trockenhalten über das Ende des Monats April hinaus nicht zu empfehlen. Wenn bis zu diesem Zeitpunkt keine Knospen gebildet worden sind, ist nicht zu erwarten, daß die Pflanze im bevorstehenden Sommer zum Blühen kommt.

Lobivia haageana ist eine der schönsten Lobivia-Arten. Die aufrechten und zylindrischen Körper können in ihrer Heimat zwischen Bolivien und Argentinien Höhen von 30 cm erreichen. Die Pflanze hat viele Rippen (20 bis 22), die mehr oder weniger spiralig angeordnet sind. Die Areolen sind mit etwas grauer Wolle gefüllt und tragen etwa 14 Randstacheln. Das auffallendste Kennzeichen bilden die 4 langen, bei jungen Pflanzen schwarzen Mittelstacheln. 3 Jahre alte Exemplare entwickeln bereitwillig auf einer kurzen Röhre stehende, trompetenförmige, blaßgelbe Blüten.

Lobivia densispina-Hybride

Lobivia famatimensis

Lobivia jajoiana

Lobivia (Fortsetzung)

Lobivia densispina sollte wohl korrekter *L. famatimensis densispina* genannt werden, ich habe mich jedoch entschlossen, sie unter dem erstgenannten Namen zu beschreiben, weil die Händler diese Pflanzen in den meisten Fällen so bezeichnen. Die natürliche Art, *L. famatimensis*, ist oben zur besseren Unterscheidung mit abgebildet.

Wie aus dem Artnamen hervorgeht, ist diese Pflanze so dicht mit Stacheln bedeckt, daß man den dunkelgrünen, glänzenden Körper darunter kaum erkennen kann. Selbst die in Bolivien frei lebenden Kakteen bleiben ziemlich klein. Völlig ausgewachsene Kulturpflanzen werden normalerweise 10 cm hoch und etwa 5 cm dick. Aus diesem Grund ist es nicht ratsam, einen Übertopf zu verwenden, weil sich dann gerne Wasser an der Stelle ansammelt, wo die Pflanze aus dem Substrat herauswächst. Kultivierte Exemplare variieren stark hinsichtlich ihrer besonderen Kennzeichen, wie z.B. in der Anzahl der Rippen und der Stacheln. Dies ist fast unvermeidlich wegen der vielen Kreuzungen zwischen Varietäten und der natürlichen Art.

Die abgebildete Varietät ist blühfreudiger als die natürliche Art. Die großen gelben Blüten werden problemlos bereits ab dem 2. Jahr ausgebildet. Ihr Satin-Glanz bringt die Farbe leuchtend zur Geltung.

Lobivia famatimensis wird manchmal auch als *L. pectinifera* bezeichnet. Von den vorherbeschriebenen Arten unterscheidet sich diese Pflanze durch die größere Anzahl der Rippen (normalerweise 20 und mehr) und durch eher purpurähnlich gefärbte Körper im Gegensatz zu der dunkelgrünen Färbung der anderen Arten. Wie bereits erwähnt, gibt es eine Menge gezüchteter Varietäten, die teilweise durch Kreuzungen und teilweise durch natürliche Mutationen der Arten entstanden sind. Diese Art hat viel weniger Stacheln als die Varietät *densispina*, und die kultivierten Pflanzen blühen in fast allen Farben des Spektrums, von rot über orange und gelb bis zu weiß.

Obwohl es eine sehr seltene weißblühende Varietät gibt, die treffend *L. famatimensis albiflora* genannt wird, handelt es sich bei den Exemplaren mit weißen Blüten eher um Kreuzungen als natürliche Mutationen. Es gibt auch Lobivien, welche die für Kakteen seltene grünliche Blütenfarbe zeigen. Ich möchte hier besonders *L. chlorogona* nennen.

Lobivia f. leucomalla ähnelt *L.f. densispina* insofern, als sie auch dicht mit grauen Stacheln besetzt ist. Sie entwickelt jedoch nur ziemlich kleine Blüten, die in ihrer Form eher *Pseudolobivia aurea* ähnlich sehen, die auf der folgenden Seite abgebildet ist.

Lobivia jajoiana ist eine typische Vertreterin einer Gruppe von Lobivien mit gebogenen Stacheln. Sie ist nicht so blühfreudig wie die vorhererwähnten Arten, wenn sie aber blüht, macht sie diesen Umstand mehr als gut durch die ungewöhnliche, fast schwarze Farbe des Blütenschlundes. Der Körper dieser Pflanze ist fast kugelförmig gebaut und hat etwa 14 ausgesprochen tiefe, etwas gekerbte Rippen, auf denen die Areolen sitzen, was diesen Kakteen ein etwas warziges Aussehen gibt. Die Areolen sind mit grauer Wolle gefüllt und tragen kurze, unauffällige Randstacheln sowie maximal 3 Mittelstacheln, die bis zu 5 cm lang werden und am Ende einen auffälligen und ziemlich heimtückischen Haken aufweisen. Die natürliche Art blüht hell karminrot, es gibt aber auch Formen mit eher weinroten Blüten. Alle diese Pflanzen haben jedoch den vorerwähnten herrlichen, dunkelfarbigen Blütenschlund. Gelb blühende Varietäten werden als *L.j. nigrostoma* bezeichnet, und es gibt auch eine andere Varietät mit eher runden Blütenblättern, genannt *L.j. fleischeriana*.

Eine andere Art mit hakigen Stacheln ist *L. wrightiana*. Diese Pflanze hat abgerundetere Rippen und wird meist nicht so groß wie die abgebildeten Arten. Sie hat weniger Stacheln, die bei weitem nicht so dicht stehen wie bei *L. jajoiana*. Außerdem stehen die hakigen Stacheln senkrechter vom Pflanzenkörper ab – auch an den Seiten – als bei den zuletzt genannten Arten.

Pseudolobivia aurea

Rebutia haagei

Pseudolobivia

Pseudolobivia kratochviliana

Rebutia

Pseudolobivien sind sehr eng verwandt mit der *Lobivia*-Gruppe und viele dieser Arten werden unter beiden Bezeichnungen auf den Markt gebracht. *Pseudolobivia aurea* ist die bei weitem am häufigsten kultivierte Varietät. Wenn man sie richtig pflegt, ist sie sehr blühfreudig. Der Pflanzenkörper ist zunächst fast kugelförmig, wird später eher länglich und nimmt schließlich eine keulenförmige Gestalt an. In ihrer natürlichen Umgebung in Argentinien werden diese Pflanzen bis zu 13 cm hoch. Die blaßgrünen Körper haben bis zu 15 ausgeprägte, spitzwinklige Rippen. Die Randstacheln in unterschiedlicher Anzahl (zwischen 6 und 10) sind grau, manchmal auch purpurrot gefärbt und haben eine dunklere Spitze. Bis zu 4 Mittelstacheln stehen aus den Areolen heraus, die bei reifen Pflanzen Längen von bis zu 2,5 cm haben können, obwohl sie bei jüngeren Exemplaren viel kürzer sind. Die gelben Blüten, die im Sommer in großer Zahl ausgebildet werden, sind außergewöhnlich schön. Durch vielerlei Kreuzungen dieser Art mit *Lobivia famatimensis* gibt es viele von der abgebildeten Pflanze abweichende Formen.

Die Pseudolobivien sind unter botanischen Gesichtspunkten etwa zwischen *Echinopsis* und *Lobivia* einzustufen. Während die vorerwähnte Art eher mit Lobivia verwandt ist, handelt es sich bei den im folgenden genannten Pflanzen um Verwandte von *Echinopsis* und sie werden daher auch oft unter diesem Namen angeboten.

Pseudolobivia kratochviliana ist eine kugelförmig wachsende, im ersten Stadium halbkugelige Art, die bis zu 10 cm hoch wächst und blasse Körper mit 15 oder mehr schmale Rippen besitzt. Die

Randstacheln sind – ähnlich wie bei Echinopsis – ziemlich schwach. Meistens sind es 10. Ein oder 2 viel stärkere Mittelstacheln sind vorhanden. Sie können bis zu 2,5 cm lang werden. Die Blüten sind weiß und werden auf sehr langen Röhren an der Seite des Pflanzenkörpers ausgebildet. Sie öffnen sich am Abend und sind manchmal leicht mit einem zarten Rosa übergossen.

Rebutien sind ohne Zweifel die lohnendsten von allen kultivierten Kakteen. Es sind anspruchslose Pflanzen, die im großen und ganzen bereits in sehr jungen Jahren eine reiche Blütenpracht hervorbringen. Sie sind sehr eng mit der bereits beschriebenen Aylostera-Gruppe verwandt und lassen sich leicht durch Aussaat vermehren. Wegen ihrer außerordentlichen Beliebtheit hat man die einzelnen Arten dieser Gruppe untereinander gekreuzt, so daß es häufig unmöglich ist, die Pflanzen einwandfrei zu identifizieren. Ich schlage eine Einteilung in 2 Gruppen vor: die klar bestimmbaren Arten, meist solche, von denen man wegen ihrer geringeren Blühfreudigkeit keine Hybriden gezüchtet hat, und die sehr blühfreudigen Varietäten wie *Rebutia minuscula*, *R. marsoneri* und *R. violaciflora*, die man schon so weitgehend gekreuzt hat, daß es kaum mehr möglich ist, eine natürliche Art zu finden.

Rebutia haagei wurde schon immer mit einer Vielzahl von Namen bedacht und Handelsgärtner nennen sie heute noch *Mediolobivia pygmaea*, eine Bezeichnung, die auch als Synonym für die auf der nächsten Seite beschriebene *R. pygmaea* verwendet wird. Die Verwirrung wird noch größer, indem die vorgenannte Art *Rebutia pygmaea* manchmal als *Pseudolobivia haagei* bezeichnet wird.

Rebutia haagei als solche ist eine kleinwüchsige, gruppenbildende Art mit dicker, fleischiger Rübenwurzel. Der Pflanzenkörper ist mehr oder weniger oval geformt und die fast durchsichtigen Stacheln sind meist länger als die von *R. pygmaea*, meist sind sie 2,5 mm lang. Die Blüten sind etwas mehr lachsfarben als die von *R. pygmaea*.

45

Rebutia pygmaea

Rebutia senilis

Rebutia violaciflora

Rebutia (Fortsetzung)

Wie ihr Name andeutet, handelt es sich um eine zwergwüchsige Art, die manchmal auch unter dem Namen *Mediolobivia pygmaea* angeboten wird. In ihrer Jugend bildet die Pflanze einzeln stehende Glieder aus. Später wachsen aus der dikken Rübenwurzel ganze Gruppen von Trieben. Heimisch sind diese Kakteen in Nordargentinien und selbst dort werden sie kaum höher als 4 cm mit Gliedern, die noch nicht einmal einen Durchmesser von 2,5 cm erreichen. Wie alle *Rebutia*-Arten hat diese Pflanze anstelle der Rippen spiralförmig angeordnete Warzen. Die Stacheln sind bei kultivierten Exemplaren noch nicht einmal 2,5 mm lang und sind zum Pflanzenkörper hin abgebogen. Mittelstacheln werden nicht gebildet. Trotz des kleinen Wuchses blüht diese Art sehr bereitwillig – ähnlich wie *R. kupperiana*, eine andere kleinwüchsige Spezies. Die Blüten sind wundervoll karminrot gefärbt und haben gerundete Blütenblätter.

R. schmiedcheniana sieht ähnlich aus, wird jedoch etwas größer und hat spitzere, leuchtend goldgelbe Blütenblätter. Die Warzenreihen sind bei dieser Pflanze noch ausgeprägter und die Glieder werden bis zu 8 cm hoch.

Rebutia senilis erkennt man leicht an den zahlreichen seidigen Stacheln oder Borsten, welche die Pflanze fast ganz bedecken. Diese Art entwickelt viele Triebe und gilt daher als nicht besonders blühfreudig. Es ist daher auch hier wichtig, mit dem Gießen zu warten, bis an der Pflanzenbasis oder an der Basis der Glieder und Ableger die rötlichen Knospen erscheinen. Der Pflanzenkörper ist zunächst kugelförmig, wird aber mit der Zeit immer zylindrischer, besonders, wenn sich um den Mittelkörper herum

Ableger ausbilden, die dessen senkrechtes Wachstum fördern. Die natürliche Art hat blaßrote Blüten. Durch umfangreiche Kreuzungen hat man jedoch viele Hybriden gezüchtet, die nahezu in allen Blütenfarben zu haben sind, einschließlich orange, gelb und sogar weiß. Einige dieser Varietäten wurden auch benannt, aber was die im Handel angebotenen Pflanzen angeht, so muß man davon ausgehen, daß die meisten andersfarbig blühenden Exemplare Kreuzungen von *R. senilis* mit anderen Rebutienarten sind. *R.s. dasyphrissa* hat viel größere Warzen.

Formen von *R. senilis*, die sich durch gelbe Stacheln und Borsten auszeichnen, sind wahrscheinlich Kreuzungen mit *R. chrysacantha*. Es ist jedoch verhältnismäßig leicht festzustellen, ob es sich um eine solche Hybride handelt, denn *R. chrysacantha* ist eine der wenigen selbstfertilen Kakteen, was bedeutet, daß man in diesem Fall nicht zwei Pflanzen benötigt, um einen lebensfähigen Samen zu produzieren.

Rebutia violaciflora, *R. minuscula* und *R. marsoneri* sind wie gesagt nur selten als natürliche Art zu finden. Bei den meisten handelsmäßig angebotenen Rebutien handelt es sich um Kreuzungen zwischen diesen 3 Arten. *R. marsoneri* ist die einzige gelb blühende Art mit kleinen, grünlichen Pflanzenkörpern. Exemplare, bei denen die seidigen Haare von *R. senilis* fehlen, die aber gelb blühen, sind wahrscheinlich enger mit *R. marsoneri* verwandt.

Rebutia violaciflora hat, wie schon der Name andeutet, eigenartig tiefviolette Blüten und man erkennt diese Art auch an den ziemlich niedrigen Pflanzenkörpern, die denen von *R. marsoneri*

ähnlich sehen. Von *R. minuscula* unterscheidet sich diese Pflanze durch 25 und mehr Reihen von spiralig angeordneten Warzen, während letztere davon nur etwa 20 besitzt. Natürlich gibt es alle Arten von Kreuzungen zwischen den beiden, die sich auch durch die verschiedene Anzahl von Stacheln unterscheiden. Die natürliche Art *R. violaciflora* hat 3 bis 5 Mittelstacheln, während die echte *R. minuscula* davon nur einen besitzt, obwohl selbst bei den natürlichen Arten die Farbe der Stacheln variiert. *R. minuscula* ist wahrscheinlich die blühfreudigste von allen. Einzelne Exemplare können bis zu 20 Blüten gleichzeitig ausbilden. Das leuchtende Rot der Blütenblätter sieht dann aus wie ein Flammenkranz um die mittelgrünen Pflanzenkörper.

Rebutien hat man schon in sehr großer Höhe gefunden. Man kann sie ziemlich kalten Temperaturen aussetzen und sie brauchen nur wenig Wasser. Aus diesem Grund reagieren sie noch positiver auf eine Trockenzeit als alle anderen Kakteen. Im allgemeinen läßt sich sagen, daß diese Pflanzen um so mehr Blüten hervorbringen, je länger man sie während der Winterzeit trocken läßt. Wie bereits in der Einleitung zu diesem Kapitel erwähnt, kann man diese Gattung als eine Art von Wasseruhr einer Sammlung verwenden. Man sollte sie nicht gießen, bevor die roten Knospen um die Basis der Pflanzenkörper erscheinen. Zu frühes Gießen und zu warme Temperaturen im Winter fördern nur das Austreiben großer, nicht blühender Gruppen von Auslegern.

Acanthocalycium violaceum

Ariocarpus fissuratus

Echinocactanae

Die auf den folgenden Seiten beschriebenen Echinocactanae erkennt man an der typischen Form, wie sie ihre Blüten aus dem Trieb des neuen Jahres entwickeln, und zwar an der Spitze der Pflanze und nicht an der Seite, wie dies bei der zuletzt beschriebenen Gruppe der Fall ist. Sie umfassen einige der eigenartigsten Kakteen wie *Lophophora williamsii*, den Peyotl-Kaktus, aus dem das Rauschgift Meskalin hergestellt wird, und *Ariocarpus*-Arten, die aussehen als wären sie völlig tot.

Diese Pflanzen muß man ab Anfang April gießen, ohne darauf zu warten, daß die Blütenknospen erscheinen. Wenn dagegen der neue Sproß an der Spitze der Pflanze hervortritt, Stacheln aus den Areolen herauskommen und einige der letzteren buschiger, wolliger und filziger werden, sieht man, wo sich während der winterlichen Ruhezeit Blütenknospen entwickelt haben. Aus diesem Grund blühen die Arten dieser Gruppe später als Echinocereanae, und sie sind aus diesem Grunde sehr geschätzt.

Eine Ausnahme zu dieser sehr allgemein gehaltenen Regel bildet *Parodia chrysacanthion*, die eine der am frühesten im Jahr blühenden kultivierten Kakteen ist, abgesehen von den epiphytisch lebenden Arten.

Die Pflegebedingungen für diese Pflanzen ähneln stark denen der anderen am Boden wachsenden Arten, aber spezialisierte Züchter, die Zeit aufwenden können, die verschiedenen Arten nach ihren besonderen Bedürfnissen zu ziehen, werden gut daran tun, dem Pflanzsubstrat etwas mehr Torfmull beizumischen als dies bei den vorerwähnten Kakteen, die eine eher sandige Erde brauchen, der Fall ist.

Acanthocalycium

Acanthocalycium violaceum ist eine attraktive, anspruchslose Pflanze, die schon nach etwa 4 Jahren beginnt, Blüten auszubilden. Die halbkugelförmigen Pflanzenkörper sitzen flach auf dem Boden und bilden keinen Stamm aus. Die etwa 16 Rippen stehen weit vor. Die Areolen sitzen in Abständen von ca. 1 cm auf den scharfen Kanten der Rippen und enthalten eine Anzahl ausladender, blaßgelber, mit braunen Spitzen versehener Randstacheln. Die Mittelstacheln sind nach oben abgebogen und geben der Pflanze ein etwas wildes Aussehen.

Die Blüten erscheinen zwischen Mai und August, obwohl kultivierte Pflanzen selten über diesen ganzen Zeitraum hinweg blühen. Das tiefe Lila der Blüten bildet einen herrlichen Farbkontrast zu dem blaßgrünen Körper mit den gelblichen Stacheln. Der Name wurde abgeleitet aus den griechischen Wörtern acanthos = Stachel und calyx = Kelch. Die Blütenstengel sind dicht beschuppt und bestachelt und sind ein wichtiges Erkennungsmerkmal der Pflanzen dieser Gattung.

Ariocarpus

Ariocarpus fissuratus ist eine Pflanze, die sich nicht als Pflegeobjekt für den Anfänger eignet. Diese Art wächst außerordentlich langsam und sieht immer aus, als wäre sie tot. Sie stellt große Ansprüche an das Substrat, welches außerordentlich durchlässig sein sollte. Die dicke Pfahlwurzel neigt zum Faulen und es ist in vielen Fällen ratsam, diese Pflanzen zunächst zu pfropfen, bevor man sie einpflanzt. Ich empfehle, am Boden des Topfes Ziegel- oder Topfscherben einzulegen, um so eine bessere Entwässerung zu erreichen. Obwohl solche Pflanzen praktisch immer aussehen als wären sie tot, belohnen sie den Pfleger in den Monaten Juni bis September nacheinander mit blaßrosa Blüten, welche aus wolligen Haarbüscheln hervortreten, die sich an der Spitze des Pflanzenkörpers bilden, und zwar zwischen den blattähnlichen, rosettenartig wachsenden Warzen, die an der Spitze stärker befilzt sind.

Haage hat empfohlen, man sollte das Substrat solcher Pflanzen überhaupt nicht gießen. Stattdessen sollte man diese Kakteen in eine Mischung aus Ziegel- oder Topfscherben und Lehm einpflanzen und den Topf dann in einen Übertopf stellen, der mit der üblichen Kakteenerde gefüllt ist. Man sollte dann nur den Außentopf bewässern. Es ist besonders darauf zu achten, daß kein Wasser auf den wolligen Fleck an der Spitze der Pflanze gelangt. Wenn dort Feuchtigkeit – besonders über Nacht – stehen bleibt, wirkt sich dies nicht nur nachteilig auf die Blütenbildung aus, sie kann auch ins Innere der Pflanze vordringen und auf diese Weise einen Pilzbefall verursachen. Es gibt noch einige andere Arten, die zur *Ariocarpus*-Gruppe gehören, aber selten kultiviert werden.

Astrophytum asterias

Astrophytum capricorne

Astrophytum myriostigma

Astrophytum

Die sogenannte Bischofsmütze ist einer der eigenartigsten Kakteen. Sie wurde so genannt, weil die Pflanzenkörper der Mütze eines Bischofs ähnlich sehen. Die geometrisch wachsenden Kakteen sind leicht zu pflegen, wenn sie erst einmal Wurzeln geschlagen haben. *Astrophytum myriostigma* ist zum Beispiel eine der Arten, die man am leichtesten aus Samen heranziehen kann.

Die oben abgebildete Pflanze, *A. asterias*, sieht man verhältnismäßig selten. Obwohl man sie leicht aus Samen ziehen kann, nistet sie sich nur schlecht im Substrat ein und wächst auch schlecht. Wenn man sie in einem der üblichen flachen Schalen zusammen mit anderen Sämlingen aufzieht, werden sie oft von der Umfallkrankheit befallen oder es können sich gegebenenfalls Algen bilden, die sie überwuchern. Es ist das beste, wenn man wartet, bis sich die Pflanze normal aus dem Samen entwickelt hat, um sie dann sorgfältig auf eine *Trichocereus*-Unterlage aufzupfropfen. In Fällen, wo besonders warme Temperaturen über die Winterzeit eingehalten werden können, empfiehlt sich eine Pfropfung auf einer schneller wachsenden Art wie z.B. *Hylocereus* oder *Myrtillocactus*. Obwohl man diese Pflanzen oft in gepfropftem Zustand angeboten bekommt, kann man sie 3 Jahre nach der Pfropfung, wenn das Wurzelsystem gut entwickelt ist, ohne weiteres als Einzelpflanze weiterziehen.

Die Pflanzenkörper bilden eine Halbkugel. Sie haben 8 Rippen, die so flach ausgebildet sind, daß man sie nur an den sie begrenzenden Furchen erkennen kann. Der mittelgrüne Körper trägt keine Stacheln. Die weißwolligen Areolen stehen in regelmäßigen Abständen auf den Rippen. Es ist nicht schwer, diese Art zum Blühen zu bringen, besonders gepfropfte Exemplare. Obwohl die Blüten klein sind, bildet ihr attraktives Gelb doch einen schönen Kontrast zu dem dunkler gefärbten Körper.

Astrophytum capricorne trägt im Gegensatz zu den vorerwähnten Arten viele Stacheln. Letztere sind aber nicht so heimtückisch wie man beim Anblick vermuten könnte, denn sie sind weich und entsprechen in ihrer Struktur eher Borsten. Wie *A. asterias* wächst diese Art nur sehr zögernd und bildet pro Jahr oft nur zwei neue Reihen von Areolen. Der artspezifische Name ist zusammengesetzt aus den lateinischen Wörtern für Ziege und Horn, was wohl von den gewundenen Stacheln hergeleitet wurde, die aussehen wie Ziegenhörner. Die Rippen sind stark ausgebildet und die Pflanzenkörper sind blaßgrün oder graugrün gefärbt. Die Areolen sitzen in den Furchen der Rippenkante und haben bei der natürlichen Art Abstände von ca. 2,5 cm. Bei kultivierten Pflanzen der natürlichen Art fallen die Stacheln mit zunehmendem Alter aus. Es gibt jedoch sehr viele verschiedene Formen dieser Pflanze. Manche davon haben viel mehr Stacheln, die oft sehr lang werden und dann ein kompliziertes Flechtwerk um den Pflanzenkörper herum bilden. Diese Art blüht schon in jungen Jahren und treibt wunderschöne gelbe Blüten. Allerdings hat man die meisten Pflanzen wegen der attraktiven Stacheln gezüchtet, was sich meist nachteilig auf die Blühwilligkeit auswirkt.

Die Art, bei der der Name »Bischofsmütze« am meisten gerechtfertigt ist, heißt *A. myriostigma*. Dies ist wieder ein völlig unbestachelter Kaktus. Die 4 bis 6 (meistens 5) geometrisch geformten Rippen sind dicht mit weißmehligen Flekken besetzt, die der Pflanze ein graues Erscheinungsbild geben. Die Areolen, die leicht mit Filz bedeckt in seitlich von den Rippen liegenden Vertiefungen sitzen, fallen kaum auf. Wie die bisher vorher erwähnten Arten bilden diese Pflanzen gelbe Blüten aus der Spitze des Körpers, und zwar wenn sich die neuen Areolen zeigen.

Es gibt mehrere kultivierte Varietäten dieser Pflanze. Eine davon, *A.m. quadricostatum*, behält die vierseitige Struktur des Sämlings auch bei der heranreifenden Pflanze bei. Eine andere Form zeichnet sich durch völlig grüne Pflanzenkörper aus, wobei die mehligen Flecken auf die äußersten Ränder der Rippen beschränkt sind.

Astrophyten brauchen einen sonnigen Platz. Im Winter sollte man sie lange trocken lassen bei niedrigen Temperaturen, wenn sie im Sommer eine reiche Blütenpracht entwickeln sollen. Vorsicht beim Gießen! Diese Pflanzen bilden eine lange Pfahlwurzel aus, ähnlich der von *Ariocarpus*.

Astrophytum ornatum ist nicht besonders blühwillig, obwohl die Pflanze wegen ihres gebänderten Körpers auch ohne Blüten schön aussieht (siehe Abbildung). Die natürliche Art ist ziemlich stark bestachelt, obwohl es eine Anzahl von Kreuzungen zwischen *A. ornatum* und *A. myriostigma* gibt, bei denen man versucht hat, das attraktive Äußere der ersteren Art mit der Blühfreudigkeit der letzteren zu kombinieren. Die Hybriden sind jedoch meist wenig bestachelt und die schrägen Bänder aus wolligen Haaren auf den Rippenrändern sind nicht so ausgeprägt.

Echinocactus grusonii

Echinofossulocactus hastatus

Astrophytum-ornatum-Hybride

Die breit zylindrischen Körper wachsen eher aufwärts als seitwärts wie bei *A. myriostigma* und erreichen in ihrer natürlichen Heimat Mittelmexiko Höhen von 30 cm. Die dunkelgrünen Stämme haben anfangs 5, später 8 Rippen. Die ausgeprägten Rippen sind mit schrägen Bändern aus weißen mehligen Flecken belegt. Manchmal werden auch ein paar Haare gebildet. Die Anzahl der Stacheln variiert, meist sind es zwischen 5 und 11 Randstacheln, die an der jungen Pflanze gelblich sind, um später braun zu werden. Die im Abstand von 1 cm gebildeten Areolen sind anfangs befilzt, doch dieser Besatz verliert sich mit zunehmendem Alter der Pflanze.

Astrophytum ornatum ist nicht besonders blühfreudig. Blüten werden erst an über 5 Jahre alten Exemplaren ausgebildet. Wenn eine Pflanze früher blüht, handelt es sich vermutlich um eine Kreuzung, auf die weiter oben eingegangen worden ist. Solche Hybriden haben auch nicht die auffälligen Streifen der natürlichen Art. Die Bänder sind meist durchgehend und kontrastieren nicht so deutlich zum Körper.

Echinocactus

Der faßförmige, golden bestachelte Kaktus mit dem Namen *Echinocactus grusonii*, der unhöflicherweise als »Schwiegermutterstuhl« bezeichnet wird, ist wohl eine der bekanntesten aller Kaktusarten. Junge, aus dem Samen herangezogene Pflanzen haben meist ein ganz anderes Aussehen als der ausgewachsene Kaktus. Die Areolen sind dann noch viel weiter voneinander entfernt und warzenförmig ausgebildet und die Rippen sind noch nicht so ausgeprägt wie später. Der Grund für das andere Aussehen liegt darin, daß noch nicht so viele Areolen vorhanden sind, um ein durchgehendes Band zu bilden, wodurch die Rippen noch nicht so gut sichtbar sind.

Der Körper ist kugelförmig. Kultivierte Pflanzen wachsen meist unverzweigt, es kommt aber vor, daß eine Verzweigung aus der Krone heraus auftritt. Ganz ausgewachsene Exemplare werden 1,25 m hoch, da diese Pflanzen aber fast ebenso breit werden wie hoch, werden solche Ausmaße bei Exemplaren, die man im Topf zieht, kaum erreicht. Die Körper sind hellgrün. Reife Pflanzen können bis zu 25 ausgeprägte Rippen haben. Diese Art kann man ohne Schwierigkeiten aus Samen ziehen.

Sie wächst zunächst sehr schnell. Später, wenn sich mehr Rippen bilden, verlangsamt sich das Wachstum. Die Stacheln sind zuerst strohgelb und werden mit zunehmendem Alter der Pflanze stärker und weißer. Jüngere Exemplare haben verhältnismäßig schwache Stacheln, aber bei älteren können die Mittelstacheln ziemlich heimtückisch sein. Die gelben Blüten werden nur selten bei einer Topfpflanze entwickelt. Wenn überhaupt, blüht diese Pflanze erst in einem reifen Alter.

Echinofossulocactus

Der lateinische Name für die oben abgebildete Art ist *Echinofossulocactus*, obwohl man bedauerlicherweise heute oft der Meinung ist, man sollte die Pflanze *Stenocactus* nennen. Der erstere Name beschreibt ihre Form ausführlicher, die einen sowohl an einen Igel als auch an ein gepflügtes Feld erinnert. Die zahlreichen Rippen sind stark und unregelmäßig gewellt. *Echinofossulocactus hastatus* besitzt bis zu 30 dieser spitzenartig gewellten flachen Rippen. Der blaßgrüne Körper hat fast die Form einer Kugel. Ein ausgewachsenes Exemplar erreicht einen Durchmesser von über 30 cm, aber diese Pflanzen wachsen nur sehr langsam. Die Areolen stehen weit auseinander und tragen 5 oder 6 strohfarbige Randstacheln und einen einzeln stehenden Mittelstachel, der über 2,5 cm lang wird.

Die blaßgelben Blüten werden ab dem 4. Jahr oder später bereitwillig nacheinander ausgebildet. Blütezeit: zwischen dem zeitigen Frühjahr und Mitte des Sommers.

Echinofossulocactus (Fortsetzung)

Wie die auf der vorhergehenden Seite beschriebenen Arten hat *Echinofossulocactus lancifer*, der im allgemeinen unter der Bezeichnung *Stenocactus lancifer* angeboten wird, tiefe, wellenförmige Rippen, die den Stamm seitlich hinunterlaufen. Die Pflanze wird etwa gleich hoch wie *E. hastatus*, ist aber dunkler grün gefärbt und hat graue (und nicht gelbliche) Stacheln, die auf weit voneinander entfernten Areolen sitzen. Die großen, rosa Blüten werden von dieser Pflanze im 3. oder 4. Jahr, zum erstenmal im späten Frühjahr und im Sommer ausgebildet.

Eine interessante, selten in Sammlungen zu sehende Pflanze ist *E. vaupelianus*. Es ist eine gesuchte Art, wohl wegen der wunderschönen weißen Stacheln, die um den einzelnen schwarzen Mittelstachel herumstehen. Die Areolen sind viel dichter gestaffelt als bei den vorher beschriebenen Arten, was den Eindruck vermittelt, als seien die Randstacheln miteinander verflochten.

Ein ähnlicher Farbkontrast kann auch bei *E. violaciflorus* beobachtet werden, wo die Mittelstacheln braun gefärbt sind. Wie schon der Name andeutet, sind die cremefarbenen Blüten violett gerändert. Blütezeit ist Ende Frühjahr.

Die zu dieser Gruppe gehörende Art mit den längsten Stacheln dürfte *E. ochoterenaus* sein. Sie hat herrliche purpurähnliche Blüten mit einem Durchmesser bis zu 2,5 cm. Dicht miteinander verflochtene Stacheln umgeben die dunklen Pflanzenkörper.

Alle *Echinofossulocacti* lieben es, wenn man dem Substrat extra viel Sand oder Blattkompost beimischt, damit Wasser frei abfließen kann. Wenn kein Blattkompost verfügbar ist, sollte man etwas gröberen Torfmull dazugeben als sonst. Im Winter darf man überhaupt nicht gießen, da diese Pflanzen sehr anfällig für Pilzbefall sind, besonders bei naßkaltem Wetter.

Echinofossulocactus zacatecasensis hat zwar einen schwer aussprechbaren Namen, sollte aber in keiner Sammlung fehlen. Die blaßgrünen Körper mit den charakteristischen wellenförmigen Rippen tragen leicht bewollte Areolen mit zwischen 8 und 12 Randstacheln sowie 3 braune Mittelstacheln, die um einiges länger sind als die Randstacheln. Die Blüten, die bereitwillig ab dem 4. Jahr oder später ausgebildet werden, sind weiß mit blaßrosa Blütenblattspitzen.

Echinofossulocactus multicostatus hat ebenfalls viele Rippen. Frei lebende Pflanzen sollen sogar über 100 davon haben. Dies ist jedoch eine Pflanze, die nur unregelmäßig blüht. Unterschiedliches Blühverhalten von zwei Pflanzen der gleichen Art innerhalb einer Sammlung ist wahrscheinlich ein Zeichen dafür, daß zwischen den natürlichen Arten auch Hybriden vorhanden sind. Dies ist eine der typischsten Arten der Gattung. Die in einiger Entfernung voneinander stehenden Areolen machen den Blick frei auf die eng verschlungenen welligen Rippen.

Echinomastus

Echinomastus macdowellii ist eine verwandlungsfähige Pflanze, die zunächst kugelförmig wächst und dadurch fast einer Mammillaria ähnlich sieht. Später wird der Körper länglicher. Kultivierte Pflanzen erreichen Höhen von etwa 15 cm. Sie wachsen allerdings ziemlich langsam. Die Stämme sind fast völlig mit bis zu 20 weißen, dicht stehenden Randstacheln bedeckt, die aus eng gestaffelten Areolen herauswachsen. Obwohl diese Stacheln nahe beieinanderstehen, sind sie eher borstig als scharf. Sie haben die Aufgabe, die Sonnenstrahlen zu reflektieren, damit zwischen ihnen und der Pflanzenhaut eine Zone mit feuchter Luft entsteht, sind also nicht als Abwehr gegen Feinde vorgesehen. Auch die 3 bis 4 Mittelstacheln sind von ähnlich schwacher, borstiger Natur. Zunächst blaßgelblich gefärbt, werden sie mit zunehmendem Alter der Pflanze zuerst weiß und später grau. Einige Handelsgärtner ziehen diese Art als Blühpflanzen, ich habe jedoch festgestellt, daß man sie erst mit 6 Jahren oder sogar noch später zum Blühen bringen kann.

Echinomastus intertextus kann man auch zuweilen in Sammlungen sehen. Die weißen Blüten werden manchmal durch die dicht verflochtenen Stacheln verzerrt, was ein typisches Merkmal für diese Art darstellt.

Ferocactus corniger　　　*Ferocactus electracanthus*　　　*Ferocactus horridus*

Ferocactus

Ferocacteen erkennt man an ihren auffälligen, starken Stacheln. Wo diese Pflanzen frei wachsen, bilden sie eine gewisse Bedrohung, vor allem für die Pferde, weil sich die hakigen Mittelstacheln manchmal in die Hufe bohren und dann schwer wieder zu entfernen sind. Wenn man diesen Kakteen einen hellen, luftigen Platz gibt, sind sie dankbare Pfleglinge. Eine gute Luftzirkulation hilft, einen Befall der Areolen mit einem schwarzen Schadpilz zu vermeiden, der in einer feuchten, stehenden Atmosphäre für diese Gattung zur Gefahr werden kann. Sie wachsen meist zu beachtlicher Größe heran, obwohl sie dazu ziemlich lange brauchen, so daß man also nicht damit rechnen kann, daß sie blühen, bevor sie eine angemessene Größe erreicht haben.

Ferocactus corniger und *F. latispinus* sind Synonyme, obwohl man bei der großen Formenvielfalt der gleichen Art möglicherweise auf einige oberflächliche Unterschiede stoßen kann. Die sehr breiten, flachen Mittelstacheln, die auffallend rot gefärbt sind, gaben dieser Art den Namen »Teufelszunge«. Die Pflanze wächst kugelförmig und einzeln bis auf Höhen von etwa 30 cm heran, was allerdings nur auf kultivierte Exemplare zutrifft, denn wild lebende Kakteen dieser Art werden bedeutend größer. Die grau bis olivgrün gefärbten Pflanzenkörper haben bei der Jungpflanze 8 oder mehr Rippen, die sich bei älteren Exemplaren bis auf 20 vermehren. Die stark ausgeprägten und faltigen Rippen haben scharfe Kanten. Die Areolen sitzen in tiefen Kerben in Abständen von 2,5 cm an der Seite der Rippen. Sie sind mit etwas braunem Filz bedeckt, der mit zunehmendem Alter der Pflanze grau wird,

und enthalten etwa 8 Randstacheln, von denen einige stark und scharf sind, während andere kleiner, dünner und eher borstiger Natur sind. Obwohl ältere Pflanzen normalerweise 4 Mittelstacheln ausbilden, besitzen jüngere kultivierte Exemplare davon nur 3. Sie sind zunächst tiefrot, eine Farbe, die über etwa 2 Jahre zwar verblaßt, aber beibehalten wird, worauf die unteren Mittelstacheln zunächst bräunlich und dann grau werden. Der untere Mittelstachel gab der Art ihren Namen. Seine Spitze ist in allen Fällen leicht nach unten abgebogen. Es gibt eine ähnliche Art mit auffällig vorstehendem, hakigem Mittelstachel: *F. macrodiscus.*

Ferocactus electracanthus ist eine Art, bei der die Einkerbungen zwischen den Areolen so ausgeprägt sind, daß die Pflanze narbig wirkt. Die Körper sind graugrün und die in Abständen von 2,5 bis 4 cm stehenden Areolen sind mit etwas blassem Filz angefüllt. Sie tragen etwa 7 dünne, sich verbreiternde, leicht zurückgebogene Mittelstacheln, die an der Basis dunkler, an der Spitze strohfarbig getönt sind, und einen viel längeren, auffällig gebänderten Mittelstachel. Es kann sein, daß die von Gärtnern *F. electracanthus* genannte Art identisch ist mit *F. melocactiformis* (auch als *F. histrix* bekannt). Auf alle Fälle sehen sie sich ausgesprochen ähnlich.

Junge Pflanzen von *F. horridus* fallen auf durch ihre ausgeprägten Warzen, die auf einem mehr oder weniger normalen Stamm stehen und mit Stacheln besetzt sind. Solche jungen Exemplare besitzen etwa 8 zwischen den Areolen ziemlich breite, an den Warzen jedoch sehr ausgeprägte Rippen. Sie sind grau oder blaugrün getönt. Der untere Bereich des

Körpers und die Haut nehmen oft eine leicht rötliche Färbung an. Die Areolen haben kleine Kappen aus dichtem, bräunlich-grauem Filz, die seitlich etwas über die Rippenkanten hinausragen. Etwa 6 oder 7 Randstacheln werden ausgebildet, von denen 2 im allgemeinen weiß und etwas länger sind als die übrigen, welch letztere anfangs rötlich aussehen und später – von oben nach unten fortschreitend – immer blaßgelber werden.

Der Mittelstachel ist nur leicht gekrümmt und gleicht farblich der Mehrzahl der Randstacheln. Auch wird er wie jene, oben beginnend, immer blaßgelblicher. Es handelt sich hier um eine sehr robuste Pflanze, die sich durch ihre interessanten Merkmale deutlich von den anderen Arten dieser Gruppe abhebt.

51

Ferocactus (Fortsetzung)

Ferocactus ingens sollte vielleicht korrekter *Echinocactus ingens* genannt werden. Zunächst 5rippig, bilden sich mit zunehmendem Alter mehr Rippen, wenn sich im Frühjahr die Mitte erweitert. Die Rippen sind breit und nur an ihrer Basis spitzwinklig, was jüngeren Pflanzen das ausgesprochen 5eckige Aussehen verleiht. Zur Spitze hin sind sie nicht mehr so breit und lassen sich klarer voneinander unterscheiden. Die Pflanzenkörper sind bläulich grün. Die auffälligen Warzen tragen Areolen, die bei jungen Pflanzen etwa 2 cm auseinander stehen und in diesem Stadium so dicht befilzt sind, daß die gesamte Oberfläche der Pflanze mit einer bräunlichen Haarmatte – aus der die Stacheln herausstehen – bedeckt ist. Wenn die Areolen älter werden, geht ihr Wollbesatz zurück. Die Stacheln sind stark und zeigen im ersten Stadium eine purpurartige Farbe, die an der Basis fast schwarz aussieht. Mit zunehmendem Alter der Pflanze werden die Stacheln erst hübsch grau, um schließlich eine schmutzige Cremetönung anzunehmen. 6 Randstacheln sind vorhanden, von denen der oberste am längsten vorsteht, während der unterste im allgemeinen kürzer ist. Die Mittelstacheln, die nicht hakig sind, stehen vom Pflanzenkörper ab.

Diese Art wächst ziemlich langsam. Sie ist aber unempfindlich gegen längere Trockenzeiten und andere Formen mangelnder Pflege. Während des Winters muß man sie so trocken wie möglich halten. Im Sommer gießt man mäßig. Nur ganz ausgewachsene Pflanzen kommen zum Blühen, was bei kultivierten Exemplaren selten vorkommt.

Ferocactus viridescens wie auch die daneben abgebildete Art *F. wislizenii* haben auch schon im jungen Alter viel mehr Rippen als irgendeine der vorerwähnten Pflanzen. Die glänzend grünen, kugelförmigen Körper stehen einzeln und haben etwa 13 deutlich ausgeprägte Rippen. Hobbygärtnern, die wenigstens eine Art dieser Gruppe in ihrer Sammlung haben wollen, kann man diese Pflanze empfehlen. Obwohl sie früher blüht als die anderen, kann es 10 Jahre oder mehr dauern, bis die Blüten regelmäßig erscheinen. Wenn dies aber erst einmal der Fall ist, blüht das betreffende Exemplar während der ganzen Saison. Stachelanzahl und -farbe sind unterschiedlich. Wie bei vielen Pflanzen dieser Gruppe hängt viel davon ab, ob es sich um ein importiertes Exemplar handelt oder ob man es aus einem Samen gezogen hat. Man findet selten weniger als 9 Randstacheln. Diese sind zunächst rot und nehmen mit zunehmendem Alter eine bräunlichgelbe Färbung an. Zwischen 3 und 4 Mittelstacheln sind vorhanden, obwohl man bei jüngeren Pflanzen oft nur einen einzelnen davon sieht.

Ferocacteen erkennt man meistens an ihrer Kugelform. Es gibt jedoch eine wichtige Ausnahme dieser Regel, die Art *F. stainesii,* die sich zu einer langen, säulenförmigen Pflanze entwickelt und die man an ihren zahlreichen scharfen Stacheln und den etwas gewellten Rippen erkennen kann. Außerdem zeichnet sich diese Art durch lange, borstige Haare aus, bei denen es sich in Wirklichkeit um abgewandelte Randstacheln handelt.

Ferocactus wislizenii wächst als kultivierte Pflanze meist kugelförmig, obwohl die wild lebende Form höher wird als breit und bis zu einer Höhe von etwa 60 cm heranwächst. Es handelt sich also um eine großwüchsige Vertreterin der Gattung. Der Körper ist normalerweise grün, kann aber nach längerer Sonnenbestrahlung unten rötlich anlaufen. Es ist möglich, daß diese Art, wie *F. viridescens,* einen eher schattigen Platz bevorzugt. Junge Pflanzen entwickeln schnell 13 scharf abgegrenzte, stark höckerige Rippen. Die in Abständen von 2,5 cm stehenden Areolen stehen gut sichtbar auf der Spitze kleiner Warzen. Obwohl ausgewachsene Pflanzen eine große Anzahl von Randstacheln besitzen, sieht man bei im Handel angebotenen Exemplaren meist 7 etwas borstige Stacheln dieser Kategorie, wovon einige von Anfang an weiß und dünn sind. Der Rest der Randstacheln und die vier Mittelstacheln sind zunächst dunkelbraun getönt und werden mit zunehmendem Alter der Pflanze immer blasser. Der unterste Mittelstachel jeder Areole ist scharf nach unten abgebogen und sieht hakenartig aus.

Andere große Ferocacteen sind *F. acanthodes,* eine langsamer wachsende Pflanze, bei der die Farbe der Stacheln sich viel länger hält, und *F. emoryi,* eine Art, die sich durch sehr stark vorstehende warzenartige Rippen – ähnlich denen von *F. horridus* – auszeichnet sowie durch viel rötere Stacheln.

Gymnocalycium

Die *Gymnocalycium*-Gruppe, deren Arten auf dieser und den beiden nächsten Seiten abgebildet sind, zählt zu den dankbarsten Pflegeobjekten für Hobbygärtner, denn die meisten dieser Pflanzen blühen verläßlich und über längere Zeit. Man stellt sie am besten während der Sommerzeit bei knappem Raum im Gewächshaus in den Steingarten hinaus. Auf alle Fälle sollte man ihnen einen luftigen Platz geben, wie zum Beispiel auf einem Brett, oder im Gewächshaus in der Nähe der Türe, weil dann die Areolen besser reifen können. Die bevorstehende Blüte wird angezeigt durch Ausbildung kleiner Knospen in den Areolen unmittelbar über den Stacheln. Sie erscheinen zuerst bei den in Scheitelnähe sitzenden Areolen, um später immer weiter nach unten zu wandern, bis ungefähr das obere Drittel des Pflanzenkörpers mit Blüten bedeckt ist. Der botanische Name ist abgeleitet aus den griechischen Wörtern gymnos = nackt und kalyx = Kelch und weist auf die stachellosen Blütenröhren hin.

Gymnocalycium damsii wird von Händlern in vielen verschiedenen Formen angeboten, die im allgemeinen den natürlichen Formen dieser Art und von *G. mihanovichii* ähnlich sind. Da man diese beiden Spezies vielfach miteinander gekreuzt hat, ist es für den Sammler schwer, die Urform zu identifizieren, es sei denn er wendet sich an einen Spezialisten. Die im Handel als *G. damsii* angebotenen Exemplare haben niedrige, kugelförmige Pflanzenkörper, die an der Seite kleine, aus den Areolen hervortretende Ableger ausbilden. Diese Pflanzen werden in der kultivierten Form selten groß. Der Körper ist mittelgrün und hat 10 breite, abgerundete Rippen, die unter

den Areolen leicht vorspringen und normalerweise nicht die für *G. mihanovichii* typischen Streifen aufweisen. Die Blütenfarbe kann unterschiedlich sein, rosa, weiß oder auch grün. Die grün blühende Form ist enger mit *G. mihanovichii* verwandt, während die weiß blühenden Exemplare schon eher nach der natürlichen Art hin tendieren. Rosa blühende Pflanzen wiederum sind das Ergebnis einer Kreuzung mit noch einer anderen Art.

Gymnocalycium denudatum zeichnet sich nicht nur durch die nackte Blütenröhre aus, sondern auch durch die geringe Anzahl der auf dem Körper stehenden Stacheln. Man bezeichnet diese Pflanze manchmal als »Spinnenkaktus«, wohl wegen des spinnenartigen Aussehens der wenigen Stacheln. Der Körper hat etwa 5 Rippen, bei kultivierten Exemplaren manchmal auch mehr. Diese Pflanzen wachsen höher als die vorerwähnten Arten. Selbst kultivierte Exemplare können bis zu 10 cm hoch werden. Der Körper ist dunkelgrün und die Rippen sind breit und an den Kanten stark gerundet. Die schwachen Stacheln sind gelblich gefärbt und es ist meist überhaupt kein Mittelstachel vorhanden. Die an der Außenseite grünen und innen blaßgrünen Blüten werden verhältnismäßig problemlos ausgebildet. Wegen der geringen Zahl von Stacheln ist diese Pflanze nur schlecht gegen das Sonnenlicht geschützt, und man sollte ihr daher während der hellen Frühlings- und Sommertage ein verhältnismäßig schattiges Plätzchen geben.

Gymnocalycium gibbosum ist eine typische Vertreterin der als Kinnkakteen bezeichneten Gruppe. Die Körper dieser Pflanzen, die meist einzeln wachsen, ist

zunächst kugelförmig und wird mit zunehmendem Alter zylindrisch, was als charakteristisches Merkmal anzusehen ist. Die Körper sind meist bläulichgrün gefärbt und die zwischen 12 und 14 Rippen sind gerade und in kinnförmig vorstehende Warzen gegliedert, welche der Gruppe den Namen gegeben haben. Die weißen Blüten sind oft mit Rosa übergossen, man kann mit ihrem Erscheinen jedoch nicht sicher rechnen, bevor die Pflanze einen Durchmesser von 8 cm erreicht hat.

Wie im Fall von *G. damsii* hat man auch bei dieser Pflanze viele Hybriden gezüchtet, die hinsichtlich Stachelbildung und Blütenfarbe variieren. Die Heimat der natürlichen Art ist Südargentinien, wo ein kühles Klima herrscht, und diese Pflanzen leiden daher unter zu hohen Sommertemperaturen. Obwohl es sich hier um eine vergleichsweise langsam wachsende Art innerhalb dieser Gattung handelt, ist sie für die Haltung in unserer Klimazone geeignet.

Gymnocalycium andreae hat ebenfalls bläulichgrüne Körper, die sich aber gern verzweigen. Die Pflanze behält ihre Kugelform bei und wird mit zunehmendem Alter nicht länger. Die Blüten sind innen blaßgelb gefärbt, ein Farbton, den man auch bei der seltenen Art *G. leeanum* findet.

Gymnocalycium mihanovichii friedrichii

Gymnocalycium (Fortsetzung)

Gymnocalycium mihanovichii 'Hibotan'

Gymnocalycium multiflorum

Gymnocalycium mihanovichii wurde bereits im Zusammenhang mit *G. damsii* erwähnt. Diese Pflanze bildet kleine Gruppen durch Ausbildung von aus den Areolen hervorwachsenden Ablegern. Es ist eine niedrigwachsende Varietät, die höchstens 8 cm hoch wird. Der Körper ist olivgrün. Die natürliche Form hat blassere Bänder, die zwischen den Areolen verlaufen. Die Rippen – es sind normalerweise 8 – sind breit und tief gekerbt. Sie sind im Abstand von etwa 1 cm mit Areolen besetzt, aus denen 5 bis 6 Randstacheln, aber keine Mittelstacheln hervortreten. Die Blüten sind grünlichgelb gefärbt, wobei man die natürliche Form an dem leicht geröteten Saum der Blütenblätter erkennt.

Gymnocalycium m. friedrichii ist eine viel kleiner wachsende Abart. Der Pflanzenkörper fällt durch das fast vollständige Fehlen eines grünen Farbtones auf, der stattdessen bräunlichpurpurn überzogen ist. Die Rippen sind spitzwinkliger geformt als die der natürlichen Art und die seitlichen Bänder treten auffallender hervor. Diese Form hat noch weniger Stacheln als die natürliche Art, was größtenteils eine Folge des fehlenden Chlorophylls ist. Die kultivierte Form bildet nur selten Blüten aus. Diese sind rosafarbig und ähneln denen von *G. lafaldense*.

'Hibotan'-Varietäten von *G. mihanovichii* sind solche, bei denen die Chlorophyll-Pigmentierung praktisch völlig aufgehört hat. Sowohl bei *G. mihanovichii* als auch bei *G. quehlianum* sieht man nicht selten andersfarbige Flecken auf einer der Rippen. Wenn man in einem solchen Fall den mittleren Vegetationsbereich der Pflanze sorgfältig mit einem Apfelentkerner herausschält,

kann man am Wachstumspunkt einen Ableger produzieren, der die gleiche Färbung aufweist. Sobald der Ableger gebildet ist, sollte man ihn pfropfen, da er aus eigener Kraft nicht in der Lage ist, durch Photosynthese zu wachsen.

Man kann Pflanzen dieser Varietät in gepfropftem Zustand kaufen. Die Produktion verschiedenfarbiger Formen hat sich in Japan zu einer Art von Kult entwickelt. 4 verschiedene Farbtöne sind auf dem Markt: Rot – die meistgepflegte und dankbarste Farbe, Rosa, Gelb und Weiß. Die rotblühende Form entwickelt rudimentäre Blüten, die aber kaum ihre volle Größe entfalten, weil sich die Knospen nicht vollständig öffnen. Bei reiferen farbigen Exemplaren bilden sich aus den Areolen neue Ableger, die man dann ihrerseits wieder auf einer anderen Unterlage pfropfen kann. Manchmal verschwindet die Färbung in der Nähe des Vegetationspunktes und es erscheint ein grüner Fleck. Eine solche Verfärbung kann man bis zu einem gewissen Maße vermeiden, wenn man die Pflanze an einen sonnigeren Platz stellt, aber ein wenig Grün ist erforderlich, wenn dieser Kaktus überhaupt wachsen soll.

Gymnocalycium multiflorum ist nicht, wie ihr Name vermuten lassen könnte, eine der am sichersten blühenden Arten dieser Gattung. Die Stacheln – es sind normalerweise zwischen 6 und 10 – bilden zwei parallele Reihen auf jeder Seite der Areolen. Sie sehen aus wie Spinnenbeine. Die Areolen sitzen in einem ziemlichen Abstand auf bei reifen Exemplaren bis zu 15 breiten Rippen. Möglicherweise hat man Kreuzungen mit anderen, weniger blühfreudigen Gymnocalycium-Arten durchgeführt, womit sich derartige Probleme bei diesen Pflanzen

erklären ließen. Wenn der Körper allerdings einen Durchmesser von ca. 8 cm erreicht hat, sollten die Blüten problemlos erscheinen.

Gymnocalycium ourselianum sieht etwas ähnlich aus, hat aber weniger, kaum mehr als 7 Stacheln. Die Blüten sind voller bzw. halbgefüllt aussehend. Manchmal verwechselt man auch *G. multiflorum* mit *G. ourselianum*.

Gymnocalycium quehlianum gehört wie *G. damsii* zu den Arten dieser Gattung, die in keiner Sammlung fehlen sollten, besonders weil diese Kakteen schon vor den meisten anderen ihre Blüten entwickeln, an denen man sich den ganzen Sommer über bis in den Spätherbst hinein erfreuen kann. Die bläulichgrauen Pflanzenkörper werden selten höher als 6,5 cm und haben 10 niedrige, in Warzen unterteilte, kinnartige Rippen, die für diese Gruppe so charakteristisch sind. Die Stacheln – es sind meistens 5 – sind zum Pflanzenkörper hin abgebogen und wachsen auf mehr oder weniger entfernt stehenden Areolen, die an der Stachelbasis etwas bewollt sind.

Obwohl man sich stets sicher sein kann, daß diese Pflanzen blühen, muß man damit rechnen, daß sie sich im Winter eigenartig verfärben. Um das Einschrumpfen zu vermeiden, darf man sie in der kalten Jahreszeit nicht zu warm halten. Ich habe noch kein Mittel gegen diese braunen Flecken gefunden, die ganz unvermittelt bei diesen Pflanzen auftreten und ihnen augenscheinlich wenig Schaden zufügen. Möglicherweise handelt es sich um Symptome eines Virus oder eines Pilzbefalls, die aber nicht weiter schädlich sind, solange sie nicht überhandnehmen. Eine gewisse Braunfärbung von Pflanzen, die man im

Gymnocalycium quehlianum   *Gymnocalycium saglione*   *Gymnocalycium venturianum*

Sommer an einen sonnigen Platz gestellt hat, ist ganz normal. Die von mir erwähnte Braunverfärbung tritt normalerweise erst im Spätherbst auf.

Gymnocalycium platense sieht der vorerwähnten Art in der Jugend ähnlich und auch die Pflanzenkörper sind etwa so gefärbt. Beim Größerwerden entwikkelt sich diese Art aber mehr kugelförmig. Die Blüten beider Arten sind weiß, die von *G. quehlianum* zeichnen sich jedoch durch den herrlich tiefroten Schlund aus und sie wachsen außerdem auf einer längeren Röhre. Auch hier muß davon ausgegangen werden, daß man zwischen handelsüblichen Sorten umfangreiche Kreuzungen vorgenommen hat, womit sich die außerordentliche Vielfalt der Formen von *G. quehlianum* erklären läßt.

Gymnocalycium saglione ist eine Art, die man am besten wegen ihrer attraktiven Stacheln zieht, ohne zuviel Hoffnung auf Blüten. Die Heimat dieser außerordentlich langsam wachsenden Pflanze ist Nordwest-Argentinien. Sie wird manchmal als Pfröpfling aufgezogen und wird dann viel größer und robuster und kann einen Durchmesser von fast 30 cm erreichen. Die Warzen dieser Art sind so ausgeprägt, daß es schwierig ist, sie von einer Mammillaria zu unterscheiden. Auch kann man die Rippen kaum erkennen, denn die Areolen sind sehr groß und nehmen fast die ganze Warzenoberfläche ein. Bei der jungen Pflanze sind die Stacheln dekorativ – fast schwarz – getönt, eine Farbe, die aber bei der heranreifenden Pflanze rot wird, um schließlich an der Basis der Pflanzenkörper zu einem Grauton zu verblassen. Man behauptet, daß man die Farbe der Stacheln durch Gießen von oben erhalten könne, wenn man dies aber versuchen sollte, muß man das am frühen Morgen tun, damit sich kein Wasser auf dem Scheitel der Pflanze sammeln kann, welches bei Sonnenbestrahlung wie ein Brennglas wirken und den Vegetationspunkt zerstören könnte. Wie schon erwähnt, entwickelt diese Art ihre rosa Blüten erst bei vollständig ausgewachsenen Exemplaren. Außerdem handelt es sich um eine der Gymnocalycium-Arten, die am schwersten aus Samen zu ziehen sind.

Gymnocalycium venturianum und *G. baldianum* sind wahrscheinlich verschiedene Namen der gleichen Art, die sich von allen anderen Gymnocalycien durch ihre schon in jungem Alter erscheinenden herrlich roten Blüten auszeichnet. Die Rippen sind anfangs ziemlich ausgeprägt, mit auffälliger Kante, werden aber mit zunehmendem Alter der Pflanze flacher. Der Körper wirkt zunächst etwas zusammengedrückt, halbkugelig, entwickelt sich aber mit der Zeit kugelförmig. Die wenigen Stacheln sind gebogen. An der Spitze sind sie grau und werden zur Basis hin grauer. Der Pflanzenkörper ist graublau. Die Areolen sind voneinander durch tiefe Kerben getrennt und der untere Teil der Warzen ist kinnartig ausgebildet, womit sich die Pflanze als typische Vertreterin dieser Gattung erweist.

Hamatocactus setispinus

Leuchtenbergia principis

Lophophora williamsii

Hamatocactus

Die drei auf dieser Seite oben abgebildeten Arten sehen so verschieden aus, daß es sehr schwer ist, sie als Mitglieder des gleichen Untertribus zu erkennen, geschweige denn als Vertreter der gleichen Familie.

Hamatocactus setispinus ist im Gegensatz zu den anderen beiden Arten eine ziemlich oft kultivierte Pflanze, was offensichtlich daran liegt, daß sie von der Sommermitte bis zu Beginn der Trockenperiode im Spätherbst blüht. Der Pflanzenkörper ist meist dunkelgrün, eine Färbung die sich jedoch am Anfang der Trockenzeit im Herbst aufhellt und dann sogar in ein rötliches Violett übergehen kann, besonders an der Seite, die dem Sonnenlicht am meisten ausgesetzt gewesen ist. Die tief ausgeprägten, gewellten Rippen – meist sind es 13 – erinnern etwas an Echinofossulocacteen. Die Areolen sitzen dicht gestaffelt in Abständen von etwa 1 cm auf vorstehenden Warzen am Rande der Rippen, die daher tief gekerbt erscheinen. Die Anzahl der Randstacheln variiert, meist sind es 12, die zunächst rot sind und sich später fast weiß oder strohgelb verfärben. Im Winter hält sich die Färbung am längsten im oberen Teil der Pflanze. Die Mittelstacheln variieren bei kultivierten Exemplaren. Die wunderbar gelben Blüten erscheinen schon an den ganz jungen Pflanzen und können einen Durchmesser von 5 cm erreichen. Viele dieser gezüchteten Formen haben einen roten Schlund.

Es gibt eine weitere Spezies, *Hamatocactus hamatocanthus*, mit größeren Stacheln, wobei der Mittelstachel an der Oberfläche abgeflacht ist, während die Areolen auf mehr vorstehenden Warzen stehen.

Leuchtenbergia

Leuchtenbergia principis ist eine große Rarität. Ihre Warzen sind so lang, daß sie die gesamte Pflanze dominieren. In der Tat ähnelt diese Art schon fast dem Gras, das in den Pampas wächst, wo die Stammform heimisch ist. Ihre Seltenheit ist das Resultat ihres ausgesprochen langsamen Wachstums und von Schwierigkeiten, diese Pflanzen unbeschadet durch den Winter zu bekommen, denn sie sind äußerst anfällig für Pilzerkrankungen.

Aus diesem Grund pfropft man junge Exemplare dieser Art gern auf etwas widerstandsfähigeren Unterlagen auf, um sie später, wenn sie ein ausreichend starkes Wurzelsystem ausgebildet haben, wieder als selbständige Exemplare weiterzuziehen.

Die langen Warzen sind blaugrün und deutlich dreikantig ausgebildet. An den Spitzen tragen sie papierstreifenähnliche Stacheln. Es ist nichts Ungewöhnliches, wenn ältere Warzen eintrocknen und abfallen, so daß die Pflanze schließlich aussieht als hätte sie einen kurzen Stamm.

Die hellgelben Blüten wirken sehr dekorativ. Sie treten aus den oberen Stacheln hervor, allerdings meist erst bei 9 Jahre alten Exemplaren oder sogar noch später. Während des Sommers sollte man ihnen den hellstmöglichen Platz geben. In einem Gewächshaus stellt man sie am besten auf ein erhöhtes Brett. Im Winter sind diese Pflanzen mit ganz normalen Temperaturen zufrieden. Sie scheinen ein Substrat zu schätzen, das noch ein wenig durchlässiger ist als das anderer Kakteen. Deshalb empfehle ich, dem Pflanzgrund etwas mehr Torfmull beizumischen.

Lophophora

Meskalin ist ein Destillat aus den Pflanzenkörpern von *Lophophora williamsii*. Die Yaqui-Indianer schreiben dieser Droge fast göttliche Fähigkeiten zu. Die rundlichen, stachellosen Pflanzenkörper verlängern sich nach unten zu einer dikken Pfahlwurzel. Es empfiehlt sich, am Boden des Topfes einige Topfscherben einzulegen, damit Wasser besser abfließen kann. Ein eigenartiges Merkmal dieser Pflanzen ist die Art, wie sich die aus den Areolen hervorstehenden Haare in mehrere kleine Spitzen aufteilen. Die Areolen stehen auf Warzen, die so flach ausgebildet sind, daß man sie kaum als solche erkennen kann.

Trotz ihrer giftigen Natur eignet sich diese seltene Pflanze gut für eine durchschnittliche Sammlung, denn sie ist sehr blühfreudig und die Ableger lassen sich leicht auf einer kräftiger wachsenden Unterlage pfropfen, wenn man eine Vermehrung vornehmen will. Ableger werden normalerweise im 4. bis 5. Jahr ausgebildet. Wie schon angedeutet, zieht man sie besser als Pfröpfling als auf einem Substrat groß. Den ganzen Sommer über kann man sich an den kleinen rosafarbigen Blüten erfreuen, die aus der bewollten Spitze der Pflanzenkörper herauskommen.

Malacocarpus erinaceus   *Matucana aurantiaca*   *Neoporteria subgibbosa*

Malacocarpus

Es gibt verschiedene kultivierte Malaco-
carpus-Arten. *Malacocarpus erinaceus*
ist eine der am häufigsten davon. Die
Pflanzenkörper sind zunächst kugelförmig, längen sich aber mit der Zeit nach
oben und fangen dann an, holzige
Stämme auszubilden. Diese eigenartige
Entwicklung stört den natürlichen
Wuchs der Kakteen nicht, sie erfüllt in
ihrer heimatlichen Umgebung eine
Schutzfunktion. Im allgemeinen handelt
es sich um eine sehr langsam wachsende
Art. Wenn diese Pflanzen allerdings erst
einmal einen Durchmesser von 5 bis
8 cm erreicht haben, blühen sie ohne
Schwierigkeiten. Die Blüten treten aus
dem Cephalium hervor, einem wolligen
Kissen auf der Spitze des Körpers.

Diese Pflanzen werden manchmal unter dem Namen *Wigginsia* angeboten,
der vielleicht der korrektere ist. *M. erinaceus* hat dunkelgrüne Pflanzenkörper,
die schließlich eine Höhe von 10 cm erreichen. Sie sind von zwischen 15 und
20 breiten, vorstehenden Rippen umgeben, auf denen die Areolen in den Zwischenräumen der Kerben stehen. Die
Randstacheln kultivierter Exemplare variieren in ihrer Anzahl, normalerweise
sind es jedoch 8. Sie sind in der Nähe
der Basis grauer. In der Jugend tragen sie
braune Spitzen. Es gibt einen einzelnen
Mittelstachel, der gleich getönt ist wie
die Randstacheln. Die Areolen junger
Pflanzen sind ziemlich stark mit einer
weißen Wolle besetzt, die auch das Cephalium bildet. Im Juni erscheinen die
gelben Blüten. Ihre baldige Ausbildung
wird durch dichte wollige Knospen an
der Spitze der Pflanze angekündigt.

Malacocarpus sellowii ist eine ähnliche Art, mit längeren Stacheln, dunkel-
grünem Körper und gelben Blüten.

Matucana

Als junge und nicht blühende Pflanze
fällt *Matucana aurantiaca* nicht besonders auf und wird daher nur selten von
Händlern angeboten. Wenn sie jedoch
blüht, bietet sie einen schönen Anblick.
Sie kommt aus Peru und ihr lateinischer
Name – *Matucana* – weist auf die Stadt
hin, in deren Umgebung man die Art
erstmalig auf felsigem Terrain aufgefunden hat. Die Pflanzen ähneln den zuvor
beschriebenen *Malacocarpus*-Arten bezüglich Größe und Wuchsform, indem
sie ebenfalls nur langsam wachsen und
kaum blühen, bevor sie 5 Jahre alt sind
und einen Durchmesser von etwa 8 cm
erreichen. Sie haben etwa 10 Randstacheln und bis zu 3 längere Mittelstacheln, die an der Basis und an der Seite
größer sind als an der Spitze, deren
Mitte fast unbestachelt ist. Wie Malacocarpus entwickeln die Pflanzen ihre Blüten spät, in England erst im September.
Sie sind orange und öffnen sich nur selten vollständig. Die Blütenform ist röh-
renförmig und nicht gänseblümchenähn-
lich.

Sowohl *M. aurantiaca* als auch die
Stammform *M. haynei*, die viel dichter
bestachelt ist und rötliche Blüten hervorbringt, benötigen ein besonders wasserdurchlässiges Substrat mit hohem Sand-
gehalt und im Winter eine Minimaltem-
peratur von etwa 4° C. Da keine der
beiden Arten dazu neigt, Gruppen zu
bilden, nimmt man die Vermehrung am
besten durch Aufzucht der leicht keimenden Samen vor, obwohl hierzu natürlich 2 Pflanzen benötigt werden.

Neoporteria

Neoporteria subgibbosa kann man nicht
gerade als einen blühwilligen Kaktus bezeichnen, er bildet aber aufgrund seines
attraktiven Aussehens bei einfachen
Pflegebedingungen ein lohnendes Pflegeobjekt. Obwohl junge Pflanzen fast kugelförmig wachsen, wird der Körper mit
zunehmendem Alter länglicher. Die Art
stammt aus Chile, wo sie augenscheinlich in Küstennähe zu finden ist. Die
hellgrünen Pflanzenkörper sind von
etwa 20 Rippen umgeben, die durch eine
starke Kerbung fast warzenähnlich aussehen. Die Areolen stehen dichtgestaffelt
an den Rippenkanten und sind mit bis
zu 30 Stacheln besetzt, die manchmal
2,5 cm lang werden. Bei der Stammform
sind diese meistens gelblich getönt, es
gibt aber auch eine sehr attraktive Varietät, genannt *Neoporteria subgibbosa
nigrispina*, mit fast schwarzen Stacheln,
die auch für ihre Blühfreudigkeit bekannt ist. Die Areolen sind ziemlich
dicht mit Wolle besetzt. Wenn Blüten erscheinen, kommen sie zwischen den Stacheln an der Spitze der Pflanze heraus.
Sie sind hellrosa getönt.

Neoporteria nidus ist eine Spezies mit
bräunlichroten Pflanzenkörpern, die
dicht mit Stacheln besetzt sind. Manchmal verkauft man diese Art auch als
Echinocactus senilis. *Neoporteria na-
pina* ist eine eigenartige Pflanze, die
ebenfalls aus chilenischen Küstengebie-
ten stammt. Sie hat gelbe Blüten und so
unscheinbar winzige schwarze Stacheln,
daß man den Eindruck hat, es handle
sich um einen völlig unbestachelten
Kaktus. Wie die südafrikanischen Mes-
embryanthemen zieht die dicke, fleischige Rübenwurzel beim Einschrumpfen die Pflanze so weit in den Boden,
daß sie fast verschwindet.

57

Neoporteria villosa

Notocactus apricus

Notocactus concinnus

Neoporteria (Fortsetzung)

Neoporteria villosa ist im Gegensatz zu den auf der vorhergehenden Seite beschriebenen Arten eine blühfreudige Pflanze, allerdings erst, wenn sie eine Größe von 5 bis 8 cm erreicht hat. Wie andere Spezies dieser Gattung kommt sie aus Chile. Der ursprünglich kugelförmige Pflanzenkörper wird später länglich und erreicht schließlich eine Höhe von über 10 cm. Er ist normalerweise rot überlaufen, eine Färbung, die manchmal nach einem trüben Sommer und bei mangelnder Sonnenbestrahlung verschwindet.

Diese Pflanzen haben weniger Rippen als *Neoporteria subgibbosa*, meistens sind es nur etwa 13, aber die Areolen sind genauso dicht gestaffelt und auch so stark mit weißer Wolle gefüllt wie bei dieser Art. Das auffälligste Merkmal sind natürlich die zahllosen gelblichen Randstacheln, die mit zunehmendem Alter blasser werden.

Die Blüten erscheinen bereitwillig – manchmal sogar zweimal im Jahr (am Frühlingsbeginn und im Spätherbst) – ringförmig angeordnet an der Spitze der Pflanze.

Man sollte die Trocken-/Ruhezeit daher auf die Monate Dezember bis Februar beschränken, weil durch ein zu frühes Austrocknen die Blühfreudigkeit beeinträchtigt werden kann.

Neoporteria jussieui ist eine weitere Art mit einer Neigung, sich nach langer Sonnenbestrahlung rötlichbraun zu verfärben. Sie hat bis zu 18 breite, ausgeprägte Rippen, die um die Areolen scharf gekerbt sind. Sieben starke, graugetönte Randstacheln umstehen einen längeren, meist an der Spitze braungetönten Mittelstachel. Die Färbung der Blüten ist rötlich.

Notocactus

Notocacteen werden oft kultiviert, was wohl mit daran liegt, daß man sie leicht aus Samen vermehren kann. Im allgemeinen werden jedes Jahr nur wenige Blüten gebildet, obwohl einige der selteneren Varietäten mit kleineren Blüten ziemlich lange blühen. Die groß blühenden Arten öffnen die Blüten nur für kurze Zeit, gewöhnlich mittags, weshalb Leute, die tagsüber zur Arbeit gehen, oft enttäuscht reagieren. Ich erhielt schon viele Briefe von Hobbygärtnern, die sich darüber beklagten, daß sie bisher von den Blüten nichts als die Knospen und die abgestorbenen Überreste gesehen haben. *Notocactus apricus*, *N. concinnus* und *N. tabularis* sehen sich alle ähnlich durch ihren niedrigen, gerundeten, grünen Körper und die bräunlichen Stacheln. Pflanzen, die man unter diese Gruppe einordnen möchte, sollte man mit der Abbildung von *N. muricatus* auf Seite **60** vergleichen, deren Jungpflanzen ähnlich aussehen.

Notocactus apricus hat einen grünen Pflanzenkörper mit 15 bis 20 niedrigen Rippen, auf denen dichtgestaffelte Areolen sitzen, die anfangs mit Wolle besetzt sind, später aber immer kahler werden. Normalerweise findet man zwischen 18 und 20 borstige, schwache Randstacheln, die in der Jugend rötlich gelb aussehen, später aber verblassen. Die 4 bräunlichroten Mittelstacheln haben gelbe Spitzen. Gelbe Blüten werden sehr früh in der Saison ausgebildet. Ihr Erscheinen wird durch wollige Knospen angezeigt, die zwischen den Stacheln erscheinen, wenn der neue Trieb sich Ende März entwickelt.

Notocactus concinnus ist eine sehr ähnliche Art, hat aber weniger Randstacheln – es sind normalerweise 10 bis 15

– und diese sind gelblich anstatt bräunlich. Sie kommt aus Südbrasilien und die gelben Blüten, die bereits an der jungen Pflanze erscheinen und oft einen Durchmesser von über 5 cm erreichen, können den ganzen Pflanzenkörper bedecken.

Zwischen den beiden vorerwähnten Arten liegt *Notocactus tabularis* mit 16 bis 18 etwa 1 cm langen Randstacheln, die eher weiß als gelblich gefärbt sind und in der Jugend eine braune Spitze haben können. Die Mittelstacheln sind blasser als die von *N. muricatus*, mit welcher Art man diese Pflanze vergleichen sollte.

Notocactus-Arten brauchen im allgemeinen eine längere Ruhezeit als die anderen Kakteen. Ich höre bei ihnen einen Monat eher mit dem Gießen auf und beginne damit einen Monat später als bei den übrigen Arten. Hierdurch wird die Pflanze offensichtlich zur Bildung einer größeren Zahl von Blüten angeregt und man vergrößert die Chancen, sie blühen zu sehen.

Notocactus haselbergii wird jetzt manchmal unter dem Namen *Brasilicactus haselbergii* angeboten, der auf die Heimat dieser Art, Brasilien, hinweist, wo man sie im Süden, in der Nähe des Rio Grande, findet. Die Pflanzenkörper sind mittelgrün und von einer großen Anzahl niedriger Rippen umgeben. Anfangs wächst die Pflanze kugelig, nimmt aber beim Reiferwerden schnell eine eher längliche Form ein. Die Stacheln an der Basis werden dann weniger und unattraktiv, was aber ein ganz normaler Wachstumsvorgang ist, also nichts mit den Pflegebedingungen zu tun hat. Wie die meisten anderen Notocactus-Arten lieben diese Pflanzen ein etwas saureres Substrat. Es ist daher empfehlenswert,

Notocactus haselbergii   *Notocactus horstii*   *Notocactus leninghausii*

dem Gießwasser zwei- oder dreimal im Jahr Aluminiumsulfat in einer Konzentration von einem Gramm pro Liter Wasser beizugeben, abhängig von der Wasserhärte. Je härter das verfügbare Wasser, desto öfter ist der Zusatz erforderlich.

Die Areolen sitzen eng gestaffelt auf den Rippenerhebungen und sind weiß bewollt, besonders stark am Vegetationspunkt in der flachgedrückten Pflanzenmitte. Die Stacheln sind weiß und durchsichtig, was der Pflanze im hellen Sonnenlicht ein schimmerndes Aussehen verleiht und so einen wunderbaren Kontrast zu den kleinen, rötlichen Blüten bildet, die bei drei- bis vierjährigen Exemplaren aus den neuen Areolen austreiben, wenn diese in der Mitte des Sommers erscheinen. Obwohl diese Art nicht so früh blüht wie einige andere, lohnt sich ihre Haltung wegen der prachtvollen Stacheln, die so schön mit den mittelgrünen Pflanzenkörpern kontrastieren.

Notocactus horstii ist eine Art, die erst kürzlich, meist in Form von Topfpflanzen, von holländischen Händlern eingeführt wurde, und die sich gut verkauft, weil sie sehr lange blüht. Man kann sie leicht aus Samen ziehen. Auch hat sie sich als sehr anspruchslose Pflanze erwiesen. Da sie aber ihre Blüten ziemlich spät in der Saison entwickelt, muß man sie im Spätjahr etwas wärmer halten als andere Kakteen. Wo dies möglich ist, sollte man sie Ende Oktober aus dem Gewächshaus herausnehmen und in einem wärmeren Raum unterbringen, um sie dort zu belassen, bis man Mitte bis Ende März das Gießen wieder aufnimmt. *N. horstii* wird manchmal auch unter der Bezeichnung *N. juncineus* an-

geboten. Die Pflanze erreicht im ausgewachsenen Zustand eine Höhe von etwa 10 cm. Oberflächlich betrachtet sieht sie *Parodia gracilis* ähnlich, eine Art, die auf Seite **62** abgebildet ist, und sie blüht auch genau so lange. Die Pflanzenkörper sind blaßgrün und haben 12 scharfe, stark hervorstehende Rippen, auf denen die Areolen in Abständen von etwa 0,5 cm sitzen. Normalerweise werden etwa 12 Randstacheln ausgebildet. Diese sind schwach und borstig und variieren im Farbton zwischen weiß und blaßbraun. Die Mittelstacheln sind ähnlich gefärbt. Meistens sind es 4. Die Blüten sind ziemlich klein für diese Gattung, werden aber über einen langen Zeitraum entwickelt, und zwar gerade dann, wenn die Blütezeit der anderen Arten bereits vorbei ist. Aus diesem Grunde lohnt es sich, diese sonst ziemlich unauffällige Pflanze in eine Sammlung aufzunehmen.

Man kann allgemein sagen, daß Notocacteen schon in verhältnismäßig jungem Alter blühen. Dies trifft jedoch nicht auf *N. leninghausii* zu, bei der man nicht mit Blüten rechnen kann, bevor sie fast 23 cm hoch oder noch größer ist. (In der Abbildung ist die Blüte nur zu Anschauungszwecken gezeigt.) Obwohl diese Pflanzen ziemlich langsam wachsen und man lange warten muß, bis sie die Blütenreife erreichen, lohnt sich ihre Pflege schon allein wegen der silbriggoldenen, haarähnlichen Stacheln. Im Sommer darf man sie nicht zu stark gießen oder zu warmen Temperaturen aussetzen, weil es sonst vorkommen kann, daß der Pflanzenkörper dann wegen übermäßigen Wachstums aufspringt. Manche Exemplare verzweigen sich an der Spitze. Die Pflanzenkörper sind zylindrisch geformt, obwohl sie bei jungen

Exemplaren zunächst rund aussehen. Sie werden etwa 25 cm lang. In der Folgezeit bildet die Pflanze an der Basis Seitensprosse aus. Der Körper ist blaß- bis mittelgrün und fast völlig mit den bereits erwähnten langen goldfarbenen Haaren bedeckt, die aus eng gestaffelten Areolen an den Seiten der zahlreichen Rippen austreten.

Sollte die Pflanze tatsächlich einmal aufplatzen, ist noch nicht alles verloren. Sie wird weiterwachsen, und es ist zu empfehlen, die freigelegten fleischigen Stellen mit etwas trockenem Schwefelpulver zu pudern, damit die Kallusbildung gefördert und eine mögliche Infektion verhindert wird. Es ist außerdem ratsam, in diesem Fall mit dem Gießwasser ein systemisches Fungizid, das heißt ein pilztötendes Mittel, das in den Pflanzensaft übergeht, beizumischen, um einem Schadpilzbefall vorzubeugen. Normalerweise reißt nicht der gesamte Pflanzenkörper auf. Eine Alternative ist das säuberliche Abtrennen des unbeschädigten Oberteiles mit einem scharfen Messer. Der so erhaltene Steckling wird zunächst 1 bis 2 Tage getrocknet und dann eingepflanzt.

Notocactus (Fortsetzung)

Notocactus muricatus

Notocactus ottonis

Notocactus mammulosus sollte man nicht mit *N. submammulosus* verwechseln oder auch mit einer Varietät der letzteren Art, *pampeanus*. Die beiden Pflanzen sehen ganz verschieden aus, wobei die oben abgebildete viel eher der Notocactus-Gruppe ähnelt, zu der *N. apricus* und *N. tabularis* gehören.

Notocactus mammulosus wächst zunächst niedrig und bildet kugelige, leicht abgeplattete Formen, die bei der heranwachsenden Pflanze zylindrischer werden. Sie ist in Uruguay heimisch, wo sie besonders im Küstengrenzgebiet zu Brasilien vielfältige Form-Varietäten ausbildet. Der mittlere Vegetationspunkt ist fast völlig flach und unbestachelt, während der Körper von zwischen 13 und 20 tiefgefurchten Rippen umgeben ist. Der Pflanzenkörper der natürlichen Art ist normalerweise dunkel- bis mittelgrün. Blassere Exemplare sind gewöhnlich ein Anzeichen, daß es sich um eine Kreuzungsform handelt. Die Stacheln treten aus dichtgestaffelten Areolen zwischen den Einkerbungen der Rippen heraus. Jüngere Areolen sind mit etwas Wolle besetzt. Die Randstacheln – es sind etwa 7 – sind schwach, borstig und weiß. Meistens sieht man einen einzelnen Mittelstachel, manchmal auch 2, an der Basis gelb getönt, in der Mitte heller. Bei jüngeren Exemplaren ist die Spitze dieser Stacheln oft dunkelbraun rötlich gefärbt.

Die Blüten sind kanariengelb und haben abgerundete Blütenblätter. Sie werden oft in so reicher Anzahl ausgebildet, daß sie den gesamten Oberteil der Pflanze bedecken.

Notocactus muricatus sieht der Art *N. tabularis* ähnlich, die auf Seite **58** abgebildet ist, zeichnet sich aber durch dunklere Mittelstacheln aus. Der Pflanzenkörper ist zunächst kugelförmig, wird aber, wie dies auch bei vielen anderen Notocacteen der Fall ist, mit zunehmendem Alter der Pflanze zylindrischer. Kultivierte Exemplare können bis zu 10 cm und größer werden. Die Körper sind blaßgrün und sind umgeben von bis zu 20 niedrigen Rippen, die nur geringfügig gekerbt sind. Wie bei *N. tabularis* und *N. apricus* sind die Randstacheln blaßgetönt und seitlich abgebogen und fassen sich weich an. Wie bereits erwähnt, sind die Mittelstacheln dunkler. Die Blüten sind kanariengelb.

Wir wollen hier noch einige der im Handel erhältlichen Notocactus-Varietäten erwähnen, die den vorerwähnten Arten nicht ausgesprochen ähnlich sehen. Außer der kleinblütigen Art *N. horstii* gibt es noch den purpurrot blühende *N. herteri*, die nach ihrem Entdecker genannt ist, der sie in Uruguay gefunden hat. Die Blüten werden nur von ausgewachsenen Exemplaren ausgebildet, die für diese sonst ziemlich niedrig wachsende Gattung ziemliche Größen erreichen. Das hervorstechende Merkmal der Art ist die ausgesprochen warzige Form der Rippen. *N. rutilans* wurde auch erst vor verhältnismäßig kurzer Zeit eingeführt. Wie die vorerwähnte Art kommt auch diese Pflanze aus Uruguay. Die kleinen Körper sind von tiefen Rippen umgeben, die ausgesprochen warzenförmig gegliedert sind. Die Blüten sind außen purpurrot und innen gelblich und sehen ausgesprochen dekorativ aus.

Notocactus ottonis ist wegen ihrer außerordentlich weiten Verbreitung in ganz Südamerika eine sehr vielgestaltige Pflanze. Im Augenblick bietet man zwei verschiedene Sorten dieser Art an. Eine davon, wohl die typischste, bildet zunächst kugelförmige Körper aus, die dann aber schnell zylindrisch werden. Zu diesem Zeitpunkt erscheinen an der Basis Ableger, die man am besten separat aufzieht, um eine Reserve zu bilden, denn diese Pflanzen werden in einem fortgeschrittenen Alter oft von Schädlingen oder Krankheiten befallen.

Die Pflanzenkörper sind dunkel- bis blaßgrün und werden von etwa 12 breiten, hervorstehenden Rippen umgeben. Die Randstacheln – meist sind es zwischen 10 und 18 – sind blaßgelb bis braun gefärbt. Es ist typisch für die Vielfalt der Formen, daß der Mittelstachel manchmal ganz fehlt, es können aber bis zu 4 davon vorhanden sein. Diese Art blüht sehr reich, und die Blüten halten oft länger als einen Tag, was sie von den anderen Pflanzen dieser Gattung unterscheidet.

Die am meisten gepflegte Art von *N. ottonis* scheint *N.o. linkii* zu sein. Die Blütenblätter sind bei dieser Varietät fast herzförmig. Die Pflanzen sind viel kleiner und wachsen langsamer als die abgebildeten Arten.

Die blaßgrünen Körper von *Notocactus scopa* sind fast völlig von weichen Borsten bedeckt, die der Pflanze ihr attraktives Aussehen verleihen. Sie ist unbedingt als Sammelobjekt zu bezeichnen, obwohl man sie nicht so oft zu sehen bekommt, was wohl daran liegt, daß sie erst ab dem 4. Jahr blüht und dies auch nur unzuverlässig, so daß man nicht immer damit rechnen kann, den Samen zu erhalten. Die Anzahl der Rippen variiert bei reifen Exemplaren zwischen 30 und 35. Der Pflanzenkörper ist zunächst kugelförmig und wird mit der Zeit länger bis zylindrisch und die Rippen verlaufen spiralig. Die eng gestaffel-

Notocactus scopa

Notocactus submammulosus

Parodia

ten Areolen sind dicht mit Wolle gefüllt und tragen zahlreiche Randstacheln, die schneeweiß gefärbt sind, und die man wohl treffender als Haare bezeichnen sollte. Sie breiten sich seitlich aus und verhaken sich dabei mit den anderen, so daß die Pflanze aussieht, als sei sie mit Schnee bedeckt. Die 2 oder 4 Mittelstacheln, die aus der Mitte der Areolen herausragen, sind für den rötlichen Hauch im Aussehen dieser Art verantwortlich. Bei uns kultivierte Pflanzen haben im allgemeinen kürzere Stacheln als importierte Exemplare, sonst gibt es aber keine abartbedingten Unterschiede.

Wenn diese Pflanzen erst einmal das Blühalter erreicht haben, belohnen sie den Pfleger doppelt, denn es handelt sich um eine der Notocacteen, die am frühesten blühen. Die Blüten sind leuchtend gelb.

Notocactus scopa findet man in weiten Teilen des südlichen Brasilien und in Uruguay. Nahe der Küste von Uruguay und in den küstennahen Bergen Brasiliens wächst eine von Sammlern hochgeschätzte Art, die unter dem Namen *N.s. ruberrima* bekannt ist. Wie der Artname andeutet, unterscheidet sich diese Form von den anderen durch den rubinroten Mittelstachel, welcher der Pflanze ihr dekoratives Aussehen verleiht.

Ich habe bereits *N. submammulosus* erwähnt, welche eine von *N. mammulosus* völlig abweichende Art darstellt. Die natürliche Form von *N. submammulosus* hat im Gegensatz zu *N. mammulosus* nur einen einzigen Mittelstachel (letztere Art hat 2). Man muß jedoch davon ausgehen, daß es sich bei der gewöhnlich als *N. submammulosus* angebotenen Art in Wirklichkeit um *N.s. pampeanus* handelt. Auch diese Pflanze

wächst zunächst kugelförmig und etwas abgeflacht, um mit zunehmendem Alter länger und schließlich zylindrisch zu werden. Der flache Vegetationspunkt in der Mitte des dunkelgrünen Körpers ist völlig unbestachelt. Wenn Stacheln vorhanden sind, kommen sie aus den Areolen auf den Rippenkanten heraus. Diese Pflanzen blühen sicher. Das erste Anzeichen der bevorstehenden Blüte sind die großen, wolligen Knospen, die aus den unbestachelten Areolen in der Mitte der Pflanze hervortreten. Die Rippen sind breit und vorstehend, bei reifen Pflanzen sind es bis zu 20. Man zählt bis zu 10 aschgraue Randstacheln, die sich miteinander verflechten und auf diese Weise einen heimtückischen Mantel um den Pflanzenkörper bilden. Der sehr steife, kräftige Mittelstachel ist fast 3,5 cm lang und außer einem gelblichen Teil nahe der Basis grau getönt.

Notocactus submammulosus, die natürliche Art, hat weniger, meistens 13 Rippen, die nicht so stark gekerbt sind wie dies bei den anderen Notocactus-Arten der Fall ist, und der Mittelstachel ist nicht so lang wie bei der vorerwähnten Varietät.

Parodien teilen sich botanisch in zwei Gruppen, solche mit hakigen und solche mit geraden Stacheln. Gerade Stacheln haben *Parodia chrysacanthion* (siehe Seite **62**) und *P. nivosa* (Seite **64**). Alle anderen Parodias haben hakige Mittelstacheln.

Parodia aureispina kommt aus Nord-Argentinien und hat einen bläulichgrünen, kugelförmigen Pflanzenkörper, der mit spiralig verlaufenden Warzenreihen bedeckt ist. Wie der Name andeutet, sind alle Stacheln golden gelb; die zahlreichen Randstacheln sind dünn und schwach, die Mittelstacheln – manchmal bis zu 6 Stück – sind mit fast 2,5 cm viel länger. Im späten Frühjahr und im Frühsommer entwickelt sich auf dem Scheitel der Pflanze eine Anzahl wunderschön goldgelber Blüten.

Parodia aurihamata

Parodia chrysacanthion

Parodia gracilis

Parodia (Fortsetzung)

Parodia aurihamata sieht *P. aureispina* sehr ähnlich. Es handelt sich um eine Art, die sich die Gunst der Hobbygärtner noch mehr erobert hat als die erstgenannte. Der Hauptunterschied, den ich bei kultivierten Pflanzen feststellen konnte, liegt in der Blütenfarbe. Die Blüten von *P. aurihamata* zeigen keine Spur von Orange und sind eher kanariengelb als goldgelb.

Parodia catamarcensis ist eine weitere ähnliche Art, die sich durch 4 gebogene, hakige, kurze, dunkelrote Mittelstacheln auszeichnet. Der Unterschied zeigt sich, wenn die wunderschönen, allerdings weißen Blüten erscheinen.

Bei den Parodien handelt es sich um einigermaßen unempfindliche, wenn auch verhältnismäßig langsam wachsende Pflanzen. Sie sind im allgemeinen leicht zum Blühen zu bringen, obwohl einige Arten – insbesondere *P. maassii* – erst im fortgeschrittenen Alter Blüten ausbilden. Da es eine Vielzahl von Arten mit unterschiedlicher Blütezeit gibt, kann man sich über lange Zeiten hinweg immer wieder an dem herrlichen Blütenschmuck erfreuen. Eine der am frühesten blühenden Kakteen ist *P. chrysacanthion*. In der Frühjahrsmitte bis in den zeitigen Sommer hinein blühen *P. mutabilis* und *P. sanguiniflora*, während *P. mairanana* und *P. gracilis* vom Sommer bis in den Spätherbst hinein blühen, also bis zu der Zeit, wo man mit dem Gießen ganz aufhört.

Parodia chrysacanthion beginnt bereits mit der Bildung von Blütenknospen, wenn die Tage länger sind als die Nächte, ja manchmal schon, bevor es warm wird. Die Blüten sind zwar etwas unscheinbar und werden zudem teilweise von dichtwachsenden Borsten am Scheitel der Pflanze verdeckt, aber man begrüßt sie freudig als erste Boten der kommenden Blütensaison. In manchen Fällen erscheinen die Blüten bereits, bevor man mit dem Gießen wieder begonnen hat, dies sollte aber nicht die Regel sein. Am besten stellt man Pflanzen, bei denen man schon erkennen kann, daß sich Blütenknospen bilden, in einen wärmeren Raum und gibt ihnen dann schon Wasser, damit sie weiterwachsen können.

Der Pflanzenkörper ist kugelig, in seltenen Fällen auch zylindrisch. Im ausgewachsenen Zustand erreicht die blaßgrüne Kaktusart eine Größe von 8 cm. Die 30 niedrigen, leicht gekerbten Rippen sind spiralig angeordnet. Die Randstacheln stehen sehr dicht aneinander und bedecken den ganzen Körper. Sie sind weiß oder strohgelb getönt und ziemlich schwach und borstig. Die bei der jungen Pflanze goldgelben Mittelstacheln werden mit zunehmendem Alter weiß. Die blaßgelbe Wolle, welche anfangs die Areolen bedeckt, verschwindet mit der Zeit.

Die kanariengelben Blüten sind meist ziemlich klein, der Durchmesser beträgt ungefähr 2 cm. Meistens werden sie von den an der Spitze der Pflanze wachsenden Stacheln eingeengt und so an der vollen Entfaltung gehindert.

Parodia gracilis ist eine Art mit hakigen Stacheln. Ich erwähnte bereits, daß sie zusammen mit *Notocactus horstii* zu den am spätesten blühenden Kakteen gehört. Die blaßgrünen, kugelig wachsenden Körper werden etwa 10 cm groß, es handelt sich aber um eine verhältnismäßig langsam wachsende Art. Sie werden umgeben von 16 niedrigen, spiralig angeordneten Rippen. Die 20 oder mehr Randstacheln sind weiß mit einer bräunlichen, fast blutig wirkenden Spitze und sehen daher aus, als hätte sich gerade jemand an ihnen gestochen. Die Mittelstacheln sind bei der jungen Pflanze braun, werden aber mit der Zeit grau und schließlich weiß. Die großen, in Abständen von 1 cm gebildeten Areolen sind befilzt. Die verhältnismäßig kleinen Blüten sind schön orangerot. Ich hatte bereits erwähnt, daß sie wegen der sie umstehenden Stacheln an der vollen Entfaltung gehindert werden.

Parodien schätzen viel Sonne und ein poröses, wasserdurchlässiges Substrat. Im allgemeinen wachsen sie ziemlich langsam, was einen nicht dazu verleiten sollte, mehr Wasser zu geben, damit sie besser wachsen, denn man würde damit nur die Blütenentwicklung beeinträchtigen. Wer das Wachstum dieser Pflanzen beschleunigen will, sollte sie auf kräftiger Unterlage als Pfröpfling aufziehen und sie erst wieder einpflanzen, wenn sie ein ausreichend kräftiges Wurzelsystem entwickelt haben. Allerdings muß man in diesem Fall damit rechnen, daß einige der typischen Merkmale der Wildform dabei verloren gehen.

Obwohl die meisten Parodien bereitwillig blühen, kann man dies nicht von *P. maassii* sagen. In ihrer Heimat, hochgelegenen Gebieten Nord-Argentiniens und Süd-Boliviens, erreicht die an und für sich langsam wachsende Pflanze beträchtliche Größen. Die zunächst kugelförmigen grünen Körper längen sich mit der Zeit und entwickeln sich schließlich zu einer zylindrischen Form. Sie werden bis zu 8 cm dick. Die sie umgebenden Rippen – meist sind es zwischen 13 und 21 – sind spiralig angeordnet. Die Areolen sind eng gestaffelt und mit einer wei-

Parodia maassii   *Parodia mairanana*   *Parodia microsperma*

chen, weißen Wolle besetzt, aus der etwa 15 strohgelbe, gebogene Stacheln herausstehen, von denen mindestens einer hakenförmig ausgebildet ist. Diese Mittelstacheln bilden die Hauptattraktion der Pflanze, die in der Kulturform selten ihre rötlichen Blüten entwickelt.

Es ist im allgemeinen schwierig, Parodien durch Aussaat zu vermehren (siehe auch Seite **65**). Die Samen sind außerordentlich klein und Sämlinge werden oft von Schadpilzen und/oder Algen befallen. Selbst ausgepflanzte junge Exemplare haben oft Schwierigkeiten, sich im Substrat zu etablieren. Bei *P. maassii*, einer langsam wachsenden und nur selten blühenden Art, scheint dies besser zu gelingen. Sollten Sie sich dazu entschließen, eine Aufzucht aus dem Samen zu versuchen, müssen Sie für absolut hygienische Verhältnisse und für eine ziemlich warme Umgebung sorgen, damit der Samen keimen kann. Einer der üblichen für diesen Zweck gebauten Aufzuchtkästen ist im allgemeinen für diese Aufgabe ungeeignet. Eine weitere wesentliche Voraussetzung für sicheres Keimen ist eine frühe Aussaat, denn im Gegensatz zu den meisten anderen Kakteenarten ist die Lebensfähigkeit dieser Samen zeitlich ziemlich begrenzt.

Parodia mairanana ist eine herrlich orangefarbig blühende Art, die *P. gracilis* ähnlich sieht. Sie wächst kugelförmig und erreicht als Kulturpflanze eine Höhe und einen Durchmesser von 8 bis 10 cm. Der Körper ist blaßgrün und hat meist nur 13 niedrige Rippen, im Gegensatz zu *P. gracilis*, die wie die meisten anderen Arten dieser Gattung 16 hat. Die Rippen sind stark warzig ausgebildet mit einer auffälligen, horizontal zwischen den Areolen verlaufenden Kerbung.

Die 7 bis 9 Randstacheln sehen recht dekorativ aus mit ihrer schmutzigbraunen Färbung und der auffällig schwarzen Spitze. Die 3 bis 4 Mittelstacheln sind ähnlich gefärbt, aber länger, und mindestens einer davon ist hakig. Die orangefarbigen Blüten werden zwischen Mitte und Ende des Sommers ausgebildet. Bei günstigen Pflegebedingungen hält die Blütenpracht dann bis Anfang September an.

Parodia sanagosta sieht den abgebildeten Arten ähnlich. Ihre grauen Stacheln sind jedoch nicht schwarz, sondern eher purpurartig getönt. Der graugrüne Körper färbt sich nach ausgiebiger Sonnenbestrahlung meist rot. Die Rippen sind zahlreicher, es können bis zu 25 sein. Die Blüten von *P. sanagosta* sind gelb.

Parodia microsperma war eine der ersten Vertreterinnen dieser Gattung, die man als Kulturpflanze eingeführt hat und sie blieb seither das Standbein vieler Händler und Sammler. Die mittelgrünen Körper werden im ausgewachsenen Zustand etwa 8 cm hoch oder etwas größer. Sie wachsen im allgemeinen kugelförmig, im Alter längen sie sich etwas. Die ausgeprägten, manchmal dreieckigen Warzen, auf denen die Areolen sitzen, sind exakt in etwa 22 spiraligen Reihen um den Körper herum angeordnet. Die Areolen sind zunächst ziemlich stark mit Wolle besetzt, aber dieser Belag geht immer mehr zurück, wenn die Pflanze älter wird, besonders an den Seiten und an der Basis. Die Randstacheln werden in unterschiedlicher Anzahl gebildet. Sie sind kurz, weiß und borstig und bilden nur einen leichten Flor um den Pflanzenkörper, der nicht aussieht als wäre er dicht mit Stacheln bewach-

sen. Die Mittelstacheln – meist bis zu 4 an der Zahl – sind rötlich getönt. Der unterste und längste erreicht eine Länge von über 2,5 cm und ist auffällig hakig ausgebildet.

Diese Art wird besonders wegen ihrer Blüten geschätzt, die über eine lange Zeit in der Sommermitte in großer Zahl erscheinen, manchmal sind es in einer Saison bis zu 30. Die Blütenfarbe variiert stark. Dies muß nicht, aber kann bedeuten, daß es sich um einen Hybriden handelt. Im allgemeinen fallen die Farben in ein Spektrum zwischen rötlich-orange und goldgelb, man sieht jedoch rein rote und rein gelbe Kulturformen.

Parodia mutabilis

Parodia (Fortsetzung)

Parodia nivosa

Parodia rubellihamata

Parodia mutabilis wurde so benannt, weil sie ganz natürlich die unterschiedlichsten Merkmale hervorbringt, sowohl hinsichtlich Farbe und Beschaffenheit der Stacheln als auch in der Form und in der Farbe der Blüten. Sie ist der Schmuck jeder Sammlung, denn sie blüht reich und sehr früh im Jahr. Die bläulichgrünen Körper sind kugelig geformt und bleiben auch so im ausgewachsenen Zustand, wenn sie Blüten hervorbringen, was sie von den anderen Arten unterscheidet, die mit der Zeit eine mehr längliche Form bekommen. Kulturpflanzen werden bis zu 8 cm hoch. Wie die meisten Parodia-Arten wächst auch diese Pflanze nach dem 3. oder 4. Jahr ausgesprochen langsam. Ein gleichbleibendes Merkmal dieser Art ist die Farbe der kurzen Randstacheln, die immer weiß sind und die bei typischen Exemplaren einen hellen Flaum um die Oberfläche des Körpers bilden. Pflanzen mit strohgelben Mittelstacheln, die manchmal als *P. mutabilis* angeboten werden, sind meistens Hybriden und sollten eigentlich eher *P. aureispina* genannt werden, die ich bereits beschrieben habe und die auf Seite **61** abgebildet ist. Die Mittelstacheln variieren stark in Anzahl und Farbe. Gewöhnlich sind es 3 oder 4, meistens orange getönt. Mindestens einer der aus den Areolen heraustretenden Stacheln ist an der Spitze auffällig hakig ausgebildet. Wie die Mittelstacheln sind auch die Blüten verschieden gefärbt, meistens sind sie orange, manchmal deutlich mit Rot übergossen.

Viele natürlich vorkommende Varietäten wurden benannt. Eine der schönsten aus dieser Gruppe ist *Parodia mutabilis carneospina*.

Die 4 Mittelstacheln dieser Varietät sind rosa getönt, bei jungen Pflanzen auch dunkelrot, und stehen kreuzförmig in jeder Areole. Der Schlund der Blüte ist unten orange gefärbt.

Parodia nivosa erkennt man an ihren nicht hakig ausgebildeten Mittelstacheln. In Größe und Wuchs ähnelt sie *P. mutabilis*, aber der Körper ist dunkler grün und die Anzahl der Warzen ist bei jungen Pflanzen viel geringer als bei den vorerwähnten Arten. Selbst zweijährige Exemplare haben manchmal nur 9 Reihen, die sich aber mit zunehmendem Alter vermehren. Wie aus dem Namen (lat. nivosa = beschneit) abgeleitet werden kann, sind die Pflanzenkörper fast völlig mit fast 1 cm langen weißen, ausladenden Randstacheln bedeckt, meistens 13 an der Zahl. Obwohl die meisten in Großbritannien eingeführten Varietäten nur einen einzigen Mittelstachel besitzen, ist dies bei den natürlich lebenden Exemplaren die Ausnahme. Bei ihnen stehen meistens 4 solcher Stacheln in jeder Areole. Wie die Randstacheln sind sie zunächst weiß, um sich bei zunehmendem Alter bräunlich zu verfärben. Obwohl es sich um eine nur zögernd blühende Art handelt, die oft 3 bis 4 Jahre braucht, bis sie die für die Ausbildung von Blüten erforderliche Größe erreicht, lohnt es sich, darauf zu warten. Die kleinen roten Blüten kontrastieren herrlich mit den schimmernden weißen Stacheln, besonders wenn die Sonne darauf scheint. Die Areolen sind mit weißen Haaren angefüllt, was der Pflanze ein attraktives Aussehen verleiht, auch wenn sie nicht blüht.

Andere Varietäten mit geraden Stacheln sind *P. faustiana*, eine gelb blühende Pflanze mit einer größeren

Zahl an weißen Mittelstacheln, selbst bei in der Wohnung gezogenen Exemplaren, sowie *P. comparapana*.

Parodia rubellihamata wurde erst vor kurzer Zeit von britischen Händlern auf dem Markt eingeführt. Ihre kugelig wachsenden Körper erreichen eine Höhe von etwa 8 cm. Sie sind mittelgrün und haben ungefähr 20 spiralig angeordnete Rippen. Die Mittelstacheln – meistens sind es 20 – können bis zu 1 cm lang werden. Sie stehen auf ziemlich dicht gestaffelten Areolen, deren ursprünglicher Wollbelag mit zunehmendem Alter immer mehr verschwindet. Der griechische Artname bedeutet »rotbestachelt« und weist auf auffällige Mittelstacheln hin. Normalerweise sind es 3. Bei jungen Pflanzen haben sie schwarze Spitzen, was solchen Exemplaren ein noch gefährlicheres Aussehen verleiht. Der längste Stachel in jedem Büschel ist scharf hakig ausgebildet und wird bis zu 2,5 cm lang. Man sollte diese Pflanze daher nicht außen an einen Gang stellen, wo man immer vorbeiläuft, weil sonst die Gefahr besteht, daß sich diese Stacheln in der Kleidung, zum Beispiel in einem Pullover, verhaken.

In vieler Hinsicht ähnelt diese Varietät den Arten *P. rubriflora* und *P. sanguiniflora* (die auf der nächsten Seite abgebildet sind), nur nicht in der Blütenfarbe, denn sie blüht gelb im Gegensatz zu den anderen beiden Arten, die hellrot blühen. Gezüchtete Exemplare können jedoch durch Einkreuzungen stark variieren und es gibt in der Tat einige Formen von *P. rubellihamata*, die rötliche Blüten entwickeln.

Es wurde bereits vorher darauf hingewiesen, daß es schwierig ist, Parodien aus Samen aufzuziehen, und bevor wir

Parodia rubriflora   *Parodia sanguiniflora*   *Parodia × scopaoides*

diese Gattung verlassen, halte ich es für angebracht, die auf Seite **63** gegebenen Empfehlungen noch etwas zu ergänzen. Die Pflanzerde, in die man den Samen einsetzt, sollte eine der handelsüblichen Samenaufzuchterden sein und nicht eine der speziell für die Aufzucht von Kakteen angebotenen Aussaatsubstrate und man sollte das Aufzuchtgefäß reichlich damit füllen, am besten in der Mitte etwas angehäuft, also seitlich leicht abfallend. Die Höhendifferenz zwischen der Mitte und den Seiten sollte jedoch nicht mehr als etwa 1 cm ausmachen. Zunächst empfiehlt es sich, das Aussaatgefäß mit dem Substrat in ein systemisch wirkendes Fungizid zu tauchen. Den Samen vermischt man mit etwas gewaschenem, scharfem Flußsand, und zwar im Verhältnis 4 Teile Sand auf einen Teil Samen. Die Sand/Samen-Mischung streut man dann auf die feuchte Substratoberfläche und setzt das ganze Aussaatgefäß in einen beheizten Aufzuchtkasten. Sollte man einen solchen Kasten nicht zur Verfügung haben, tut es auch ein unbeleuchteter Belüftungsschrank. Manche Autoren gehen sogar so weit, zu behaupten, daß Parodien, im Gegensatz zu anderen Kakteen, im Dunkeln besser keimen, als wenn man ihnen einen optimal beleuchteten Platz in einem Gewächshaus zuweist.

Parodia rubriflora, die oben abgebildet ist, ähnelt der daneben dargestellten *P. sanguiniflora* in vieler Beziehung. Meist wird sie nicht so groß und es gibt viele Fachleute, die sie nicht als eigene Art sondern als Varietät von *P. sanguiniflora* ansehen.

Parodia sanguiniflora ist eine der beliebtesten und am meisten kultivierten Parodien. Es handelt sich um eine schnell wachsende Pflanze, die (wie *Notocactus leninghausii*) bei zu schnellem Wachstum in warmer, feuchter Umgebung manchmal aufbricht. Obwohl diese Art nicht zu den am frühesten blühenden gehört, sollte man diese Pflanzen im zeitigen Frühjahr (Ende Februar und Anfang März) an einem warmen, feuchten Ort unterbringen. Wenn man dann – zum Anfang nur sparsam – Wasser gibt, kann man sie manchmal etwas eher zum Blühen bringen.

Diese Art wird etwas größer als die vorherbeschriebenen Parodien. Die in den ersten Jahren kugelige Gestalt der Pflanzenkörper wird im Laufe der Zeit etwas zylindrischer. Ausgewachsene Exemplare werden 10 cm groß, manchmal auch noch größer. Die dunkelgrünen Pflanzenkörper sind dicht mit Areolen besetzt, die auf zahlreichen warzig ausgebildeten, spiralig angeordneten Rippen sitzen. Auch in diesem Fall verschwindet der weißliche Wollbelag mit zunehmendem Alter. Eine große Anzahl von schwachen, borstigen Randstacheln ist vorhanden. Sie sind weiß getönt und bilden einen guten Kontrast zu den dunkelrötlichen, gehakten Mittelstacheln, von denen jede Areole bis zu 5 Stück besitzt. Der Kontrast ist bei jungen Exemplaren am ausgeprägtesten. Mit zunehmendem Alter der Pflanze werden die Mittelstacheln immer heller und schließlich völlig weiß.

Diese Pflanzen blühen reich, aber die im Vergleich zu Blütenblättern anderer Parodien etwas schmalen Petalen geben den Blüten ein etwas zerfranstes Aussehen. Dies ist ein typisches Zeichen für die natürliche Art, das sie von den zahlreichen Hybriden und Varietäten unterscheidet, denen man manchmal fälsch-

lich diesen Namen gibt. Viele dieser Pflanzen sollte man wohl am besten *P. rubriflora* nennen.

Parodia × scopaoides ist eine erst in letzter Zeit eingeführte Varietät, die man noch nicht oft antrifft. Ihre dunkelgrünen kugelförmigen Pflanzenkörper sind von zwischen 25 und 30 spiralförmig angeordneten, warzigen Rippen umgeben, die ihrerseits völlig von den dicht und ausgebreitet wachsenden Randstacheln überwuchert werden. Die letzteren werden viel länger als bei den anderen Parodien und erreichen Längen von fast 2,5 cm. Die Areolen sind zunächst mit weißer Wolle angefüllt, was der Pflanze ein schneebedecktes Aussehen verleiht. Die Mittelstacheln sind rot und haben eine schwarze Spitze. Ihre Länge entspricht etwa der der Randstacheln. Es sind meistens 3 bis 5 und der längste ist in jedem Fall an der Spitze hakig ausgebildet.

Die Blüten sind rötlich-orange getönt. Sie erscheinen zwischen der Sommermitte und Herbstanfang. Obwohl diese Pflanze nicht als reich blühende Art bekannt ist, bringt man ihr einiges Interesse entgegen, weil sie eine gewisse Ergänzung bildet zu den meisten anderen Arten, die ihre Blüten am Anfang und am Ende des Sommers ausbilden.

Cactanae

Für mich haben die Cactanae immer eine besondere Gruppe von Kakteen dargestellt. Zu ihnen gehört die Gattung *Melocactus*, deren etwa 30 Arten selten kultiviert werden. Trotz dieser Seltenheit wurde *Melocactus maxonii* berühmt unter der Bezeichnung »Türkenkopf«. Als Gattung zeichnen sich die Pflanzen dieser Gattung durch das Cephalium aus, das sich an der Spitze des Körpers ausbildet, bevor die Blüten erscheinen. Dieses Kennzeichen entwickelt sich allerdings erst, wenn der Pflanzenkörper schon einen beträchtlichen Umfang erreicht hat, was bei diesen langsam wachsenden Pflanzen ziemlich lange dauern kann. Eine andere Eigenart dieser Pflanzen ist ihre bevorzugte Verbreitung in Küstenregionen. Aus diesem Grunde gehören sie zu den ersten Kakteen, die von Europäern gefunden worden sind.

Trotz ihres ziemlich rauhen Aussehens handelt es sich um empfindliche Pflanzen, die im Winter mehr Wärme benötigen als andere Kakteen. Sollten Sie ein Gewächshaus besitzen, würde es sich lohnen, wenn Sie wenigstens einen heizbaren Aufzuchtkasten anschaffen würden, um einige der selteneren Arten, zu denen die Melocacteen gehören, bei etwas höheren Temperaturen ziehen zu können. Man kann sie auch pfropfen. Sie wachsen dann etwas schneller und erreichen eher eine Größe, wo sie widerstandsfähiger werden gegenüber ungünstigen Pflegebedingungen und niedrigen Temperaturen.

Junge Pflanzen sind nur schwer von den anderen kugelig wachsenden Kakteen zu unterscheiden. Ich habe mich jedoch entschlossen, sie der Vollständigkeit halber separat zu behandeln und ihnen eine Seite zu widmen.

Melocactus

Melocactus oreas ist eine kugelförmig wachsende Pflanze mit 8 breiten, niedrigen Rippen, die an der Basis zusammenlaufen, so daß man sie dort nicht mehr unterscheiden kann. Die Areolen sitzen in kleinen Kerbungen am äußeren Rand der Rippen in Abständen von etwa 1 cm. Außer einem in der Jugend der Pflanze vorhandenen leichten Wollbelag tragen die Areolen zwischen 7 und 8 Randstacheln, deren oberster im allgemeinen viel kürzer ist als die anderen. Die Länge der Randstacheln beträgt zwischen 2,5 und 3,5 cm, wobei die längeren an der Unterseite der Areole sitzen. Sie sind strohgelb getönt. Die bräunlichrot gefärbte Spitze ist leicht gebogen, allerdings nicht hakig ausgebildet. Die jüngeren Stacheln sind viel brauner, fast purpurrot gefärbt. Der Mittelstachel, der schließlich der unterste wird, ist viel dunkler als die anderen Stacheln. Ich habe noch nie ein blühendes Exemplar gesehen, aber diese Pflanzen bilden mit Sicherheit das wollige rote Cephalium aus, das so typisch ist für diese Gattung. Wie *M. de morro chapensis* handelt es sich hier um eine nicht besonders empfindliche Art, die auch kräftiger wächst als die meisten anderen Arten.

Melocactus de morro chapensis hat etwas blasser grüne Körper als die vorerwähnte Art, zeigt aber den gleichen kugelförmigen Wuchs, den sie auch später beibehält. Sie hat etwa 13 breite Rippen, die allerdings nicht ganz so stumpf sind wie bei *M. oreas* und die man auch an der Basis noch deutlich erkennen kann. Wie bei den vorerwähnten Arten stehen die Rand- und Mittelstacheln in etwas tiefer in den Rippenrändern sitzenden Areolen und wie bei der zuletzt genannten Art sind es 8 Randstacheln,

wobei allerdings der oberste nicht auffallend kürzer ist als die anderen. Sie sind ähnlich strohgelb getönt wie die von *M. oreas*, jedoch nur etwa halb so dick, und sie fühlen sich eher an wie steife Borsten. Der unterste Stachel ist viel länger als der der vorerwähnten Art und wird selbst bei jungen Exemplaren fast 5 cm lang.

Die Areolen sind befilzt und zeigen bei jungen Pflanzen eine eher bräunliche und keine purpurrote Färbung, die am mittelständigen Mittelstachel am längsten anhält, während die anderen bereits strohgelb geworden sind.

Melocacteen sind seltene Pflanzen und es lohnt sich, danach zu suchen. Als junge Exemplare sind sie jedoch eher unscheinbar. Importierte Pflanzen, die groß genug sind, um das rote, wollige Cephalium auszubilden, kann man hierzulande nur schwer in einem Gewächshaus ziehen, es sei denn man bietet ihnen ausgesucht günstige Bedingungen. Aus diesem Grunde eignen sie sich weniger für den Hobbygärtner. Sie sind eher etwas für ausgesprochene Spezialisten.

Coryphantha clava

Dolichothele longimamma

Coryphanthanae

Die Coryphanthanae unterscheiden sich von den bisher besprochenen Gruppen durch den Umstand, daß sie die Blüten nicht aus den auf den Warzen sitzenden Areolen ausbilden, sondern aus den Zwischenräumen zwischen den Warzen. Am Ende des Kapitels über die Coryphanthaneen habe ich auch die *Thelocactus*-Arten mit besprochen, weil sie in jungen Jahren den Mammillarien eine Zeitlang sehr ähnlich sehen. Da die Anzahl der Warzenreihen als Bestimmungsmerkmal für solche Pflanzen relativ bedeutungslos ist, wird sie in den meisten Fachbüchern nicht besonders aufgeführt. Eine wichtigere Rolle als Erkennungszeichen der einzelnen Arten spielt die Form der Warzen, wenn man sie für sich betrachtet, d.h. ob sie zylindrisch, vieleckig oder rhombenförmig ausgebildet sind.

Es handelt sich im allgemeinen um widerstandsfähige Pflanzen, die meistens auch ein kräftiges Wurzelwerk ausbilden, obwohl einige Arten, insbesondere *Mammillaria plumosa* und *M. schiedeana*, sich im gepfropften Zustand viel leichter ziehen lassen. Dies ist vermutlich auf die ziemlich schwache Struktur ihrer Warzen zurückzuführen sowie auf die Beschaffenheit ihres Wurzelsystems. Jungpflanzen sind in Bodennähe oft Schadpilzinfektionen ausgesetzt, besonders dann, wenn das Gießwasser nicht gleich abfließt und um die Pflanze herum stehen bleibt.

Zur leichteren Bestimmung unterscheiden die meisten Fachleute 2 Gruppen, eine mit Milchsaft und eine mit einem wäßrigen Saft. Wenn Sie nicht wissen, zu welcher Gruppe die vor ihnen stehende Pflanze gehört, nehmen Sie einfach eine Nadel und stechen damit zur Probe in die Pflanze.

Coryphantha

Bevor ich mich den Mammillarien, der größten Gruppe, zuwende, möchte ich noch auf zwei andere interessante Mitglieder zu sprechen kommen. *Coryphantha clava* ist eine ziemlich schnell wachsende Pflanze, die zunächst kugelförmig aussieht, sich dann schnell verlängert, um schließlich eine zylindrische Form anzunehmen. Die Pflanzenkörper sind graugrün und können bis zu 30 cm groß werden. Es handelt sich also um eines der größeren Mitglieder dieser Gruppe. In den Spalten zwischen den oberen Warzen finden wir einen leichten Wollbewuchs, dies ist aber keinesfalls ein Anzeichen der bevorstehenden Blütenbildung wie dies bei anderen Mitgliedern dieser Gruppe der Fall ist. Die 9 oder 10 Randstacheln sind im allgemeinen strohgelb. Sie treten aus Areolen hervor, die, wie die Spalten zwischen ihnen, anfangs mit etwas Wolle besetzt sind, die aber mit zunehmendem Alter der Pflanze verschwindet. Die bei kultivierten Pflanzen meistens einzeln stehenden Mittelstacheln sind bei der jungen Pflanze braun und werden später strohgelb wie die Randstacheln. Obwohl es sich um eine schnell wachsende Art handelt, kann man *C. clava* kaum zu den reich blühenden Pflanzen rechnen. Erst wenn ein Exemplar 15 cm oder größer ist, besteht Hoffnung, daß man die großen, leuchtend gelben Blüten zu sehen bekommt. Andere Coryphantha-Arten, die im Handel sind, so z. B. *C. pallida*, deren Körper ähnlich bläulichgrün gefärbt ist wie der der abgebildeten Spezies, die aber kugelförmig, niedrig und in Gruppen wächst und viel mehr Randstacheln hat, normalerweise 20 Stück, weiß gefärbt, und *C. radians*, mit etwa 15 Randstacheln und mittelgrünen Körpern.

Dolichothele

Dolichothele longimamma ist ein ausgezeichnetes Objekt für eine kleine Sammlung, weil sie durch ihr äußeres Erscheinungsbild Abwechslung in die sonst ziemlich ähnlich aussehenden anderen Mitglieder dieser Gruppe bringt. Sie stammt aus Mexiko, wo man sie in der Nähe solcher unaussprechlichen Orte findet wie Ixmiquilpan und Zimapan. Sie bilden schnell eine Gruppe. Ihr hervorstechendes Merkmal sind die grasgrünen, sehr langen zylindrischen Warzen, welche die Pflanzenkörper völlig verdekken. Bei einigen wildlebenden Exemplaren hat man bis zu 8 cm lange Warzen festgestellt, obwohl solche Längen bei kultivierten Exemplaren wohl kaum anzutreffen sein werden. Die Randstacheln sind schwach und gelblich gefärbt. Da sie ziemlich unregelmäßig wachsen, geben sie der Pflanze ein etwas »unordentliches« Aussehen. Der einzeln stehende Mittelstachel ist etwas schärfer und nadelartig. Seine Länge ist verschieden.

Eine gut etablierte Pflanze bildet große, schwefelgelbe Blüten in reicher Anzahl. Im Gegensatz zu den öfter gepflegten Mammillarien entwickelt sich die Blüte deutlich über die Warzen hinaus, während die Blüten der meisten Varietäten sich hinter den Warzen verstekken und ihre winzige Größe durch um so reicheres Auftreten ausgleichen.

Diese Pflanzen lassen sich leicht vermehren. Man bricht einfach eine der fleischigen Warzen ab und setzt sie in die Erde ein. Sie bilden schnell Wurzeln. Man braucht also nicht eine ganze Gruppe aufzulösen, um Einzelpflanzen nachzuziehen. Solche Stecklinge bilden schon bald an ihrer Basis neue Warzen aus, um schließlich zu einer ganz normalen Pflanze heranzuwachsen.

Mammillaria

Mammillaria bombycina

Mammillaria erythrosperma

Obwohl es sich bei *Mammillaria bocasana* um eine der beliebtesten Kakteen handelt, findet sie auf dem üblichen Fensterplatz nicht die idealen Bedingungen vor, denn sie braucht zur reichen Ausbildung der vielen kleinen Blüten im Winter sehr viel Sonne. Auch in einem Gewächshaus sollte man darauf achten, daß man diese Pflanzen während dieser Jahreszeit nicht an einen Platz stellt, wo sie im Schatten einer Mauerwand oder anderer Dinge stehen, da dies ihrer Blühfreudigkeit abträglich ist. Ich erinnere mich an einen Vorfall in unserer eigenen Gärtnerei, wo man eine große Anzahl dieser Pflanzen im Schatten einer großen Versandhalle stehen ließ, worauf im kommenden Sommer die Blüte vollständig ausfiel.

Die niedrigen, kugelförmigen Pflanzenkörper bilden Gruppen und verzweigen sich im allgemeinen von der Basis aus. Einzelne Pflanzen können eine Größe von etwa 15 cm erreichen. Die bläulichgrünen Körper sind fast völlig bedeckt mit feinen weißen Haaren, die aus den Achseln zwischen den Warzen austreten, und von den zahlreichen langen, feinen, haarförmigen Randstacheln, die aus den Areolen hervorstehen. Die Mittelstacheln stehen aufrecht und sind stark hakig. Man sollte diese Pflanzen also nicht an den Rand einer Sammlung stellen, weil man die Stacheln schlecht aus der Kleidung entfernen kann. Die Mittelstacheln sind rötlich braun, manchmal auch gelb gefärbt.

Die in einer günstigen Umgebung reichlich gebildeten rosagrauen Blüten sind ziemlich unansehnlich, aber die wunderschönen rosa Fruchtstände, die bis zu 2,5 cm lang werden können, sind ein herrlicher Anblick. Frische Samen

aus diesen Fruchtständen keimen bereitwillig und es lohnt sich, einige davon aufzubewahren, da die sehr fleischigen Pflanzenkörper dieser Art anfällig gegen Schadpilzkrankheiten sind.

Mammillaria bombycina sieht *M. bocasana* ähnlich, besonders die Jungpflanzen. Auch die Pflegebedingungen sind die gleichen. Diese Pflanze benötigt volles Sonnenlicht und man sollte sie am Beginn und zum Ende der Saison nur spärlich, wenn überhaupt, gießen. Ein Fensterbrett ist nicht der geeignete Aufstellungsort, und wer sie trotzdem dort hinstellt, braucht sich über die geringe Neigung zur Blütenbildung nicht zu wundern, es sei denn, er stellt die Pflanze während des Sommers an ein Südfenster, verbringt sie Anfang September auf ein nach Norden gerichtetes Fensterbrett, um sie dann Ende März wieder an ein Südfenster zurückzubringen. Die zunächst kugelförmig wachsenden Pflanzenkörper werden mit zunehmendem Alter immer zylindrischer. Reife Pflanzen bilden meist große Gruppen. Der Pflanzenkörper schaut hellgrün aus dem Haargewirr hervor. Die Warzen haben eine fast zylindrische Form. Die Randstacheln werden in großer Zahl ausgebildet. Wenn Sie sich die Mühe machen, sie zu zählen, werden Sie auf eine Zahl um die 40 kommen. Wie bei *M. bocasana* sind sie schwach, weiß und haarartig. Die 3 bis 4 Mittelstacheln sind meist rötlichbraun überzogen und sind an der Spitze scharf abgebogen.

Die Blüten sind viel eindrucksvoller als die der vorhergenannten Art. Sie sind rosa und bilden einen schönen Kontrast zu den Stacheln und Haaren. Die rosa Blütenblätter zeichnen sich durch einen viel röteren Mittelstreifen aus, der den

Kontrast noch verstärkt. Leider ist es noch immer schwierig, diese Pflanzen über den Handel zu beschaffen, aber es lohnt sich, danach zu suchen.

Obwohl man *M. erythrosperma* nicht annähernd so oft sieht wie andere Pflanzen dieser Familie, sind sie eine ausgezeichnete Ergänzung einer Sammlung. Eines der größten Probleme, mit denen man bei Mammillarien konfrontiert wird, ist ihre ausgesprochene Anfälligkeit für Schadpilzinfektionen, denen sie oft am Ende des Frühjahrs und im Herbst zum Opfer fallen, also in Zeiten, wo ihre Widerstandsfähigkeit augenscheinlich besonders gering ist. Dies ist besonders häufig der Fall bei *M. zeilmanniana*, die auf Seite **75** abgebildet ist. Wenn Ihnen auf diese Weise eine freizügig rot blühende Pflanze verloren gegangen ist, können Sie sie vielleicht durch *Mammillaria erythrosperma* ersetzen. Die Pflanze hat glänzend-grüne zylindrische Warzen mit wenigen Haaren in den Zwischenspalten.

Sie bildet schnell Ableger und auf diese Weise große Gruppen. Die zahlreichen Randstacheln sind lang, weiß und dünn und mindestens einer der etwa 2 rostbraunen Mittelstacheln ist an der Spitze stark gehakt. Die Blüten und Früchte sind hellkarminrot. In Mexiko ist sie weit verbreitet.

Trotz ihres etwas »unordentlichen« Aussehens ist *Mammillaria camptotricha* ein lohnendes Sammelobjekt, denn diese Art blüht sicher und schon in ziemlich jungem Alter. Man bezeichnet sie auch als *Dolichothele camptotricha* und man sollte sie nicht mit der daneben abgebildeten Art *Mammillaria decipiens* verwechseln, die etwas ähnlich aussieht.

Mammillaria camptotricha   *Mammillaria decipiens*   *Mammilaria bogotensis*

Die Pflanzenkörper sind hellgrün und bilden schnell große Klumpen, die am Wachstumspunkt in der Mitte etwas spitzig zulaufen. Die Warzen sind sehr schlank und können fast 2,5 cm lang werden. In den Achseln zwischen den Warzen wachsen einige Borsten. Das hervorstechende Merkmal der Pflanze ist jedoch das miteinander verfilzte Netz verdrehter Stacheln, die aus den Areolen an der Spitze der zylindrischen Warzen hervortreten. Meist sind es 4 oder mehr blaßgelbe Stacheln. Es gibt aber eine Reihe von Varietäten. Ich habe schon Pflanzen mit fast weißen Stacheln gesehen, die sehr attraktiv wirken. Obwohl diese Stacheln die ganze Pflanze bedekken, so daß sie sehr wehrhaft aussieht, handelt es sich doch eigentlich mehr um Borsten. Sie sind auch nicht scharf. Die weißen Blüten, die meist in einem Ring nahe der Basis hervorgebracht werden, sind ein echtes Plus der Pflanze. Sie haben noch den zusätzlichen Vorteil, daß sie etwas duften, was bei Arten dieser Gattung nur selten vorkommt.

Dieser Varietät muß man eine gute Kakteenerde geben. Im Gegensatz zu vielen anderen Kakteen, sollte man die Pflanzen im Sommer regelmäßig gießen und einen geeigneten Markendünger zusetzen unter genauer Beachtung der Anwendungsvorschriften des Herstellers. In der Sommerzeit wird zwei- bis dreimaliges Gießen pro Woche gute Ergebnisse bringen, insbesondere, wenn das Substrat gut durchlässig ist. Im Winter dagegen profitiert die Pflanze von etwas mehr Wärme als man den meisten anderen Kakteen im allgemeinen gönnt. Man sollte sie also in dieser Jahreszeit lieber auf ein leicht nach Norden ausgerichtetes Fensterbrett stellen, anstatt sie in einem kühlen Gewächshaus stehen zu lassen.

Mammillaria decipiens ist eine leichter zu kultivierende Pflanze, der aber der dekorative Stachelbesatz der vorher beschriebenen Art fehlt. Die dunkelgrünen Pflanzenkörper wachsen schnell und bilden dichte Klumpen wie *M. camptotricha*, die auch die gleiche Höhe – etwa 10 cm – erreichen. Der Pflanzenkörper ist jedoch eher kugelförmig und offensichtlich weniger konisch ausgebildet. Die konischen Warzen erreichen Längen, die denen der vorerwähnten Art entsprechen, aber die etwa 8 Randstacheln sind viel kürzer, normalerweise weiß gefärbt, manchmal auch braun überlaufen. Der Mittelstachel steht einzeln. Er ist viel dunkler gefärbt als die Randstacheln. Manchmal wird er bis zu 2,5 cm lang, meistens ist er jedoch etwas kürzer und eher borstig als stachelig. Die Blüten werden wie bei *M. camptotricha* in einem Ring um die Basis der Pflanze ausgebildet. Einen Duft der Blüten konnte ich beim besten Willen nicht feststellen.

Wie bereits angedeutet, handelt es sich hier um eine Pflanze, die erheblich leichter zu kultivieren ist als die vorerwähnte Art. Sie braucht keinen so nährstoffreichen Boden und man kann sie auch im Winter an einen kalten Platz stellen. Das Substrat sollte gut durchlässig sein. Wenn man die Pflanzen in Plastiktöpfen zieht, sollte man der sterilisierten Gartenerde etwas groben Kies beimischen, damit Wasser gut ablaufen kann.

Mammillaria bogotensis wird jetzt von einigen Fachleuten als *M. columbiana* bezeichnet. Oft wird diese Art unter dem Namen *M. columbiana bogotensis* im Handel angeboten. Der Körper steht zunächst einzeln, bildet aber mit zunehmendem Alter – etwa ab dem 5. Jahr – Gruppen. Ausgewachsene Exemplare können über 15 cm groß werden. Es handelt sich also um eine verhältnismäßig große Art. Die Körper sind mittelgrün, werden aber, wie dies auch bei vielen anderen Kakteen der Fall ist, später grauer, insbesondere um die Basis herum. Bei Jungpflanzen wächst zwischen den Warzen etwas Wolle, die aber mit zunehmendem Alter wieder verschwindet. Die zahlreichen Randstacheln sind weiß, fast durchsichtig. Es gibt aber auch Pflanzen mit strohgelben Randstacheln. Diese Varietät bezeichnet man manchmal als *M.b. sulphurea*. Die Anzahl der Mittelstacheln schwankt gewöhnlich zwischen einem und 6. Sie sind anfangs ziemlich dunkelbraun, werden aber mit zunehmendem Alter der Pflanze blasser. Die weiße Wolle in den Areolen entfärbt sich mit der Zeit und nimmt bei älteren Exemplaren eine braune Farbe an, was man aber nicht als Krankheitszeichen werten sollte.

Die roten Blüten werden nur an älteren Pflanzen mit einiger Sicherheit ausgebildet. Sie erscheinen unter der dichten Wolle der oberen Warzenachseln während der Sommermitte. Die 2 oder 3 Reihen der roten Blüten, die sich im oberen Teil der Pflanzenkörper bilden, sind ein wunderschöner Anblick.

Mammillaria (Fortsetzung)

Die Vielfalt von Formen innerhalb einer durch einen besonderen Artnamen bezeichneten Gruppe von Kakteen ist bei der Spezies *Mammillaria elongata* besonders augenfällig. Alle diese Pflanzen zeichnen sich durch die langen zylindrischen Körper aus, die schon sehr früh an der Basis Gruppen bilden. Die verbreitetste Form hat zylindrische Pflanzenkörper, die in der Mitte etwa 15 cm groß werden, obwohl die Seitentriebe oft horizontal auf dem Substrat aufliegen. Die Warzen sind zylindrisch geformt und der Wollbesatz in den Achseln ist ziemlich dürftig, fehlt auch manchmal völlig, selbst in der Nähe des oberen Wachstumspunktes. Die Randstacheln sind sauber ausgerichtet und bilden auf den Areolen ein sternförmiges Muster. Meistens sind es etwa 18. Die Mittelstacheln – meistens um die 4 – kann man vielfach nicht von den Randstacheln unterscheiden, weil sie sich genau wie die letzteren seitlich ausbreiten. Die echte *M. elongata* hat gelbliche Blüten, aber gezüchtete Exemplare blühen in allen möglichen Farben, was wahrscheinlich eher durch künstliche Einkreuzung als durch natürliche Variationsausbildung zu erklären sein dürfte.

Wenn man diese Pflanzen an einem teilbeschatteten Ort, z.B. auf einem Fensterbrett, zieht, werden die Körper dünner als wenn man sie in einem Gewächshaus kultiviert. Auch wird die Blütenbildung im ersteren Fall leiden. Trotzdem handelt es sich um einen dankbaren Heimpflegling, vorausgesetzt, man setzt den Kaktus nicht stehendem Wasser aus, weil er in diesem Fall schnell wegfault. Er toleriert lange Trockenheit eher als Überbewässerung. Im Zweifel wird man also lieber auf das Gießen verzichten.

Die am häufigsten verkaufte Form von *M. elongata* ist *M.e. rufo-crocea*, die mehr zu niederliegenden Pflanzenkörpern neigt und sich durch den auffälligen, braungetönten Mittelstachel auszeichnet, der in der Mitte und an der Basis weiß und gelb gebändert ist. Eine andere manchmal angebotene Varietät ist *M.e. stella-aurata*, deren Randstacheln viel goldgelber gefärbt sind, wie der Name andeutet. Pflanzen, bei denen man geneigt ist, sie als zu dieser Varietät gehörig einzustufen, sollte man auch mit den oben abgebildeten *M. microhelia* und *M. microheliopsis* vergleichen, die ihr bezüglich Stachelform und Körperfarbe ähnlich sehen.

Mammillaria microhelia hat man früher unter dem Namen *Leptocladodia microhelia* gekannt. Es waren Bezeichnungen für die gleiche Pflanze. Sie unterscheidet sich von *M. elongata* und ihren Varietäten durch ihren einzeln stehenden, etwa 10 cm hoch werdenden Körper. Diese Art stammt aus Mexiko, und zwar findet man sie in der Nähe von Queretaro in der Sierra de San Moran in einer Höhe von etwa 2100 m. Die Körper sind hellgrün. In den Axillen der jüngeren Warzen sieht man manchmal ein wenig Wolle. Die Stacheln sind das dekorativste Merkmal. Wie der Name schon andeutet, bilden die Randstacheln um die etwas elliptischen Areolen die Form einer kleinen Sonne. Es gibt sehr viele davon und sie sind ziemlich fest und nicht borstig. Die echte Art besitzt einen einzeln stehenden, nicht hakig ausgebildeten Mittelstachel. Man findet ihn nur an den oberen Areolen und er fällt mit der Zeit ab. An der Basis des Pflanzenkörpers sind gewöhnlich überhaupt keine Mittelstacheln zu sehen. Sie

sind rotbraun gefärbt und bilden einen schönen Kontrast zu den goldgelben Randstacheln.

Die Blüten variieren, was wiederum hauptsächlich den Einkreuzungen zuzuschreiben sein dürfte. Die echte Art blüht cremegelb. Bei rosa blühenden Exemplaren handelt es sich entweder um die oben abgebildete *M. microheliopsis* oder um eine Kreuzung zwischen den beiden.

Mammillaria microheliopsis findet man in Sammlungen nicht so oft wie die vorbeschriebene Art, wohl weil sie ziemlich langsam wächst und daher nicht ganz so groß wird. Man bezeichnet sie manchmal auch als *M. microhelia microheliopsis* und sie sieht der vorher beschriebenen Art tatsächlich ziemlich ähnlich. Im Winter liebt diese Pflanze etwas mehr Wärme, obwohl sie bei einem gut wasserdurchlässigen Substrat auch zusammen mit dem Rest der Sammlung in einem kühlen Gewächshaus überwintern kann. Als Zimmerpflanze wächst sie noch langsamer und entwickelt in diesem Fall auch nicht mit Sicherheit ihre Blüten.

Der Hauptunterschied zwischen *M. microheliopsis* und *M. microhelia* besteht in der Färbung des Mittelstachels, der bei der ersteren blaßgrau oder rosa, bei *M. microhelia* bräunlich getönt ist. Obwohl die Blütenfarben dieser beiden Arten sich unterscheiden – *M. microheliopsis* blüht rosa – kann man sich auf dieses Merkmal nicht immer verlassen.

Mammillaria gracilis ist bei Handelsgärtnern und Hobbygärtner gleich beliebt, weil sich ihre zahllosen Verzweigungen leicht abbrechen und anschließend als Steckling aufziehen lassen. Das beste Bewurzelungssubstrat, das ich für

Mammillaria gracilis   *Mammillaria kewensis*   *Mammillaria kunzeana*

diese Pflänzchen gefunden habe, ist reiner gewaschener Flußsand, den man nur feucht halten muß. Die Stecklinge entwickeln sich dann sehr schnell zu vollständigen Pflanzen. Die Körper sind sehr kurz. Selten werden sie länger als 8 cm. Die Triebe bilden sich nicht nur an der Basis, wie dies bei den meisten Mammillarien der Fall ist, sondern auch auf den oberen Teilen des Pflanzenkörpers. Schließlich entwickeln sie sich zu Klumpen mit einem Durchmesser von fast 10 cm. Die zahlreichen weißen Randstacheln stehen stark zurückgebogen so dicht, daß sie offensichtlich den ganzen Körper bedecken. Die Mittelstacheln stehen im oberen Teil der Pflanze weiter vor und fehlen meistens nahe der Basis von etablierten Klumpen. Die Blüten werden nicht so frei ausgebildet wie neue Triebe. Sie sind gelb mit einem sehr unauffälligen orange- oder auch rosafarbenen Streifen.

M. gracilis profitiert möglicherweise von einer regelmäßigen Bewässerung, insbesondere, wenn man dem Gießwasser einen organischen Dünger zusetzt, der das Substrat organisch aktiviert. Wenn man so vorgeht, ist es ratsam, der Pflanze als einer der ersten nach der Wintertrockenzeit wieder Wasser zu geben und im Herbst die Bewässerung am spätesten einzustellen.

Es gibt einige Varietäten von *M. gracilis*, die nicht so dicht mit Stacheln bedeckt sind wie die abgebildete Art. Möglicherweise wird der Großteil dieser Pflanzen als *M.g. pulchella* angeboten.

Mammillaria kewensis ist eine Varietät, die zwar oft als solche in den Läden angeboten wird, aber kaum in Büchern über Kakteen beschrieben ist. Von den Exemplaren, die durch meine Hände ge-

gangen sind, weiß ich, daß zwischen den unter der Bezeichnung *M. kewensis* angebotenen Kakteen und der Art, die man *M. hidalgensis* nennt, nur geringe Unterschiede bestehen, wobei die Farbe der Stacheln und der Blüte die größte Rolle spielen.

Mammillaria kewensis bildet einzelne, längliche Pflanzenkörper, die bis zu 30 cm hoch werden können. Sie sind dunkelgrün und in den Axillen der Warzen im oberen Abschnitt leicht mit Wollflaum besetzt. Die Stacheln variieren sehr stark: Exemplare, die ich als *M. kewensis* bezeichne, haben überhaupt keine Randstacheln. In den Areolen stehen stattdessen 4 Mittelstacheln, die violett bis schwarz gefärbt sind. Die jüngeren Areolen sind dicht mit weißer Wolle besetzt, die aber mit zunehmendem Alter der Pflanze verschwindet. Die blaßrosa Blüten werden ziemlich üppig ausgebildet, auch schon an ganz jungen Pflanzen.

Mammillaria hidalgensis, auf der anderen Seite, ist eine ziemlich kleinwüchsige Pflanze, obwohl man dies zunächst nicht gleich wahrnimmt. Der Scheitel ist dicht mit Wolle bedeckt, die aus den Axillen der Warzen hervortritt. Letztere sind ziemlich ungleichmäßig und offen um den Pflanzenkörper herum angeordnet. Die Stacheln ähneln denen von *M. kewensis*. Sie variieren stark und sind eher graubraun und nicht violett. Die Pflanze hat viel dunkler rote Blüten.

Beide Varietäten profitieren, wenn man ihnen während des Sommers ein wenig mehr Schatten gibt, besonders wenn sie in einem Gewächshaus gehalten werden. Man sollte sie an einen Platz stellen, wo der Schatten der anderen Pflanzen der Sammlung auf sie fällt.

Mammillaria kunzeana könnte man auf den ersten Blick leicht mit *M. bocasana* (Beschreibung und Abbildung auf Seite **68**) verwechseln, sie hat aber nur wenige, in manchen Axillen zwischen den Warzen stehende Borsten aufzuweisen und keine Wolle. Die schnell wachsenden Pflanzenkörper bilden in kurzer Zeit niedrige Gruppen. Einzelne Triebe werden im allgemeinen kaum höher als 5 oder höchstens 8 cm. Der ganz mit Stacheln übersäte glänzend grüne Körper hat schuppige, etwas zylindrische Warzen, die ihrerseits leicht gepunktet sind. Die Randstacheln sind sehr zahlreich, oft zählt man mehr als 25. Sie sind weiß, dünn und haben ein wolliges Aussehen. Die Mittelstacheln scheinen hinsichtlich Farbe und Anzahl stark zu variieren. Pflanzen, die ich aufgezogen habe, hatten bis zu 4 graue, manchmal auch strohgelbe Stacheln dieser Sorte. Andere Autoren sprechen allerdings von einzeln stehenden braunen bzw. 4 braunen Mittelstacheln. Die Blüten dieser Art sind viel dekorativer als die von *M. bocasana*. Sie sind größer und cremefarbig. Ein rosa Mittelstreifen ziert die Blütenblätter.

Mammillaria mundtii

Mammillaria (Fortsetzung)

Mammillaria mundtii und *M. nundtii* sind identisch. Die noch immer häufig verwendete Bezeichnung 'nundtii' beruht schlicht und einfach auf einem Druckfehler. Es kommt in der Tat oft vor, daß Namen auf den Etiketten falsch ausgedruckt sind. Handelsgärtner nehmen sich nicht immer die Zeit, die Schilder nach dem Druck nochmals genau zu überprüfen. Ein ähnliches Beispiel ist *Hatiora salicornioides*, die oft als *Hariota salicornioides* angeboten wird. Natürlich handelt es sich auch hier um ein und dieselbe Spezies.

Mammillaria mundtii ist eine niedrig wachsende, kugelförmige Pflanze, die ebenso hoch wie breit wird. Die dunkelgrünen Pflanzenkörper entwickeln im fortgeschrittenen Alter (wenn sie 3 bis 4 Jahre alt sind) ein wolliges Cephalium wie einen Hut. Es entsteht durch das üppige Wachstum der aus den Axillen der Warzen heraustretenden Wollfäden. Die bis zu 10 Randstacheln sind dünn und weiß. Sie breiten sich aus wie auch die zwei braunen Mittelstacheln. Wie die jungen Axillen, sind die Areolen zunächst bewollt. Die sonst unbedeutende Pflanze gewinnt, wenn sie blüht. Im Gegensatz zu den meisten anderen Mammillarien, bei denen sich die Blüten meist in den Axillen verstecken, tritt die etwas röhrenförmige Blüte dieser Art weit über die Warzen hinaus.

M. plumosa werden in England meistens in gepfropfter Form angeboten. Die Pfropfung ist aber nicht absolut notwendig, wenn man die Pflanze in einem gut wasserdurchlässigen Substrat aufzieht und sorgfältig bewässert. Die Kulturbedingungen sind weitgehend die gleichen wie bei *M. schiedeana*, die auf Seite **74** beschrieben und abgebildet ist. *M. plu-*

Mammillaria plumosa

mosa ist nicht leicht zum Blühen zu bringen. Sie bildet erst verhältnismäßig spät Ausläufer und man kann sie daher nicht leicht in größerer Anzahl nachziehen. Man sieht sie daher relativ selten. Während des Winters braucht diese Pflanze etwas mehr Wärme. Man kann sie in dieser Zeit entweder in der Nähe des Thermostaten unterbringen oder gleich mit in die Wohnung nehmen. Es ist jedoch darauf zu achten, daß diese Kakteen im Winter absolut trocken gehalten werden, besonders, wenn es sich um gepfropfte Exemplare handelt. Die meistverwendete Pfropfunterlage, *Hylocereus*, benötigt ebenfalls im Winter etwas mehr Wärme, wie bereits an anderer Stelle erwähnt.

Angesichts ihrer Seltenheit und trotz der Schwierigkeiten bei der Pflege sind diese Pflanzen sehr gesucht, in erster Linie wegen ihrer dekorativen Stacheln. Sie sind sehr zahlreich, weiß gefärbt und sehen genau wie Federn aus, die in den Areolen stehen. Sie bedecken den dunkelgrünen Pflanzenkörper an allen Stellen. Reife Exemplare können eine Höhe von 15 cm erreichen. Diese Kakteen stammen aus dem nördlichen Mexiko, wo sie in Felsenschluchten in der Nähe von Coahuila zu finden sind. Dies dürfte der Grund für ihre Abneigung gegen Wasser sein. Wenn man sie statt im Topf in einem Beet zieht, kann man versuchen, die natürlichen Lebensbedingungen dieser Pflanzen nachzuahmen.

Wie bereits erwähnt, handelt es sich um eine nicht besonders blühfreudige Art, die erst im reifen Alter ihre kleinen, weißen Blüten hervorbringt. Die Samenkapseln sind schwarz und bilden einen schönen Kontrast zu den weißen Borsten. Ich habe Pflanzen dieser Art noch

Mammillaria prolifera

nie aus dem Samen aufgezogen und es ist auch wahrscheinlich sehr schwierig, dies zu tun. Wenn man das Risiko eines Verlustes der Sämlinge durch die Umfallkrankheit vermeiden möchte, wird man daher gut daran tun, eine Pfropfung durchzuführen, sobald die Pflänzchen groß genug sind.

Mammillaria prolifera sieht man häufiger in Sammlungen als die vorgenannte Art. Sie eignet sich auch insgesamt besser als Pflegeobjekt für den Hobbygärtner, schon weil sie Haltungsfehler nicht übel nimmt und auch sehr leicht blüht. Wie ihr Namen bereits andeutet, hat sie eine Neigung zur unkontrollierbaren Ausbildung von neuen Sprossen. Manchmal können dabei Pflanzenklumpen mit einem Durchmesser von 30 cm und darüber entstehen. Selbst an einem einzelnen Pflanzenkörper werden Blüten freizügig ausgebildet und wenn ein größerer Klumpen gleichzeitig blüht, ist dies ein wunderbarer Anblick. Wie gesagt, nimmt die Pflanze Pflegefehler meist nicht übel. Man kann sie überall ziehen. Allerdings braucht sie möglichst viel Sonnenlicht. Die kleinen Ableger setzen bereitwillig Wurzeln an. Aus diesem Grund eignet sich diese Pflanze besonders auch für Hobbygärtner, die Freude an der Nachzüchtung haben. Wenn man sie in der Wohnung zieht, sollte man ihr im Winter hin und wieder etwas Wasser geben. Im Gewächshaus kultivierte Exemplare dagegen kann man austrocknen lassen wie die anderen Kakteen.

Es gibt eine Reihe von Varietäten von *Mammillaria prolifera*, von denen man vor allem 2 am häufigsten sieht. *M.p. haitiensis* ist viel dichter mit Stacheln besetzt als die abgebildete Art. Die zunächst gelben Mittelstacheln wer-

Mammillaria pygmaea   *Mammillaria rhodantha*   *Mammillaria schelhasei*

den mit zunehmendem Alter weiß. *M.p. texana* ist eine Festlandsabart dieser Spezies, die sonst in der Karibik zu Hause ist. Ihre Pflanzenkörper sind offener strukturiert und sie bildet sogar noch größere Klumpen als die anderen Formen.

Trotz ihres Namens ist *Mammillaria pygmaea* als kultivierte Pflanze keinesfalls ein Zwerg. Die länglichen, fast keulenförmig wachsenden Körper sind oben breiter als an der Basis. Sie bilden schon frühzeitig große Gruppen und werden etwa 10 cm groß. Die Körper sind glänzend blaugrün und die ganze Pflanze sieht aus wie eine etwas kleinere Version von *M. wildii*, die auf der nächsten Seite abgebildet ist und mit der man sie manchmal verwechselt.

Wildwachsende Exemplare dieser Pflanze sind viel kleiner. Wenn Sie also Wert auf kleinen Wuchs legen, geben sie ihr ein mageres Substrat und gießen Sie sparsam. Dies wird gleichzeitig zu einem näheren Zusammenrücken der Areolen führen. Man zählt gewöhnlich etwa 15 weiße Randstacheln. Die 4 Mittelstacheln bilden in etwa eine Kreuzform. Die unteren zwei davon sind meist leicht hakig ausgebildet. Es scheint bezüglich Blütenfarbe und Pflanzengröße einige Varietäten zu geben. Die Blüten erscheinen in einer Farbskala zwischen rot und creme.

Mammillaria rhodantha ist eine weitere stark variierende Art. Einigen der Varietäten hat man auch lateinische Bezeichnungen gegeben. Im allgemeinen wachsen die Pflanzen einzeln und zylindrisch, obwohl junge Exemplare zunächst eine kugelige Form annehmen und erst im 4. oder 5. Jahr der Pflege länglicher werden. Es ist auch durchaus

häufig, daß sich einzelne Exemplare am Wachstumspunkt teilen. Dies sollte man nicht als Zeichen falscher Pflegebedingungen ansehen. Die Pflanzenkörper sind verhältnismäßig groß und erreichen selbst in der Kulturform oft Größen von etwa 30 cm. Sie sind graugrün gefärbt, manchmal auch dunkler und die jüngeren Axillen zwischen den Warzen produzieren etwas weiße Wolle. Die etwa 15 Randstacheln variieren farblich. Meist sind sie weißlich getönt, manchmal mit einem blassen Gelb überlaufen. Auch die Mittelstacheln sind verschieden gefärbt. Meist sind es 3 bis 6, rot bis bräunlich getönt und an der Spitze etwas dunkler.

Im Spätsommer werden in einem Kreis um den Oberteil des Körpers freizügig die rötlichen Blüten ausgebildet. Wie auch bei anderen Mammillarien mit verhältnismäßig geringer Bestachelung tut man gut daran, wenn man in einem Gewächshaus für genügend Schatten sorgt, damit die Pflanzen nicht ständiger Sonnenbestrahlung ausgesetzt sind.

Unter den am meisten gepflegten Varietäten sind zu erwähnen *M.r. sulphurea*, die man auch als *M. fuscata sulphurea* kennt, und *M.r. pfeifferi*, die durch ihre dekorative gelbe Bestachelung auffällt, aber nicht leicht zum Blühen zu bringen ist. *M.r. ruberrima* hat rötliche Stacheln und wird manchmal auch unter dem Namen *M.r. rubra* angeboten. *M. pringlei* mit ihrer sehr dichten gelben Bestachelung sieht *M.r. sulphurea* ähnlich.

Eine der ersten Mammillarien, die sich ein Anfänger zulegen sollte, ist zweifellos *M. schelhasei*. Diese Pflanzen bieten nicht nur den Vorteil, schon in sehr jungem Alter zu blühen, die grünlichen Blüten erscheinen bereits ganz am Anfang

der Saison. Man kann sie auch vorzeitig zum Blühen bringen, wenn man vorgeht, wie ich dies bei *Parodia sanguiniflora* auf Seite **65** beschrieben habe.

Die Pflanzenkörper erreichen bei der Kulturform eine für diese Gruppe nur als mittelmäßig anzusehende Größe von etwa 15 cm. Nach dem 4. bis 5. Jahr bildet diese Art große Gruppen, allerdings kaum, bevor sich der mittlere Pflanzenkörper selbst ausreichend etabliert hat. Die Körper sind graugrün und die Warzen, in deren Zwischenräumen bei jungen Exemplaren etwas Wolle gebildet wird, sind zylindrisch und leicht abgewinkelt. Diese Warzen sind sehr fleischig und man muß sehr aufpassen, daß keine davon abbricht, weil sie sonst eine häßliche Narbe hinterläßt. Die etwa 15 geraden, borstigen Randstacheln sind weiß. Die bräunlichen Mittelstacheln sind hakig gebogen, was die Gefahr, eine Warze abzureißen, noch vergrößert.

Es handelt sich um eine grün blühende Pflanze. Ich muß zugeben, daß ich für diese außergewöhnliche Blütenfarbe schon immer etwas übrig gehabt habe.

Mammillaria glochidiata sieht in etwa ähnlich aus, bildet aber schon früher Gruppen als die abgebildete Art. Die Blüten sind blaßrosa und es ist möglich, daß Exemplare, die als *M. schelhasei* angeboten werden, in Wirklichkeit natürliche Kreuzungen zwischen den beiden Spezies sind.

Mammillaria schiedeana

Mammillaria (Fortsetzung)

Ich hatte bereits am Anfang des Kapitels erwähnt, daß *Mammillaria schiedeana* nicht leicht aufzuziehen ist, und daß man sie daher oft als Pfröpfling kultiviert. Sie läßt sich jedoch erheblich leichter ziehen als *M. plumosa*. In der Tat kann man sie ganz leicht als selbständig wurzelnde Pflanze halten, wenn man ihr ein etwas sandiges, gut wasserdurchlässiges Substrat gibt. Auch sollte man darauf achten, daß keine Wassertropfen auf den fleischigen Warzen verbleiben, besonders wenn die Sonne nicht hell genug scheint, um solche Wassertropfen schnell verdunsten zu lassen.

Die Pflanzenkörper wachsen ziemlich langsam und brauchen viel Sonne, wodurch auch ihre etwas kleine, kugelige Gestalt erhalten bleibt. Gepfropfte Exemplare verzweigen sich etwa im dritten Jahr an der Basis. Bei normal eingepflanzten Exemplaren verzögert sich dieser Vorgang etwas. Die dunkelgrünen Körper sind mit sehr langen, dünnen Warzen bedeckt, was eine gewisse Verwundbarkeit des Sprosses bedingt. Oft bis zu 30 weiche, haarartige Randstacheln reichen über die Außenkanten der Warzen hinaus. Sie wirken wie ein Pelz, der die ganze Pflanze einhüllt. Junge Stacheln sind rein weiß und werden mit zunehmendem Alter gelb, ganz im Gegensatz zu der umgekehrten Verfärbung bei den meisten anderen Kakteen. Diese Stacheln bilden einen schönen Kontrast zu den dunkelgrünen Pflanzenkörpern. Die Kulturform hat meistens keine Mittelstacheln, ich habe aber importierte Exemplare gesehen, bei denen die Areolen mit einem einzelnen Mittelstachel besetzt waren.

Obwohl es sich um eine sehr langsam wachsende Art handelt, bildet sie doch

Mammillaria spinosissima

schon früh ihre Blüten aus. Diese sind grünlichgelb und treten aus den Axillen zwischen den Warzen hervor. Die Blüten sind kaum in der Lage, die haarartigen Stacheln zu durchdringen und werden daher oft übersehen. Gepfropfte Exemplare bringen meistens größere Blüten hervor.

Mammillaria spinosissima ist eine weitere sehr variantenreiche Art, was wohl damit zusammenhängt, daß sie aus einer Gegend kommt, wo sich diese Pflanzen leicht mit anderen kreuzen können. Der zunächst kugelförmige Körper nimmt später eine zylindrische Gestalt an. Wie der Name andeutet, besitzt diese Art eine Unmenge von Stacheln. Die etwa fünfundzwanzig Randstacheln sind bei der natürlichen Art weiß und abgewinkelt, es gibt jedoch eine Reihe separat benannter Kulturvarietäten mit abweichender Stachelform. Auch die Mittelstacheln variieren entsprechend. Die Stammform besitzt deren 7 bis 10. Sie sind leicht vom Körper abgebogen und geben der Pflanze ein etwas feindseliges Aussehen.

Sobald sich diese Pflanzen richtig etabliert haben, blühen sie in Form eines Ringes hellroter Blüten im oberen Abschnitt des Körpers. Die von Handelsgärtnern gezogenen Varietäten blühen nicht so leicht, obwohl sie durch ihre Stachelfarbe exotischer aussehen. Eine von mir sehr geschätzte Form ist *M.s. sanguinea* mit ihren wunderschönen roten Mittelstacheln, die bei Jungpflanzen fast purpurrote Spitzen haben.

Mammillaria geminispina ist eine weitere ausgesprochen wehrhaft wirkende Art, deren reinweiße Stacheln bis zu 4 cm lang werden können. *M.g. nivea* hat sogar noch längere reinweiße

Mammillaria wildii

Stacheln, die meist zu dritt in einer Areole stehen. Bei der natürlichen Art sind es nur zwei.

Mammillaria wildii ist eine beliebte und leicht wachsende Art. Sie eignet sich vorzüglich für die Haltung in der Wohnung, denn sie muß nicht über einen längeren Zeitraum kalt gehalten werden, um zu blühen und braucht auch nicht so viel Licht im Winter, damit sich Blütenknospen ausbilden. In der ersten Zeit wächst sie kugelförmig, um später zylindrisch zu werden. Die Kulturform erreicht eine Größe von ca. 15 cm. Etwa ab dem zweiten Jahr verzweigt sich die Pflanze von der Basis aus und bildet dann ziemlich dichte Klumpen. Die Körper als solche sind bläulich grün, aber die Warzen werden zu den Areolen hin zunehmend blasser, um an der Spitze fast weiß auszusehen. Die etwa 9 Randstacheln sind weiß oder blaßrosa getönt. Die zunächst wolligen Areolen tragen 3 oder 4 strohgelbe Mittelstacheln, von denen der längste hakig ausgebildet ist.

Es handelt sich um eine bereitwillig blühende Pflanze. Die echte Art bildet einen Ring weißer, am Rand leicht rosa übergossener Blüten. Man hat diese Pflanze mit *M. glochidiata* gekreuzt. Die so entstandenen Hybriden sehen genau aus wie die abgebildete Art, blühen allerdings rosa. Wenn die Blüten bestäubt werden, bilden sich Früchte, die sich aber in den Axillen verstecken und erst im folgenden Jahr zusammen mit den Blüten als lange, rote, röhrenförmige Beeren in Erscheinung treten. Die leicht zu ziehenden Pflanzen hält man am besten von direkter Sonnenbestrahlung fern. Aus diesem Grunde haben wir es hier mit einer Art zu tun, die man gut zu Hause halten kann. Sparsam gießen.

Mammillaria zeilmanniana   *Mammillaria centricirrha*   *Mammillaria collinsii*

Mammillaria zeilmanniana ist wahrscheinlich der in England am meisten angebotene Kaktus. Dies ist darauf zurückzuführen, daß man ihn leicht aus dem Samen ziehen kann. Auch blühen diese Pflanzen schon sehr früh und freizügig. Trotzdem ist es keine leicht zu kultivierende Art. Es kommt immer wieder vor, daß Exemplare im Frühjahr, wenn man wieder mit dem Gießen beginnt und die Pflanze anfängt, sich auszudehnen, aber auch im Herbst, wenn man die Bewässerung für die winterliche Ruhezeit einstellt, plötzlich unvermittelt eingehen. In dieser Weise verhält sich diese Art ähnlich wie die auf der gegenüberliegenden Seite abgebildete *M. wildii*, sie ist jedoch glänzend grün gefärbt, hat rosa anstatt weiße Blüten und es fehlt ihr auch das zunehmende Blasserwerden der Warzen je weiter außen am Pflanzenkörper sie stehen.

Es handelt sich um eine Art, die leicht Klumpen ausbildet. Selbst zwei Jahre alte Stecklinge können um die Basis herum Kindel bilden. Wegen ihrer Anfälligkeit für den Befall mit Schadpilzen ist es ratsam, diese Ableger abzutrennen, sobald sie groß genug geworden sind, um sie in einer Sämlingsschale aufzuziehen, die man mit feinem gewaschenem Flußsand füllt. Wenn sie Wurzeln gebildet haben, topft man sie separat ein als Versicherung gegen den Befall mit Pythium- oder Fusarium-Schadpilzen, der bei den großen Exemplaren der Sammlung oft verhängnisvoll sein kann. Obwohl die Pflanzen in ihrer natürlichen Heimat Mexiko ziemlich groß werden, ist dies bei kultivierten Exemplaren wegen ihrer Anfälligkeit für Pilzkrankheiten relativ selten der Fall. Ich empfehle deshalb dem Gießwasser regelmäßig ein systemisch wirkendes Fungizid beizugeben. Zusätzlich sollte man regelmäßig, möglichst alle 14 Tage, kontrollieren, ob die Wurzeln noch weiß sind. Sollten diese bräunlich gefärbt sein und leicht brechen, ist es besser, alle Kindel zu entfernen und die Pflanze in ein neues, sterilisiertes Substrat einzusetzen. Wenn die Braunfärbung schon einen beträchtlichen Teil des Wurzelwerkes befallen hat, muß man den ganzen Pflanzenkörper über dem Erdboden abschneiden, um ihn völlig neu zu etablieren. Es gibt eine dekorativ weiß blühende Varietät, *Mammillaria zeilmanniana alba*, die augenscheinlich etwas widerstandsfähiger ist.

Die bisher in diesem Abschnitt abgebildeten Mammillarien gehörten alle zu der Gruppe mit wäßrigem Saft. Sollten Sie eine Pflanze vor sich haben, deren Namen Sie nicht kennen, die aber nach einem Stich mit einer sterilisierten Nadel einen weißen Milchsaft von sich gibt, sollten Sie auf den jetzt folgenden Seiten suchen.

Beträchtliche Verwirrung herrscht bezüglich *M. centricirrha* und *M. magnimamma*. Die zweite Bezeichnung gilt auch fälschlicherweise als Synonym für die erstgenannte Art. Trotz ihres Namens besitzt *M. centricirrha* keine Mittelstacheln und bei im Handel angebotenen Pflanzen mit einem Mittelstachel handelt es sich vermutlich um *M. magnimamma*. Bis auf diesen Unterschied ähneln sich beide Arten hinsichtlich Habitus und Kulturbedingungen. Beide stammen aus Mittelmexiko, wo sie im Gegensatz zu meistens einzeln wachsenden Topfpflanzen große Gruppen bilden.

In den Axillen jüngerer Pflanzen wachsen meist keine Haare. Pflanzen, die oben wollig aussehen, stehen entweder kurz vor der Blüte oder es handelt sich um Arten der im Folgenden beschriebenen Gruppe. Obwohl diese Kakteen für ihre Blühfreudigkeit bekannt sind, muß man meist warten, bis sie die für ein sicheres Blühen erforderliche Größe erreicht haben. Die Blütenfarbe schwankt zwischen blaßrosa und rot. Die Blütenblätter haben manchmal einen gelben Rücken. Im allgemeinen läßt sich sagen, daß es sich bei Pflanzen, deren Blütenfarbe eher nach Gelb hin tendiert, wahrscheinlich um die Art *M. magnimamma* handelt.

Mammillaria collinsii und *M. nejapensis* sind sehr ähnliche Varietäten, die nach oben hin stark mit Wolle besetzt sind, was nicht unbedingt bedeutet, daß sie im Begriff sind, Blüten hervorzubringen. Die gelbe Blütenfarbe ist leicht grünlich unterlaufen.

Mammillaria compressa ist eine weitere Art mit dunkelgrünen hervorstehenden Warzen und einer Menge weißer Wolle in den oberen Axillen. Sie bildet an der Basis der abgeflachten Pflanzenkörper Gruppen. Es gibt viele verschiedene Formen, darunter welche, bei denen die Bestachelung vollständig fehlt. Die roten Blüten werden nur bei älteren Pflanzen hervorgebracht. Durch sie unterscheidet sich dieser Kaktus von den beiden vorhergenannten Arten.

Zweifellos haben sich durch natürliche und künstliche Kreuzungen zwischen den auf dieser Seite beschriebenen Arten Mischformen ergeben, die es dem Amateur schwer machen, eine bestimmte Pflanze einwandfrei zu identifizieren. Dies wird natürlich noch durch die großen Habitusunterschiede dieser Kakteen erschwert. Zusammenfassend kann man davon ausgehen, daß es sich

75

Mammillaria heyderi

Mammillaria (Fortsetzung)

Mammillaria hahniana

Mammillaria heeriana

bei Pflanzen mit relativ wenig Wollbewuchs zwischen den Warzen ohne Mittelstachel wahrscheinlich um *M. centricirrha* handelt, während ähnliche Exemplare mit einem nach unten gerichteten Mittelstachel vermutlich als *M. magnimamma* einzustufen sind. Wenn eine Pflanze stark bewollt ist und nur wenige Blüten bildet und gelblich blüht, haben wir entweder eine *M. nejapensis* oder eine *M. collinsii* vor uns, wenn sie rötlich blüht, dürfte es eine *M. compressa* sein.

Mammillaria heyderi ist eine meiner Lieblingskakteen. Sie ist jedoch leider nicht leicht als Kulturform erhältlich. Dies dürfte mit den Schwierigkeiten zusammenhängen – mit denen auch wir konfrontiert waren –, solche Pflanzen aus dem Samen aufzuziehen. Da diese Art aber nicht dazu neigt, Kindel auszubilden, ist es schwer, eine größere Menge davon zu züchten. Es handelt sich jedoch um eine sehr früh blühende Art, die sogar zu einem späteren Zeitpunkt am Ende des Sommers noch ein zweites Mal Blüten bildet. Aus diesem Grunde lohnt es sich in jedem Fall, ein angebotenes Exemplar anzuschaffen.

Die Pflanzenkörper wachsen niedrig und in der ersten Zeit halbkugelig. Ab dem fünften oder sechsten Jahr der Kultivierung werden sie dann länger und erreichen dann eine Höhe von etwa 10 cm. Die Warzen sind blaß- bis graugrün und jüngere Pflanzen haben etwas Wolle in den Axillen. Die Randstacheln sind weiß mit brauner Spitze und bilden ein geometrisch exaktes, interessantes Muster, das für das Aussehen der Pflanze charakteristisch ist. Meistens existiert ein einzeln stehender Mittelstachel, der trotz seiner kleinen Ausmaße recht schmerz-

hafte Wunden verursachen kann. Der niedrige, kriechende Habitus und die scharfen Stacheln machen das Umtopfen dieser Kakteen zu einer Geduldsprobe. Die weißen, mit Grün unterlaufenen Blüten stehen weit aus den Warzen und Stacheln hervor.

Es gibt einige ähnliche Arten, die alle ebenfalls aus dem südlichen Arizona stammen. Die bedeutendste davon ist *M. macdougalii*, die zwischen 10 und 11 Randstacheln besitzt. Diese sind etwas stabiler und stärker als bei der abgebildeten Varietät.

Mammillaria hahniana und *M. lanata* sind zwei beliebte Kakteen, die man in England oft als »Old Lady Cacti« (»Altweiberkakteen«) bezeichnet. *M. hahniana*, die lange, wirr herabhängende Haare besitzt, kommt dieser Charakterisierung noch am nächsten. Der Haarschopf wächst aus den Axillen zwischen den Warzen heraus. Im Handel werden mehrere Varietäten von *M. hahniana* angeboten. Die interessanteste Abart ist *M.h. giselina*, die man oft unter der Bezeichnung der ursprünglichen Art verkauft. Sie hat aber wesentlich kürzere Haare.

Mammillaria celsiana besitzt viel weniger Haare. Als Kulturform wächst sie meist einzeln. Erst ältere Exemplare bilden Gruppen. Die Körper junger Pflanzen sind kugelförmig. Nach dem fünften oder sechsten Jahr längen sie sich, um schließlich eine Keulenform anzunehmen, d.h. die Spitze wird dicker als die Basis. Die graugrünen Pflanzenkörper, die bis zu etwa 8 cm lang werden, ähneln farblich *M. parkinsonii* (abgebildet auf Seite **78**). Die Axillen zwischen den Warzen produzieren eine Menge weißer Wolle, die aber selten über die etwa 25

ziemlich dünnen, weißen Stacheln hinausragt. Die Mittelstacheln sind kurz und strohgelb. Sie bilden einen deutlichen Kontrast zu den weißen, auseinanderweichenden Randstacheln. Die rosa Blüten werden nur an älteren Exemplaren ausgebildet. Sie treten aus dem dichten Wollbelag an der Spitze der Pflanze heraus.

Mammillaria heeriana bildet eine aufrechte zylindrische Säule, die bis zu 10 cm groß wird. Die Warzen sind leicht angewinkelt und haben einen rhomboidähnlichen Querschnitt. An den Spitzen, unter den Areolen, sind sie leicht eingedellt. Die Pflanzenkörper sind hellolivgrün, sehen bei trübem Licht allerdings dunkler aus. Die Areolen, die bei Jungpflanzen leicht mit Wolle gefüllt sind, haben eine etwa ovale bis elliptische Form und sind mit ungefähr 18 kurzen, weißen, um die 6 mm langen Randstacheln bewehrt, die bei jungen Pflanzen rötliche Spitzen haben. Mit zunehmendem Alter, wenn die Stacheln grau werden, verschwindet auch die Rötlichfärbung ihrer Spitzen. Die 4 Mittelstacheln bilden ein kreuzförmiges Muster. Sie sind rötlichviolett getönt und werden zur Areole hin heller. Mit zunehmendem Alter verblassen auch diese Stacheln. Der unterste in der Gruppe ist gewöhnlich hakig abgebogen. Die im zeitigen Frühjahr erscheinenden röhrenförmigen, sehr dekorativen Blüten durchbrechen die Stacheln und bilden im oberen Teil der Pflanze einen Ring.

Mammillaria heeriana läßt sich gut in der Wohnung pflegen, denn sie blüht leicht, auch ohne volle Sonnenbestrahlung. Man gibt ihr ein gut wasserdurchlässiges Substrat. Vor stehender Feuchtigkeit muß man diese Pflanzen schüt-

Mammillaria klissingiana   *Mammillaria lanata*   *Mammillaria woodsii*

zen, weil sie – ähnlich wie *M. zeilmanniana* – leicht einer Pilzkrankheit zum Opfer fallen.

Mammillaria klissingiana sieht auf den ersten Blick den auf der vorherigen Seite beschriebenen 'Altweiberkakteen' ziemlich ähnlich, denn sie ist ebenfalls weithin mit weißen Haaren bedeckt. Jungpflanzen wachsen kugelförmig. Später nehmen diese Kakteen eine eher zylindrische Form an und werden als Kulturpflanzen bis etwa 15 cm groß. Die glänzend grünen Pflanzenkörper sind fast völlig hinter einem dichten Gewirr von Stacheln verborgen, die ihrerseits von der zwischen den Warzen wachsenden Wolle durchflochten sind. Die etwa 30 weißen Randstacheln sind schwach und zurückgebogen. Zwischen 2 und 4 Mittelstacheln sind ebenso weiß gefärbt, mit rötlichbrauner Spitze, und werden kaum länger als 6 mm.

Die leuchtend roten Blüten sind etwas klein, treten aber in großer Menge als dichter Ring im oberen Teil der Pflanze auf, wo zur Blütezeit meistens keine Haare wachsen. Sie bilden so einen herrlichen Kontrast zu den sie umgebenden weißen Stacheln und Haaren, was wohl der Grund für die außerordentliche Beliebtheit ist, der sich diese Pflanzen bei Sammlern und Züchtern erfreuen.

Man verwechselt diese Art gern mit *M. lanata*, die daneben abgebildet ist. Bei den unter letztgenanntem Namen angebotenen Pflanzen handelt es sich in Wirklichkeit oft um *M. klissingiana*. *M. lanata* besitzt keine Mittelstacheln. Sie wird immer noch ziemlich selten gepflegt.

Zu den anderen Varietäten mit zahlreichen weißen Haaren und abgebogenen weißen Stacheln gehört auch

M. chionocephala, deren grau überhauchter Körper an der Spitze völlig von einem schneeweißen Haarschopf bedeckt ist. Das Weiß ihrer Blüten ist etwas mit Rosa übergossen. *M. candida* ist eine gruppenbildende, eher kugelförmig wachsende Art. Ihr Körper ist völlig mit weißen Stacheln bedeckt, die manchmal im oberen Teil der Pflanze rosa überhaucht sind.

Mammillaria lanata wächst zunächst kugelförmig, ähnlich wie *M. klissingiana*, wird aber später zylindrisch. Die Warzen sind sehr klein und im oberen Teil der Pflanze von einem dichten Polster weißer Wolle verdeckt, die aus den Axillen hervortritt. Auch die Areolen sind bewollt und tragen weiße Randstacheln, die sich zwischen den Warzen miteinander verhaken und der Pflanze so ihr dichtbewachsenes Aussehen geben. Wie schon erwähnt hat die echte Art keine Mittelstacheln und dies ist ein wichtiges Unterscheidungsmerkmal. Die Blüten werden weiter oben ausgebildet als dies bei *M. klissingiana* der Fall ist. Man kann sie dort nur gerade durch den dichten Wollbesatz hindurch erkennen.

Mammillaria woodsii ist eine der schönsten Mammillarien. Sie hat den Vorteil, daß man bei älteren Exemplaren deutlich die Stadien der Blütenbildung erkennen kann. Jüngere Pflanzen wachsen kugelförmig. Nach 3 bis 4 Jahren bildet der Körper eine aufrechte, zylindrische Form aus. Die ziemlich schlanken Warzen ähneln denen von *M. heeriana*. Sie haben einen in etwa rhomboidförmigen Querschnitt. Wenn die Pflanze heranwächst, ändern sich die Formen der Areolen und der Körper dramatisch. Die jüngsten Areolen in der Nähe der Pflanzenspitze besitzen nur wenige kurze

Randstacheln und etwas Wolle. Die Areolen, welche in der Nähe der Stellen stehen, wo sich die Blüten entwickeln, haben viel längere Stacheln und viel mehr Wolle und bilden so einen dicht verwobenen Ring, der die schmalblättrigen roten Blüten mit auffällig gelbem Schlund umgibt, wenn sie erscheinen. Die 2 Mittelstacheln sind fast schwarz, der obere davon ist beträchtlich kürzer als der untere und nach unten zeigende, der manchmal eine Länge von 1 cm erreicht. Das wollige Band an der Stelle, wo die Blüten erscheinen, bleibt einige Zeit bestehen, wird aber dann zurückgebildet. Die unteren Abschnitte von reifen Pflanzen sind fast unbehaart und sehen schließlich aus wie ein holziger Stamm.

Alle auf dieser Seite abgebildeten Kakteen profitieren von voller Sonnenbestrahlung. Der dichte Wollbewuchs hat die spezielle Aufgabe, das direkte Sonnenlicht abzuhalten und ein kühles Mikroklima im oberen Bereich der Pflanzen zu schaffen, der in ihrer natürlichen Heimat oft intensiver Sonnenbestrahlung ausgesetzt ist. Wenn man Exemplare an dunklen Stellen aufstellt, werden sie nicht so viele weiße Stacheln bilden, wodurch die charakteristische Schönheit dieser Arten verlorengeht. Während des Winters muß man sie kühl und so trocken wie möglich halten, damit auf der Haut der Pflanze unter den Stacheln keine Feuchtigkeit kondensieren kann, was eine feuchte, muffige Atmosphäre schafft und auf diese Weise einem Schadpilzbefall Vorschub leistet.

77

Mammillaria (Fortsetzung)

Mammillaria parkinsonii gehört zu einer kleinen Gruppe von Mammillarien, die unter anderem auch die auf Seite **73** abgebildete und beschriebene Art *M. rhodantha* umfaßt, Pflanzen, die sich am oberen Ende verzweigen, anstatt von der Basis aus Klumpen von Ablegern zu bilden. Sie wächst zunächst kugelförmig. Im 5. bis 6. Jahr verlängern sich die Pflanzenkörper beträchtlich und nehmen schließlich eine keulenförmige Gestalt an, ein Anzeichen, daß der Wachstumspunkt an der Spitze dabei ist, sich zu spalten, um die oben beschriebene Form anzunehmen. Die Kulturform wird normalerweise 15 cm groß. Die graugrünen Warzen, die den Körper umgeben, sind lang und produzieren enorme Mengen an Milchsaft, wenn man mit einer sterilisierten Nadel in sie hineinsticht. Besonders die oberen Axillen zwischen den Warzen junger Pflanzen bilden größere Mengen von Wolle und Borsten. Die etwa 25 Randstacheln sind rein weiß und gegen den Pflanzenkörper abgebogen, was der Pflanze ihr charakteristisches Aussehen gibt, das auch auf unserer Abbildung zu sehen ist. Die 2 weißen Mittelstacheln haben auffällig dunkelbraune Spitzen. Der untere der beiden ist normalerweise nach unten abgebogen und zeigt von der Pflanze weg. Die nur an gut etablierten Exemplaren gebildeten Blüten, die selbst dann nur in geringer Zahl erscheinen, sind cremegelb gefärbt mit einem dunkleren Mittelstreifen.

Die am häufigsten gepflegte Art der anderen sich verzweigenden Pflanzen ist *M. tiegeliana*, deren reinweiße Stacheln die Körper fast völlig verdecken. Die Verzweigung beginnt bei einer Größe von etwa 10 cm. Wie *M. parkinsonii* wächst dieser Kaktus nur sehr langsam und er ist auch nicht besonders blühfreudig.

Trotz des unscheinbaren Aussehens junger Exemplare lohnt es sich, *M. uncinata* in eine Sammlung aufzunehmen, unter anderem aufgrund ihrer blaßcremefarbigen Blüten und auch wegen der darauf folgenden großen, lebhaft roten Früchte. Sie macht einen etwas gedrückten Eindruck und wächst mehr oder weniger kugelförmig. Die einzelnen Körper erreichen Größen von bis zu 8 cm. Obwohl sich die Pflanze leicht kultivieren läßt, muß man mit einem langsamen Wachstum rechnen. Wegen ihrer fleischigen Rübenwurzel braucht sie einen größeren Topf. Ein erheblicher Teil der Wachstumsenergie geht in die dicke Wurzel, die der Pflanze in ihrer natürlichen Umgebung als Wasserreserve für Trockenperioden dient. Die dunkelgrünen Warzen sind auffallend abgeplattet und etwa 1 cm lang. Eine Menge Wolle wächst in den Axillen zwischen den Warzen und bildet in der Mitte des Pflanzenkörpers ein dichtes Polster. Etwa 8 weiße, borstige Randstacheln sind vorhanden, die um einen bräunlichgelben Mittelstachel herum stehen, der an der Spitze scharf hakig ausgebildet ist. Dieser allein steht aus der Wolle in der Mitte der Pflanze hervor. Er ist auch etwas dunkler als die mehr seitlich angeordneten, älteren Stacheln.

Thelocactus

Obwohl es sich bei den Thelocacteen genaugenommen um keine Gattung handelt, die man unter die Coryphanthanae einordnen könnte, sehen sie als Jungpflanzen den Mammillarien doch sehr ähnlich, und ich entschloß mich daher, diese Gruppe innerhalb dieses Abschnittes zu behandeln.

Thelocactus bicolor ist die bekannteste Art. Man kann sie leicht von den Mammillarien unterscheiden, sobald sie ihre großen, flachen, gänseblümchenartigen Blüten bildet, die aus der Spitze der Pflanze hervortreten und nicht in einem Ring weiter unten. Die Pflanzenkörper wachsen im allgemeinen kugelförmig, werden aber mit zunehmendem Alter manchmal auch zylindrisch und können schließlich eine Größe von fast 30 cm erreichen, obwohl dies ziemlich lange dauern kann, denn die Pflanze wächst sehr langsam. Der Körper ist bläulich grün und die Warzen, die denen der Mammillarien täuschend ähnlich sehen, sind in 8 spiraligen Reihen um den Stamm herum angeordnet. Die 8 bis 10 oder auch mehr Randstacheln, die sich seitlich verbreiten, sind auffällig gelbweiß gebändert und an der Basis etwas rot getönt. Die 4 Mittelstacheln haben die gleiche Farbe.

Diese Pflanzen benötigen volle Sonnenbestrahlung, damit sie zum Blühen kommen, was allerdings nicht der Fall ist, bevor sie fast 10 cm groß sind. Die sehr dekorativen rotpurpurnen Blüten erreichen einen Durchmesser von über 5 cm.

Es gibt eine sehr gesuchte Varietät, die sich *T.b. tricolor* nennt. Sie ist meist schlanker als die ursprüngliche Art und hat noch auffälligere rote Zonen auf den Stacheln.

Epiphyllum ackermannii

Epiphyllum 'Cooperi'

Epiphyllaneae

Die verbleibenden Kakteen, die auf dieser und den nächsten 3 Seiten abgebildet sind, verlangen völlig andere Pflegebedingungen und man sollte sie eigentlich in einem separaten Buch behandeln. Man kultiviert sie seit dem neunzehnten Jahrhundert wegen der herrlichen Form und Farben der Blüten, die man durch Kreuzung der natürlichen Art *Epiphyllum phyllanthus* mit *Cereus*- und *Hylocereus*-Arten heranzüchtete, was problemlos möglich ist. Die ursprüngliche Form ist in Panama zu Hause, wo sie hoch auf den Bäumen wächst und nur kleine Wurzeln bildet, die zum Festhalten auf den Ästen dienen und weniger zur Nahrungsaufnahme. Wenn man sie im Gewächshaus hält, muß man ihr daher einen Untertopf geben. Am besten stellt man sie so auf, daß die Luft frei um sie herumstreichen kann. Man sollte diese Pflanzen auch vor direktem Sonnenlicht schützen. Am besten gedeihen sie in einer Art Halbschatten, derart, daß man beim Wedeln mit der Hand kaum den Schatten wahrnehmen kann. Das Substrat sollte reich an organischen Stoffen sein wie Sphagnummoos, Blättererde oder vertorftes Riedgras. Auf keinen Fall darf es kalkhaltig sein. In den Astgabeln, auf denen sie wild wachsen, besteht ihre Nahrung aus vegetabilischen Rückständen von Blättern und anderem pflanzlichem Material. Exemplare, die den eingekreuzten Arten sehr ähnlich sehen, kann man natürlich in normale Kakteenerde pflanzen, obwohl es auch in diesem Fall ratsam ist, Dreivierteltöpfe oder Schalen zu verwenden, denn diese Pflanzen bilden nur relativ flache Wurzeln aus.

Die Blüten erscheinen normalerweise Ende Februar. Sobald die Knospen zwischen den Borsten in den Einkerbungen der Blätter erscheinen, sollte man die Temperatur auf etwa 10° C erhöhen. Wenn man dies versäumt, verzögert sich die Blütenbildung und es kann sogar vorkommen, daß einige der Knospen abfallen. Je nach Varietät kann man bis Juni mit Blüten rechnen. Unmittelbar nach der Blütezeit sollte man die Pflanzen an einer kühlen Stelle unterbringen, bei viel Schatten, und trocken halten, damit sie ruhen können. Sollte hierfür kein Platz im Gewächshaus vorhanden sein, kann man sie an eine schattige Stelle im Garten stellen. Dies ist auch die Zeit für's Umtopfen, wenn ein Exemplar zu groß geworden ist. Wenn man sie im Garten unterbringt, sollten sie vor dem Regen geschützt werden, entweder durch ein Dach oder indem man sie nahe an eine Hecke oder eine Wand stellt. Zwischen August und Oktober erscheint der neue Trieb und man sollte den Pflanzen dann möglichst viel Wärme und Wasser zukommen lassen, womit man dann ab November wieder aufhören muß. Auch im Winter ist gelegentliches Gießen notwendig und es ist wohl das beste, wenn man sie dann hereinnimmt, damit sie mit der Kakteensammlung im Gewächshaus bei der richtigen Temperatur überwintern können. Stecklinge schneidet man im Frühjahr oberhalb der Areolen ab, aus denen die Blüten hervortreten. Am besten schneidet man ein Blatt mitten hindurch und trennt nicht etwa ein Glied ab, weil man dann eine größere Bewurzelungsfläche erhält.

Es existieren sehr viele Hybriden, von denen 2 extreme Formen oben abgebildet sind. Trotz ihrer lateinischen Namen handelt es sich um Kreuzungen. Im allgemeinen läßt sich sagen, daß alle Epi-

Epiphyllum

phyllen gestützt und angebunden werden müssen, weil sie sonst kopflastig und etwas unhandlich werden. Eine beachtenswerte Ausnahme von dieser Regel scheint E. × *elegantissimum* zu sein, die einen mehr hängenden Habitus hat, zumindest solange die Pflanze jung ist, und die freizügig blüht, selbst an einjährigen Stecklingen.

Epiphyllum ackermannii trägt zwar einen lateinischen Namen, ist aber wahrscheinlich eine frühe Kreuzung zwischen *Heliocereus speciosus* und *Nopalxochia ackermannii*, die bereits im frühen neunzehnten Jahrhundert durchgeführt wurde. Bessere Varietäten sind an den seitlichen Blütenhüllblättern leicht bläulich überlaufen, ein Merkmal, das von ihren *Heliocereus*-Vorfahren stammt. Sie wurden dann auf viele Sammler verteilt und weil man sie kaum noch als Kreuzungen ansieht, hat man diesen Pflanzen einen Artnamen gegeben. Die Hybriden sind viel bekannter als die ursprüngliche Pflanze, die lange nicht so bereitwillig blüht. *N. ackermannii* hat etwas abgeflachtere, weniger fleischige Blätter, die einen deutlich dreieckigen Querschnitt haben können.

Obwohl man etwa seit Mitte des neunzehnten Jahrhunderts umfangreiche Züchtungen vorgenommen hat, gibt es eigentlich noch keine *Epiphyllum*-Hybriden, die wirklich gelb blühen, obwohl E. × *chrysocardium*, eine Form mit frischgrünen, scharf gekerbten aber flachen Blättern, prächtige goldene Staubblätter und einen gelblich behauchten Schlund hat. Die bedeutendste weiße Varietät ist E. 'Cooperi', deren weiße Blüten in der Nähe der Blattbasis gebildet werden. E. 'Weißer Schwan' hat aber viel größere Blütenhüllblätter.

Nopalxochia

Nopalxochia phyllanthoides ist eine der Kakteen, deren lateinischer Name von der alten aztekischen Bezeichnung abgeleitet ist. Die Inkas nannten die Pflanze Nopalxochitl. Es handelt sich um eine der ersten Kaktusarten, die in Europa bekannt wurden, nachdem man sie Mitte des siebzehnten Jahrhunderts aus Amerika eingeführt hatte. Die heute am häufigsten kultivierte Form ist *N.p.* 'Deutsche Kaiserin', eine im neunzehnten Jahrhundert gezüchtete Hybride, die sich noch immer großer Beliebtheit erfreut. Obwohl diese Pflanze manchmal als *Epiphyllum* verkauft wird, kann man sie von dieser Gruppe durch ihre etwas runderen Stämme unterscheiden. *Epiphyllum*-Arten haben blattähnlichere Glieder. Auch die Blüten gelten als Unterscheidungsmerkmal. Sie sind im allgemeinen nicht so weit geöffnet als die von *Epiphyllum* und sehen eher glokkenförmig aus.

Sie wächst buschartig und verzweigt sich sowohl vom Ende als auch an den Verbindungsstellen der blattähnlichen Glieder. Sie erreicht eine Größe von ca. 1 bis 1,25 m. Weil sie ziemlich flache Wurzeln ausbildet, stützt man sie am besten und bindet sie an, es sei denn, man will sie als Hängepflanze in einer Ampel unterbringen. Um die Pflanzenform gut zur Geltung zu bringen, ist es von Vorteil, wenn man den Hauptstamm mit Raphiabast oder einem weichen Band an einem gespaltenen Bambusrohr festbindet.

Schlumbergera

Der Osterkaktus, oder *Schlumbergera gaertneri*, ist verdientermaßen äußerst beliebt, und man hat in letzter Zeit Kreuzungen zwischen *Schlumbergera* und *Rhipsalidopsis* durchgeführt, um eine Pflanze zu züchten, welche die Widerstandsfähigkeit der ersteren mit den offeren Blüten in den herrlichen Farben der letzteren verbindet. Die Art wurde ursprünglich sowohl *Epiphyllopsis gaertneri* als auch *Rhipsalidopsis gaertneri* genannt. Sie stammt aus dem brasilianischen Staat Santa Catarina. Sie sieht dem Weihnachtskaktus sehr ähnlich und wird oft mit ihm verwechselt. Das Hauptunterscheidungsmerkmal sind die weniger gezähnten Blattkanten. Die Glieder oder Blätter sind hellgrün. Manchmal haben sie auch leicht gerötete Ränder. In den Einkerbungen der Blattränder wachsen ein paar braune Borsten und am Ende des Gliedes befindet sich ein borstiger Besatz.

Die auffälligen Blüten werden bereits an einjährigen Stecklingen gebildet, die man von der Pflanze abgeschnitten hat. Als erstes Anzeichen der kommenden Blüte bilden sich am Ende des Winters rote Auswüchse. Diese reifen nur sehr langsam. Obwohl die Knospen offensichtlich an der Lichtseite größer werden, sollten Sie nicht auf die Idee kommen, die Pflanze herumzudrehen, weil sie sonst die Knospenansätze möglicherweise abwirft. Die Blüten bleiben oft lange offen. Der Fruchtknoten an der Basis der Blüten mit seinen 5 scharfen Kanten gilt als charakteristisches Merkmal der Gruppe. Bei Formen oder Hybriden mit vierkantigen Fruchtknoten handelt es sich vermutlich um *Schlumbergera russelliana* oder um *Schlumbergia bridgesii*.

Zygocactus

Vom Weihnachtskaktus, *Zygocactus truncatus*, gibt es bereits viele Hybriden und ständig kommen neue dazu. Ihre Blütenfarben reichen von Tiefrot über Orange und Violett bis zu Weiß. Selbst gelb blühende Formen hat man gezüchtet. Auch bei den Blütenformen ist die Auswahl groß. Man bekommt sie einfach, doppelt, ja sogar gekräuselt. Die Blütenknospen erscheinen am Ende der auffallend gezähnten Glieder 6 bis 8 Wochen nachdem die Nächte kürzer geworden sind. Man kann die Blütenbildung künstlich beschleunigen oder verzögern, indem man den Raum entweder abdunkelt oder künstlich beleuchtet. Pflanzen, die man so behandelt, belohnen einen oft durch Austrieb eines 2. Blütenschmucks im Frühjahr. Die meisten handelsmäßig erhältlichen weißen Varietäten zeigen purpurfarbene Ränder, wenn man die Umgebungstemperatur vor der Blütenbildung eine Zeitlang auf unter 20° C absinken läßt. So gehaltene Exemplare entwickeln dann am Beginn der Saison im September ein besonders reines Weiß der Blüten.

Die Glieder sind bis zu 5 cm lang und sind am Wachstumspunkt scharf abgeschnitten, was ein Unterscheidungskriterium gegenüber der vorerwähnten Art darstellt, wo dieser Gliedteil mehr oval ausgebildet ist. Wie bereits erwähnt, gibt es eine Vielzahl von Blütenformen und auch die Zähnung am Rande der Glieder ist oft unterschiedlich. Viele der schwächeren Hybriden, die man am Anfang dieses Jahrhunderts gezüchtet hat, muß man pfropfen, wenn sie gut wachsen sollen. Als Unterlage verwendet man am besten Pereskiaarten. Ein einzelner Trieb wird oben auf die Unterlage eingesetzt und mehrfach eingebunden.

Hatiora salicornioides

Rhipsalidopsis rosea

Rhipsalidanae

Auf dieser und der nächsten Seite ist eine Gruppe von epiphytisch wachsenden Kakteen abgebildet, die unter dem Namen Rhipsalidanae bekannt ist. Der Name der Typusgattung *Rhipsalis* ist von dem griechischen Wort für Flechtwerk abgeleitet und ist eine Anspielung auf das wie ein Geflecht wirkende Erscheinungsbild der reich verzweigten Triebe. Diese Gruppe war eine der ersten, die sich außerhalb von Amerika verbreitet hat. Viele davon brauchen eine wärmere, feuchtere Umgebung, wenn sie gedeihen sollen. Aus diesem Grund sollte man einige der weniger oft angebotenen Arten am besten in einem Gewächshaus ziehen, wo eine Minimal-Wintertemperatur von 13° C bei verhältnismäßig hoher Luftfeuchtigkeit eingehalten werden kann. Auch im Sommer verlangen diese Pflanzen spezielle Pflegebedingungen, denn man muß sie vor direkter Sonnenbestrahlung schützen. Da alle diese Voraussetzungen nur selten mit den Kulturbedingungen der ein Wüstenklima gewohnten Kakteen in Einklang zu bringen sind, ist es kaum möglich, Mitglieder beider Gruppen zusammen zu kultivieren. Da die Pflanzen nur ein sehr kärgliches Wurzelsystem ausbilden, brauchen sie kaum einen Topf. Sie gedeihen gut, wenn man sie an einem aufrecht stehenden Baumstamm/-ast mit etwas Moos befestigt, obwohl es in diesem Fall wichtig ist, immer für genügend Feuchtigkeit zu sorgen, denn sie trocknen sehr schnell aus. Orchideensubstrat eignet sich besonders gut. Wenn dies nicht verfügbar ist, kann man eine Mischung aus Torfmull, Kork, Lauberde, Sphagnummoos oder ein ähnliches schwammiges Material organischer Herkunft als Kulturmedium verwenden.

Hatiora

Hatiora salicornioides nennt man in England etwas unfreundlicherweise »Drunkard's dream« (»Traum des Trinkers«), eine Anspielung auf die Gliedsegmente, die eine gewisse Ähnlichkeit mit einer Flasche haben. Diese Art eignet sich gut für die Pflege in der Wohnung. Sie ist viel widerstandsfähiger gegenüber ungünstigen Bedingungen als die anderen Arten der Gruppe. Man bietet sie vielfach auch unter dem Namen Hariota an. Die Pflanze wächst buschig, meistens mit einem längeren Hauptstamm und einer Vielzahl eng verflochtener hellgrüner, flaschenförmiger Glieder. Die Stacheln sind sehr kurz und borstig. Man kann sie kaum erkennen. Die kleinen gelblich-grünen Blüten erscheinen Ende Dezember oder Anfang Januar am Ende der kurzgliedrigen Zweige. Natürlich muß man diesen Pflanzen während dieser Periode etwas mehr Wärme gönnen. Wenn man sie nicht in einem warmen Gewächshaus zieht, blühen sie nicht zuverlässig. Ihre eigenartigen Glieder sind jedoch in jedem Fall ein Schmuck für jede Sammlung.

Rhipsalidopsis

Rhipsalidopsis rosea wird gern sowohl mit *Schlumbergera gaertneri* – mit welcher Art man sie in letzter Zeit gekreuzt hat – als auch mit *Zygocactus truncatus* verwechselt und man verkauft diese Pflanzen auch fälschlicherweise unter dem volkstümlichen Namen Weihnachtskaktus. Es handelt sich um eine etwas empfindliche Art, die ihre Gliedersegmente schnell abwirft, wenn man sie zu feucht, zu trocken oder auch zu hell zieht. Obwohl diese Pflanzen sehr blühfreudig sind, ist es ratsam, einige Segmente als Stecklinge aufzuziehen, um notfalls Ersatz für eine wertvolle Pflanze zu haben, wenn sie eingehen sollte. Von den Rhipsalisarten unterscheiden sie sich durch viel größere, ansehnlichere Blüten. Sie bilden weitverzweigte und schließlich hängende Stöcke, die man auch gut als Pfröpfling auf einer ausgewachsenen Unterlage ziehen kann. Die Gliedsegmente als solche sind unterschiedlich ausgebildet. Manche davon sind am Ende flach geformt, andere wiederum haben einen mehr oder weniger dreieckigen Querschnitt. Beide Gliedarten sind normalerweise an ein und derselben Pflanze anzutreffen. Die Ränder der Segmente sind oft purpurrot gefärbt. Obwohl dies nicht unbedingt bedeutet, daß das betreffende Exemplar zu viel Licht bekommt, sollte man dies zumindest in Betracht ziehen, besonders, wenn diese Rotfärbung im Sommer auftritt. Die Blüten treten im späten Frühjahr und anfangs des Sommers aus den Endsegmenten der Glieder aus. Sie halten sich zwar nicht so lange wie die der Rhipsalis-Arten, aber immerhin länger als bei den meisten anderen Kakteen. Die blaßvioletten Blüten wirken sehr dekorativ.

Rhipsalis houlletiana

Rhipsalis mesembryanthemoides

Rhipsalis paradoxa

Rhipsalis

Die meisten *Rhipsalis*-Arten haben kantige oder zylindrische Glieder, zumindest in Teilen der Pflanze. *Rhipsalis houlletiana* bildet diesbezüglich eine Ausnahme. Sie besitzt flache, ziemlich elegante, stark gezähnte Glieder mit einer auffälligen Mittelrippe. Bei Exemplaren, die starker Beleuchtung ausgesetzt werden, aber auch bei zu trocken gehaltenen Pflanzen, können die Gliederkanten eine rötliche Farbe annehmen. Die glokkenförmigen weißen, in der Mitte rötlichen Blüten sind für eine *Rhipsalis*-Art ziemlich auffällig und werden von roten Beeren gefolgt.

Es gibt noch einige andere *Rhipsalis*-Arten mit flachen Gliedern. Jene von *R. pachyptera* sind etwas dicker als die der abgebildeten Art und die unteren Segmente sind oftmals etwas kantig ausgebildet. Die Blüten sind gelb, oft mit etwas Rot vermischt. Die weißen Früchte ähneln denen der Misteln.

Rhipsalis coriacea hat weiße Blüten, die denen von *R. houlletiana* ähnlich sehen. *R. warmingiana* hat keine so hervorstehenden Rippen wie die abgebildete Pflanze und schwarze Beeren.

Rhipsalis mesembryanthemoides wurde so genannt, weil sie einem Mesembryanthemum sehr ähnlich sieht. Auf den ersten Blick sieht sie der auf der vorherigen Seite abgebildeten *Hatiora salicornioides* sehr ähnlich, von der sie sich aber durch die viel stärker ausgeprägte Borstenbildung unterscheidet.

Obwohl *R. mesembryanthemoides* einen ziemlich exklusiven Eindruck macht, gibt es noch einige andere *Rhipsalis*-Arten mit kurzen, borstigen Gliedern. Dazu gehören *R. capilliformis*, *R. heteroclada* und *R. cassutha*, welch letztere bereits erwähnt wurde, weil es

sich um die am östlichsten wachsende Form echter Kakteen handelt. *R. prismatica* sieht auch etwas ähnlich aus, hat aber deutlich kantigere obere Glieder, die ihr den Namen gegeben haben.

Rhipsalis paradoxa ist typisch für eine *Rhipsalis*-Gruppe mit auffällig kantigen Gliedern. Die Art, wie die einzelnen Segmente aus dem flachen Teil des vorhergehenden Gliedes ausgebildet werden, gab dieser Art ihren Namen. Die Pflanzen haben einen hängenden Habitus. Die Glieder verzweigen sich an den Spitzen, allerdings nicht unbedingt in jedem Jahr. Sie sind im allgemeinen dreikantig und verschieden lang. Manche kann man eigentlich nur als Stummel bezeichnen, andere erreichen die Länge von 30 cm. Sie sind gewöhnlich hellgrün. Wenn sie direktem Sonnenlicht ausgesetzt werden, oder wenn man sie längere Zeit hindurch trocken läßt, reagiert die Pflanze durch Rötlichfärbung der Gliedränder. Es handelt sich um eine ziemlich widerstandsfähige Pflanze, die auf Grund ihrer dickeren Glieder und ihrer Saftfülle abnormale Bedingungen wie Kälte und Trockenheit besser verträgt als die anderen bisher genannten weniger sukkulenten Arten.

Obwohl alle Rhipsalis-Arten Areolen besitzen, die sie als Mitglieder der Kakteenfamilie ausweisen, sind diese bei *R. paradoxa* ziemlich unauffällig. Die borstigen Stacheln findet man normalerweise nur an den jüngeren Areolen, die auch mit etwas weißer Wolle besetzt sind. Die Blüten werden etwas unregelmäßig ausgebildet und erscheinen erst bei älteren Pflanzen. Sie sind weiß und treten aus der Spitze der Glieder hervor.

Viele andere Rhipsalis-Arten mit flachen oder kantigen Gliedern findet man

in Sammlungen. *R. gonocarpa* hat auffällig schwarze, *R. trigona* rote Früchte. *R. tonduzii*, die aus Costa Rica stammt, unterscheidet sich von den anderen Arten durch ihre vier- oder fünfkantigen Glieder.

Wie dies bei den meisten epiphytisch wachsenden Arten der Fall ist, kann man Rhipsalis-Pflanzen mit gutem Erfolg pfropfen. Es wird im allgemeinen gut sein, eine kräftigere Unterlage zu wählen wie z.B. *Trichocereus*, denn gepfropfte Exemplare können sich zu ausgesprochen großen und schweren Pflanzen entwickeln. Normalerweise eignen sich die wenigsten dieser Arten als Pflegeobjekte für einen Anfänger. Wenn ich einem Amateur eine aus dieser Familie stammende Art empfehlen müßte, würde ich zu *R. paradoxa* raten. Obwohl die Pflanze nicht leicht zum Blühen zu bringen ist, ist sie bei den Pflegebedingungen ziemlich anspruchslos und man kann sie leichter am Leben erhalten.

Sukkulenten mit Milchsaft

Euphorbia caput-medusae

Euphorbiaceae

Obwohl die Wolfsmilchgewächse oder Euphorbiaceen eine oberflächliche Ähnlichkeit mit manchen Arten der Cereanae aufweisen, handelt es sich um keine Kakteen. Ihr auffälligstes Merkmal ist die weiße Milch, die sie von sich geben, wenn der Pflanzenkörper beschädigt wird. Zu dieser äußerst artenreichen Familie gehören auch die bei uns lebenden Wolfsmilchpflanzen, die beliebte Poinsettie *(Euphorbia pulcherrima)* sowie die Crotonsträucher.

Wolfsmilchgewächse haben außerordentlich kleine Blüten. Sie schmücken sich dagegen oft mit schön gefärbten Hochblättern, die man vor allem von den Poinsettien und von *E. splendens* kennt. Sukkulente Varietäten der Wolfsmilchgewächse produzieren zwar die erwähnten blütenähnlichen Hochblätter, aber nur wenige Blätter im eigentlichen Sinne, die, wenn sie gebildet werden, meistens im ersten Winter abfallen. Die Hauptausnahme von dieser Regel ist der sogenannte Christusdorn und die verwandten Arten. Die kaktusähnlichen Varietäten sind besonders gut geeignet für eine Haltung in der Wohnung, denn sie benötigen während des Winters nicht die kühle, aber trockene Atmosphäre wie aufrecht wachsende Kakteen. Sie wachsen auch viel schneller und erreichen daher rasch eine Form, die einem Laien den Eindruck vermittelt, es handle sich um einen sich verzweigenden Säulenkaktus.

Man kann diese Pflanzen aus dem Samen ziehen. Wenn man dies vorhat, sollte man die jungen Samenkapseln mit Papier umwickeln, denn die reifen Samen werden oft mit beträchtlicher Kraft weggeschleudert. Natürlich ist auch die Vermehrung durch Stecklinge möglich.

Euphorbia tirucallii

In diesem Fall reibt man frisch abgeschnittene Teile zunächst mit Holzkohle ab und wartet dann einen oder 2 Tage, bevor man sie einpflanzt. Sollte keine Holzkohle verfügbar sein, genügt es meist, das abgeschnittene Ende abzuwischen und den Milchsaft auf natürliche Weise zu trocknen, wobei man die »Wunde« etwas abdeckt.

Euphorbia tirucallii, eine Pflanze, die man in England »Stick cactus« (»Stock-Kaktus«) nennt, ist ein äußerst giftiger Bewohner Afrikas, den man in einem Teil des östlichen Indien eingebürgert hat. Die Pflanze wächst wirklich wie ein (hölzerner) Stock und erreicht im ausgewachsenen Zustand eine beträchtliche Größe. Besonders in einem Gewächshaus gehaltene Exemplare kommen schnell voran. Die wuchernden Pflanzen sind nicht umzubringen. Die Äste sind vielfach verzweigt. An den Seiten und Spitzen junger Triebe wachsen kleine Blätter, die aber mit der Zeit abfallen. Es gibt eine ziemlich ähnliche Art mit Namen *E. intisyi*, aus der Kautschuk gewonnen wird. Diese Pflanze wächst in Madagaskar. Die wildlebenden Exemplare entwickeln auf der der Sonne zugewandten Seite eine bräunliche Rinde. Der Hauptunterschied zwischen den beiden Arten besteht darin, daß die zuletztgenannte Pflanze seitliche Höcker ausbildet, aus denen die Blätter hervortreten. Es ist möglich, daß die beiden Arten von den Handelsgärtnern verwechselt worden sind.

Der Name »Medusenhaupt« trifft genau auf das Erscheinungsbild von *E. caput-medusae* zu, eine Pflanze, die im ausgewachsenen Zustand aussieht, als stamme sie aus einem Science-fiction-Roman. Ihre Heimat ist die Kapprovinz in Südafrika, wo sie einen keulenförmigen Basisstamm mit zahlreichen halbaufrechten Ästen bildet, die bis zu 75 cm lang und 5 cm dick werden können. Diesen Gliedern, die sich von der Mitte aus wie Schlangen nach allen Richtungen erstrecken, verdankt die Pflanze ihren lateinischen Namen. Ihr Grün wirkt etwas bestäubt. Sie bringen kleine Blättchen hervor, die an älteren Trieben bis zu 2,5 cm lang werden, aber normalerweise viel kürzer sind. Sie fallen mit zunehmendem Alter der Pflanze ab, meistens während des ersten Winters. Die Blüten werden an den Spitzen der wuchernden Zweige gebildet. Die alten Blütenstengel bleiben an der Pflanze, auch wenn die Blüten längst abgestorben sind. Von dieser Art existieren auch interessante Cristatformen.

Man vermehrt diese Pflanzen meistens durch Samenaufzucht, denn Stecklinge wachsen meist ziemlich einseitig und bilden kaum den typischen Mittelstamm dieser Art. Beim Kauf solcher Pflanzen sollte man darauf achten, daß sie nach allen Seiten gleichmäßig gewachsen sind. Während des Winters sollte man dieser

Euphorbia meloformis

Euphorbia (Fortsetzung)

Euphorbia obesa

Euphorbia valida

Art etwas mehr Wärme gönnen als den meisten anderen Sukkulenten und es kann ratsam sein, sie in dieser Jahreszeit mit in die Wohnung zu nehmen. Die Warmhaltung sollte man ergänzen durch etwas reichlicheres Gießen, um das Einschrumpfen zu verhindern.

Die auf dieser Seite beschriebenen Wolfsmilchgewächse sehen alle stachellosen, faßartig wachsenden Kakteen wie Astrophytum ähnlich. Ein wichtiger Unterschied besteht natürlich darin, daß die Euphorbia-Arten Milchsaft enthalten. Man kann sie allesamt nur schwer beschaffen. Ein Grund dafür ist in der Tatsache zu sehen, daß man sie aus dem Samen ziehen muß, und dies kann schwierig sein, wie wir noch am Beispiel von *Euphorbia obesa* erläutern werden.

Euphorbia meloformis sieht man relativ oft. Es handelt sich um eine schöne, halbkugelförmig wachsende Pflanze, die meistens einzeln steht. In ihrer Heimat, der Kapprovinz, bildet sie gelegentlich auch Gruppen von der Basis aus, eine Form, die ich bei kultivierten Exemplaren noch nie gesehen habe. Sie macht im allgemeinen einen etwas gedrückten Eindruck. Meist ist sie breiter als hoch. Ausgewachsene Exemplare werden bis zu 10 cm groß. Wie die anderen kugelförmig wachsenden Wolfsmilchgewächse hat diese Art eine dicke Rübenwurzel. Die mittelgrünen Pflanzenkörper besitzen zwischen 8 und 12 Rippen, die in den meisten Fällen vertikal verlaufen, manchmal aber auch eine leichte Spirale bilden. Wie bereits erwähnt, ist der obere Teil ziemlich abgeflacht und sieht aus, als hätte gerade jemand darauf getreten. Seitlich von den Rippen erstrecken sich schräge Bänder und in ihrer Mitte befindet sich eine flache Furche. Die alten

Blattkissen sehen fast aus wie kleine Areolen, sie sind jedoch nicht mit Wolle besetzt, wie dies bei echten Kakteen der Fall ist. Die sehr kleinen Blätter halten sich nur für eine sehr kurze Zeit am Wachstumspunkt an der Spitze der Pflanze. Sie fallen ab, bevor sie die seitlichen Abschnitte erreichen. Die Blüten werden schon an verhältnismäßig jungen Pflanzen gebildet und die alten Blütenstengel, die mehrfach verzweigt sind, fallen nach dem Absterben der Blüten nicht ab und geben so der Pflanze ein etwas stacheliges Aussehen.

Man vermehrt diese Pflanzen durch Samenaufzucht, braucht hierzu jedoch männliche und weibliche Pflanzen. Die beiden Geschlechter lassen sich erst einwandfrei auseinanderhalten, wenn sie blühen.

Euphorbia obesa kann man ebenfalls nur vermehren, wenn man eine männliche und eine weibliche Pflanze zur Verfügung hat und es ist sehr schwer, ein weibliches Exemplar aufzutreiben. Der Pflanzenkörper dieser Art ist nicht so stark gedrückt wie der von *E. meloformis*. Es besteht nur eine geringfügige Eindellung an der Spitze. Die Rippen sind sehr breit und die Furche dazwischen ist ausgesprochen flach. Meistens zählen wir 8 Rippen mit kleinen Blütenbüscheln an den Kanten. Der Pflanzenkörper ist graugrün, es entwickelt sich jedoch besonders um die Spitze der Pflanze eine braunviolette Oberflächenfärbung.

Es existieren mehrere Hybridformen. Eine davon, eine Kreuzung mit *E. submammillaris*, hat einen eigenartigen, sich verzweigenden Habitus, eine Wuchsform, die man bei den Stammformen nicht findet. Die Pflanzen brauchen

ein gut wasserdurchlässiges Substrat und es ist von Vorteil, wenn man der Erde im Topf besonders viel Sand beimischt, damit Wasser besser abfließen kann. Im allgemeinen sollte man sich an die Regel halten, diese Pflanzen niemals zu gießen, wenn man nicht absolut davon überzeugt ist, daß sie Wasser benötigen, denn man kann sie nur schwer ersetzen, wenn sie eingehen.

Die beiden vorher besprochenen Arten zeichnen sich durch ihre dicke Rübenwurzel aus. *E. valida*, bei der es sich höchstwahrscheinlich um eine Kreuzung zwischen *E. meloformis* und *E. obesa* handelt, fehlt dieses Merkmal. Obwohl junge Pflanzen eher kugelförmig wachsen, entwickelt sich später ein mehr zylindrischer Habitus und der Pflanzenkörper kann dann eine Größe von bis zu 30 cm erreichen. Manchmal verzweigt sich der Körper von der Basis aus. Oberflächlich gesehen, handelt es sich um eine Zwischenform der beiden genannten Arten. Der Körper ist gefurcht wie der von *E. meloformis*, aber nicht ganz so tief. Die abgestorbenen Blütenstengel halten sich sogar noch länger und es kann einige Jahre dauern, bis sie endgültig abfallen.

Die 3 auf dieser Seite abgebildeten Arten bilden eine von den anderen Wolfsmilchgewächsen stark abweichende Gruppe. Es gibt allerdings noch eine weitere Art mit Rübenwurzel, *E. pseudoglobosa*, die längliche Triebe ausbildet, also keine halbrunden Formen. Diese Art wird allerdings nur selten vom Handel angeboten.

Im Gegensatz zu den auf der vorangegangenen Seite beschriebenen Arten handelt es sich bei den folgenden Pflanzen um große, baumartige Gewächse, die

Euphorbia grandicornis

Euphorbia ingens

Euphorbia trigona

vom Aussehen her stark an Kakteen erinnern. Das Nichtvorhandensein eines wolligen Belages in den Areolen und die Entwicklung rudimentärer Blätter aus den Wachstumspunkten, besonders wenn man sie im Sommer feucht und warm hält, bilden ein deutliches Unterscheidungskriterium gegenüber echten Kakteen. Tatsächlich handelt es sich bei den Erhebungen am Fuße der Stacheln dieser Pflanzen nicht um Areolen, sondern um Blattkissen oder Warzen.

Euphorbia grandicornis ist eine großartige, wild aussehende Pflanze. Ich frage mich manchmal, ob getrocknete und geteilte Stämme dieser Pflanze dem primitiven Menschen der Vorzeit nicht als Waffe gedient haben. Diese Art kommt aus Natal, Zululand, Kenia und Tansania, wo sie in freier Wildbahn riesige sukkulente Dornenbüsche mit vielen dreikantigen Zweigen bildet, die senkrecht aus einem niedrig liegenden Stamm hervorwachsen. Im Topf gezogene Exemplare verzweigen sich meistens nicht so bereitwillig, und wenn sie es tun, geschieht dies nicht, bevor die Pflanze 5 Jahre alt oder älter ist. Der Trieb jedes Jahres ist klar an der nach unten verjüngten Form zu erkennen. Die welligen Kanten sind mit Warzen besetzt, aus denen je 2 lange, harte Stacheln am jeweils gegenüberliegenden Ende herausragen. Die Ränder des Körpers scheinen härter zu sein als der eher weiche, fleischige Rest der Pflanze. Die Blüten, die ziemlich freizügig ausgebildet werden, erscheinen zwischen diesen Stacheln im Oberabschnitt der Pflanze. Sie sind ziemlich unscheinbar und ragen kaum über die Höhe der graugrünen Stämme hinaus. Die wunderschönen rosafarbenen Früchte fallen schon eher

auf. Man vermehrt diese Pflanzen am besten mit Hilfe von Stecklingen, wobei man die auf Seite **83** beschriebene Trocknungs- und Heilungsprozedur anwendet.

Eine ziemliche Begriffsverwirrung scheint besonders in den USA entstanden zu sein bezüglich der Arten *E. hermentiana* und *E. trigona*. Ihr Ursprung liegt schon lange zurück und nahm seinen Anfang, als Lemaire, der bekannte Kaktusforscher, nach dem die Gattung *Lemaireocereus* benannt wurde, im Jahre 1858 einige Pflanzen, die er aus Gabun mitgebracht hatte, falsch identifizierte. Die wichtigsten Merkmale von *E. trigona* bestehen in der fleckigen Färbung seitlich an dem dreikantigen Pflanzenkörper und in den gut entwickelten Blättern, die oft bis zu 15 cm weit am Stamm hinunterreichen. Die Stammform kommt aus Südwestafrika. Sie wächst gewöhnlich dreikantig. Es wurde aber auch schon von vierkantigen Exemplaren berichtet. Selbst ganz junge Pflanzen verzweigen sich bereitwillig und bilden eine attraktive Zimmerpflanze, die man entweder in eine Ecke stellen oder als Hintergrund in eine Sukkulentensammlung aufnehmen kann. Bei normalerweise im Handel unter der Bezeichnung *E. trigona* angebotenen Pflanzen fehlt die helle Marmorierung der Stämme der Stammform. Eine Form, welche die obengenannten dauernd beibehaltenen Blätter aufweist, genannt *E. hermentiana*, wächst sehr schnell und sieht im allgemeinen schlanker aus. Es ist möglich, daß es sich hier in Wirklichkeit um *E. antiquorum* handelt.

Euphorbia ingens ist in ihrer Heimat an der Westküste Afrikas eine der eindrucksvollsten Wolfsmilchgewächse, die

große Bäume von bis zu 9 m Höhe mit einem hohen Stamm und zahlreichen Zweigen bilden. Verschiedene Fachleute halten diese Artbezeichnung für ein Synonym für *E. candelabrum*. Die Stämme wachsen zunächst dreikantig, später kommen jedoch mehr Rippen dazu, besonders bei den Zweigen, die immer vierkantig und in einzelne Segmente ausgebildet sind. Die jungen Stämme sind oft etwas marmoriert.

Alle bisher genannten baumartig wachsenden Wolfsmilchgewächse brauchen, wenn sie gut gedeihen sollen, im Winter etwas höhere Temperaturen. Andernfalls können sie harte, holzige braune Platten an den Stämmen ausbilden, ähnlich wie dies manchmal bei *Myrtillocactus geometrizans* der Fall ist. Dies schadet zwar nicht dem Wachstum der Pflanze, aber das Aussehen leidet dann stark und man kann eine solche Fleckbildung vermeiden. Es gibt noch einige andere baumförmig wachsende Euphorbia-Arten. Die am häufigsten kultivierte Art dieser Pflanzen ist wohl *E. neutra*, die sich von *E. ingens* vor allem dadurch auszeichnet, daß sie sechskantige statt vierkantige Körper besitzt.

Euphorbia resinifera

Euphorbia (Fortsetzung)

Die auf dieser Seite beschriebenen Pflanzen sind kürzer und kompakter und verzweigen sich schon in jüngeren Jahren als die auf der vorhergehenden Seite abgebildeten Arten.

Euphorbia resinifera ist eine kaktusähnlich aussehende Pflanze, die sich offensichtlich großer Beliebtheit erfreut. Sie wächst in den Atlasbergen südwestlich von Marrakesch, wo sie niedrige, verbreitete Gruppen bildet. Im Gegensatz hierzu wachsen im Topf gezogene Exemplare meist in Form eines mittleren, aufrechten Stammes mit rudimentären Ästen, die meist aus der Stammbasis herauswachsen. Im Laufe der Zeit entwickeln sich immer mehr solche Äste. Sie füllen alle Zwischenräume aus und geben der Pflanze so ihr etwas buckliges Aussehen. Die Triebe sind attraktiv graugrün gefärbt. Auch ältere Teile sind akkurat vierkantig ausgebildet, so daß ein ziemlich geometrisch exaktes Bild entsteht. Die Rippen sind zwischen den Blattkissen oder Warzen mit den Stacheln leicht gekerbt. Die Stacheln, die paarweise aus den Spitzen der alten Blattkissen hervorstehen, sind ziemlich kurz und braun getönt.

Aus diesen Pflanzen – es handelt sich um eines der wenigen ungiftigen Wolfsmilchgewächse – stellt man eine Droge her. Der Name Euphorbia ist abgeleitet von Euphorbus, der Leibarzt des mauretanischen Königs Juba II war. Es wird berichtet, daß der König die Pflanze zu Ehren seines Arztes so benannte und anschließend ein Traktat 'De Euphorbia Herba' verfaßte. Es handelt sich also um einen der ältesten lateinischen botanischen Namen. Höchstwahrscheinlich bezog sich das von dem König geschriebene Traktat auf *E. resinifera*.

Euphorbia mammillaris

Euphorbia mammillaris bildet Pflanzenkörper aus, die zwar nicht farblich, aber der Form nach einem Maiskolben ähnlich sehen. Man bezeichnet diese Art daher im Volksmund auch als Maiskolbenkaktus. Es handelt sich jedoch definitiv um ein Wolfsmilchgewächs, das in keiner Weise etwas mit den Pflanzen zu tun hat, mit denen man es vergleicht. Sie wächst zu einem verhältnismäßig plumpen Gebilde heran, und Hobbygärtner, die nur wenig Platz zur Verfügung haben, sollten sich daher besser für die daneben abgebildete Zwergform entscheiden. Im Handel erhältliche Exemplare wachsen meist aufrecht, oft durch ein Bambusrohr gestützt, aber in ihrer Heimat, der Kapprovinz, bilden die Pflanzen niedrige, bodendeckende Formen aus, die von vielen Schößlingen umgeben sind und selten höher werden als 15 cm. Die Stämme wachsen meist ohne Verzweigungen heran, obwohl durch die Stützung der Pflanze mit einem Bambusrohr manchmal der Eindruck entsteht, es handle sich bei den Trieben um Verzweigungen. In Wirklichkeit sind es jedoch einzelne Pflanzenkörper, die man versucht, in aufrechter Form zu ziehen. Die Stämme sind von zahlreichen flachen Warzen umgeben, die der Pflanze das vielrippige Aussehen verleihen. Oft winden sich die Warzen um die Stämme herum und bilden flache Spiralen aus. Die Blüten entwickeln sich aus verzweigten Stengeln nahe der Spitze von Seitentrieben. Nach dem Absterben der Blüten bleiben die Stengel noch einige Jahre lang stehen (ähnlich wie bei den kugelförmig wachsenden Wolfsmilch-Arten, die wir bereits behandelt haben) und geben der Pflanze ihr stacheliges Aussehen.

Euphorbia submammillaris

Wer nicht genügend Platz zur Verfügung hat, um eine wuchernde Pflanze wie *E. mammillaris* aufzuziehen, kann sich für ihre »Zwerg«-Version, *E. submammillaris*, entscheiden, die ebenfalls aus der Kapprovinz stammt. Trotz ihres Namens unterscheidet sich diese Art in starkem Maße von *E. mammillaris*, besonders durch die scharfkantigen Pflanzenkörper mit 9 oder 10 Rippen im Gegensatz zu den spiralig angeordneten, niedrigen Warzen der vorerwähnten Art. Die Stämme sind ziemlich dünn und erreichen selten einen Durchmesser von über 1 cm. Die Pflanze verzweigt sich bereitwillig von der Basis aus und bildet in einem 8-cm-Topf schnell einen schönen Klumpen. Die Zweige besitzen weniger, aber mehr hervorstehende Rippen als die rundlichen Stämme. Die Pflanzenfarbe ist ein helles Graugrün. Die Rippen der Zweige sind scharf gekerbt und ihre Kanten haben tiefe Einschnitte. Die Blüten treiben aus den Spitzen der Zweige heraus und ihre Stengel bleiben wie bei den kugelig wachsenden Euphorbia-Arten noch lange stehen. Die anfangs noch rötlichen Blütenstengel sehen recht dekorativ aus.

In einem Gewächshaus stellt man diese Pflanzen am besten auf einen Rost, damit viel Luft an sie herankommt, um die Zweige aushärten und reifen zu lassen, was sie widerstandsfähiger gegen Infektionen aller Art macht.

Bezüglich der richtigen Benennung der auf dieser Seite abgebildeten Arten herrscht eine ziemliche Verwirrung. Kommerzielle Anbauer scheinen sich nicht einig zu sein, welche Pflanzen Unterarten sind.

Euphorbia milii wird jetzt vielfach als *E. milii milii* angeboten. Die Pflanzen

Euphorbia milii

Euphorbia milii splendens

Euphorbia milii 'Tananarive'

bilden einen dekorativen kleinen Strauch. Es handelt sich in Wirklichkeit überhaupt nicht um eine sukkulente Art. Da sie jedoch im Winter ihre Blätter abwirft, und weil man sie oft zusammen mit Sukkulenten kultiviert, habe ich mich entschlossen, sie in diesem Rahmen mit zu behandeln. Die abgebildete Stammform kommt aus Madagaskar. Sie hat dünne, etwas schwache Stacheln, die selten länger als 6 mm und kaum stärker als 2 mm werden. Die zähen, lederigen Blätter kann man eher als »sukkulent« bezeichnen als die der anderen Formen dieser Gruppe. Sie zeichnen sich durch ihre auffällige Verjüngung am Ansatz aus. Die wahren Blüten sind unscheinbare Gebilde, die von den sogenannten Hochblättern eingerahmt werden, die der Laie für Blüten hält. Auf diese eigentümliche Wuchsform wurde bereits am Anfang dieses Abschnittes eingegangen.

Eine der besten Varietäten wurde von Königer, dem bekannten Kakteen-Fachmann aus Aalen, gezüchtet. Zu Ehren seiner Stadt nannte er sie *Euphorbia milii* 'Aalbäumle'. Die Pflanze hat sehr schwache, flexible Stacheln und blüht ständig, fast über das ganze Jahr. Die schlanken Zweige wachsen zu einer kompakten Pyramide heran, was zur Beliebtheit dieser Art als Topfpflanze beiträgt.

Die viel größer wachsende *E.m. splendens* wird im Handel häufig entweder als *E. splendens* oder als *E.s. bojeri*, manchmal auch als *Euphorbia bojeri* bezeichnet. Wie die weiter oben genannte Art stammt sie aus Madagaskar. Ihr volkstümlicher Name Christusdorn ist weder theologisch noch botanisch korrekt. Als Beschreibung ist diese Bezeichnung jedoch treffend, denn die buschig wachsende Pflanze, die eine Höhe von über 2 m erreichen kann, hat bis zu 15 cm lange, manchmal sogar noch längere, an der Basis bis zu 1 cm starke, harte Stacheln. Sie wird im allgemeinen größer als die vorerwähnten Arten und die Blätter sind zwar größer aber weniger sukkulent. Die Blüten stehen in verzweigten Trauben auf klebrigen Stengeln seitlich in der Nähe der Astspitzen, manchmal aber auch direkt am holzigen Stamm. Sie werden das ganze Jahr über gebildet – besonders reich im Frühjahr und am Anfang des Sommers – und sind viel größer als bei *E. milii*.

Beim Beschneiden verlieren diese Pflanzen viel Milchsaft und man sollte die Anweisungen für die Vermehrung beachten, die auf Seite **83** gegeben worden sind. Man muß auch sehr darauf achten, daß man den Milchsaft nicht in die Augen, auf die Lippen oder gar in das Blut gelangen läßt, weil er erhebliche Gesundheitsstörungen und Schwellungen verursachen kann. Wenn Sie nach Berührungen mit der Pflanze – vielleicht beim Umtopfen – anschwellende Stellen an Ihrem Körper bemerken, ist es ratsam, Ihren Doktor aufzusuchen und ihm zu berichten, was passiert ist. Sie brauchen kaum ernsthafte oder womöglich tödliche Folgen zu befürchten, aber es gibt Leute, die gegen diesen Milchsaft allergischer reagieren als andere. Bei richtiger Behandlung wird die Schwellung rasch wieder verschwinden.

Wegen der holzigen Beschaffenheit der Stämme und wegen der Eigenschaft der Pflanze, schnell auszubluten, ist eine Vermehrung ziemlich schwierig. Man sollte es nicht versuchen, wenn man keinen Aufzuchtkasten mit Sprühnebelvorrichtung zur Verfügung hat, der eine ständige Umgebungsfeuchtigkeit gewährleistet, ohne daß die Pflänzchen wegfaulen.

Euphorbia milii 'Tananarive', die man auch *E. splendens* 'Tananarive' nennt, kann man leicht aufgrund ihrer gelben Hochblätter erkennen, die bei voller Sonnenbestrahlung eine leicht rötliche Färbung annehmen. Es handelt sich um eine zum Wuchern neigende Art. Man muß sie meistens stützen und von Zeit zu Zeit beschneiden, wenn man eine schöne Pflanze haben will. Es gibt auch eine rosa blühende Varietät, genannt *E.m. hislopii*, die sonst ähnlich wächst und aussieht.

Alle diese xerophytischen, also holzigen Arten haben die Neigung, bei jeglichen Störungen große Mengen ihrer Blätter abzuwerfen. Dies bedeutet nicht nur, daß der Händler, wo Sie die Pflanze kaufen, den Verlust von einigen Blättern zu beklagen hat, sondern daß es Ihnen, als dem Käufer, genauso geht. Dies ist aber absolut kein Beinbruch, denn die Pflanze wird alsbald wieder Blätter bilden, wenn der neue Trieb ausgebildet wird. Ein wirkliches Alarmzeichen ist das Einschrumpfen des Stammes. Sollte man dies bemerken, ist es das beste, den betroffenen Pflanzenteil abzuschneiden, denn das Einschrumpfen beginnt gewöhnlich am Wachstumspunkt.

Lebende Steine

Conophytum albescens

Conophytum bilobum

Die Aizoaceen

Die auf den folgenden 4 Seiten beschriebenen Arten gehören zur *Mesembryanthemum*-Familie, einer der größten kultivierten Sukkulentengruppen, die man mit dem lateinischen Namen Aizoaceen bezeichnet. Es handelt sich um erheblich variierende Pflanzen, zu denen nicht nur die »Lebenden Steine« *(Lithops)*, sondern auch sukkulente Büsche wie *Aptenia cordifolia* gehören, von der man die gesprenkelte Form am besten kennt. Es ist nicht möglich, alle diese verschiedenen Formen im Rahmen des vorliegenden Buches zu behandeln. Dieser Abschnitt wird sich also auf die zuerst genannte Form der steinähnlich wachsenden Pflanzen beschränken, die nicht nur bezüglich ihres Aussehens erheblich variieren, sondern auch hinsichtlich der erforderlichen Pflegebedingungen. Die Rosetten bildenden Mesembryanthemum-Arten wie *Faucaria* werden im darauf folgenden Abschnitt behandelt. Dies ist zwar in botanischer Hinsicht nicht ganz korrekt, erleichtert aber die Bestimmung durch den Hobbygärtner.

Die in diesem Abschnitt behandelten Arten sind alle extrem sukkulent, bilden meist keine Stämme und werden größtenteils aus einem einzigen Blattpaar entwickelt. Diese Pflanzen vermehrt man meistens durch Samenaufzucht, wo aber Ableger gebildet werden, kann man diese auch als Stecklinge aufziehen.

Die meisten Arten stammen aus Südafrika, wo sie die große Karru-Trockensteppe bewohnen. Sie bilden dort meistens nur eine große Rübenwurzel. Wenn es in der Steppe regnet, werden schnell in der Umgebung der Rübelwurzel viele kleine Haarwürzelchen ausgebildet, die rasch wieder verschwinden, wenn der Regen aufhört.

Conophytum

Es ist nicht unüblich, daß man eine ganze Sammlung solcher steinähnlich wachsender Pflanzen in einer gemeinsamen Schale anbietet. Trotzdem ist es nicht ratsam, eine solche Sammlung zu kaufen, es sei denn, Sie haben die Absicht, die einzelnen Exemplare separat aufzuziehen, oder Sie kaufen die Sammlung von einem ausgesprochenen Spezialisten. Selbst innerhalb der Gattung Conophytum haben viele Arten unterschiedliche Wachstumszeiten und ihre Pflegebedingungen weichen folglich stark voneinander ab.

Conophytum albescens ist unter den blühenden, steinähnlich wachsenden Pflanzen mit am leichtesten zu ziehen. Sie gehört zu einer Gruppe von Conophyten mit zylindrischen oder herzförmigen Pflanzenkörpern mit 2 deutlich ausgebildeten Lappen im Gegensatz zu den später behandelten eher kugelig aussehenden Arten. Sie kommen aus der Kapprovinz. Die Körper sind seitlich abgeflacht und erscheinen eher zweidimensional als gleichmäßig rund. Die Spitzen der Lappen sind gerundet und es besteht ein etwa 3 mm breiter deutlicher Spalt zwischen den beiden Lappen, aus dem die Blüten hervortreten. Der Artname bezieht sich auf die sehr feinen weißen Haare, welche die hellgraugrünen Pflanzenkörper überall bedecken. Die gelben Blüten erscheinen zwischen Mai und Oktober. Bei dieser Art hält man eine Ruheperiode während der Monate März und April ein. Sobald die Blüten im Oktober verschwinden, bildet sich der neue Trieb und man sollte dann bis zum Februar gießen.

Conophytum bilobum ist eine weitere zweilappige Art. Ihre Kulturbedingungen gleichen denen für *C. albescens*. Sie

wächst in der gleichen natürlichen Umgebung wie die vorgenannte Spezies. Ein Unterschied zu dieser besteht in der Neigung von *C. bilobum*, sich im Laufe der Zeit zu verzweigen und auf diese Weise große Matten auszubilden. Die Pflanzenkörper sind ähnlich zusammengedrückt wie die von *C. albescens*. Sie sind graugrün gefärbt und nicht mit feinen weißen Haaren bedeckt wie die vorerwähnte Art, obwohl die Oberfläche etwas mehlig aussieht. Die Kanten der Körper zeigen eine leicht rötliche Färbung.

Wegen ihrer Fähigkeit, sich zu vergrößern und durch die gänseblümchenartigen gelben Blüten eignen sich diese Pflanzen gut für den Amateur. Wenn man mehrere Arten in einer gemeinsamen Schale ziehen möchte, kann man diese Art mit *C. cauliferum* mit ihren fast orangefarbigen Blüten und mit *C. frutescens* kombinieren, die tieforangegelb blüht. Alle 3 Arten kommen aus dem gleichen Teil der Welt und verlangen die gleichen Pflegebedingungen.

Die auf dieser Seite abgebildeten Arten sollte man unter keinen Umständen mit den auf der vorhergehenden Seite beschriebenen zusammen kultivieren, denn sie verlangen ganz andere Pflegebedingungen. *Conophytum minutum*, zum Beispiel, muß man im März gießen, besonders, wenn das Frühjahr schon gute Fortschritte macht. Zu diesem Zeitpunkt muß man reichlich Wasser geben, weil jetzt die neuen Pflanzenkörper ausgebildet werden. Zwischen April und Mai muß man dagegen völlig mit dem Gießen aufhören, selbst wenn die Pflanzen dann ein wenig einschrumpfen, denn dies ist die natürliche Ruheperiode der Spezies. Im Juni erscheint dann der neue Trieb und man beginnt wieder zu gießen.

Conophytum minutum　　　　　*Conophytum obcordellum*　　　　　*Conophytum velutinum*

Die Blüten erscheinen bei dieser Gruppe von Juli bis November. Von Dezember bis Februar kann man auch gießen und die Temperaturen sollten dann nicht unter 10° C abfallen.

Conophytum minutum bildet rundliche Matten und hat birnenförmige Körper, die seitlich nicht so flachgedrückt sind wie die auf der vorherigen Seite beschriebenen Arten. Oben sind sie flacher und die beiden Lappen sind nicht so deutlich ausgeprägt. Wie man aus dem Namen schließen kann, handelt es sich um eine sehr kleinwüchsige Art, die selten höher wird als 1 cm, und auch die mittlere Spalte ist sehr winzig. Die blaßlila Blüten, die bereitwillig auch von sehr kleinen Exemplaren gebildet werden, haben Durchmesser von bis zu 1 cm.

Eine Art, die sich gut mit dieser Varietät zu einer gemischten Sammlung kombinieren läßt, ist *C. pearsonii*, eine ziemlich größere Pflanze, die mit der Zeit ganze Kissen bildet und viel dunklere rosa Blüten mit einem Durchmesser von fast 2,5 cm hervorbringt.

Conophytum gratum, eine rot blühende Art mit größeren, birnenförmigen Körpern, die dicht mit grauen Punkten übersät ist, läßt sich ebenfalls mit den beiden vorerwähnten Arten kultivieren.

Conophytum obcordellum bildet dicht verwachsene Matten, deren einzelne Körper selten Durchmesser von über 1 cm erreichen, obwohl manchmal Größen von 2,5 cm vorkommen. Sie sind an der Spitze ausgesprochen abgeflacht und sehen von oben nierenförmig oder elliptisch aus. Während die Seiten der Pflanzenkörper rosarot gefärbt sind, ist das Oberteil meistens bläulich grau. Die Farben des Körpers können bei wild lebenden Exemplaren stark variieren, da sich

die Pflanzen ihrer Umgebung farblich anpassen (Mimikry-Effekt). Die Punkte auf der Oberfläche sind zu astförmigen Linien aufgereiht, wodurch sich diese Art von der mit einem ähnlich klingenden Namen bezeichneten Spezies *C. obconellum* unterscheidet, bei der die Punktlinien oben zusammenlaufen. Diese Pflanzen mit ihren weißen oder leicht gelben, duftenden Blüten lassen sich gut zusammen mit der abgebildeten Art kultivieren, denn beide profitieren von etwas Schatten während unserer britischen Sommer, einer Zeit, in der man sie nicht auf dem obersten Brett eines Gewächshausregals stehen lassen sollte.

Conophytum parviflorum kann man trotz ihres Namens (der »kleinblütig« bedeutet) zusammen mit *C. obconellum* und *C. obcordellum* zu einer attraktiven Sammlung zusammenfassen. An der Stelle der schwärzlichen Punkte sind die Körper leicht erhöht und die Punkte stehen bei manchen Formen so dicht beieinander, daß sie fast ununterbrochene halbdurchsichtige Linien auf der Oberfläche der Pflanzen bilden.

Conophytum velutinum ist eine der Arten, bei denen die alten Blattscheiden nach Entwicklung der neuen Pflanzenkörper bestehen bleiben. Sie verzweigt sich sehr bereitwillig und es werden meistens 2 Pflanzenkörper aus einem gemeinsamen Stamm gebildet. Der Körper ist im oberen Bereich nur leicht zusammengedrückt, seitlich dagegen ziemlich flach. Die Pflanzenkörper fühlen sich samtweich an. Die Oberfläche ist mit einem Flaum winziger Härchen bedeckt, mit deren Hilfe die Pflanze die Tauperlen einfängt. Die sehr auffälligen purpurroten Blüten erreichen Durchmesser von fast 2,5 cm.

Andere gute mit einem ähnlichen samtigen Haarflor versehene Arten, die sich vorteilhaft mit der vorerwähnten Spezies kombinieren lassen, sind *C. puberulum*, die gelb blüht und mit der Zeit eine niedrigwachsende Gruppe von etwa zwanzig Exemplaren ausbildet, und *C. papillatum*, eine ebenfalls gelb blühende Pflanze, deren Körper dicht mit Mehl bestäubt erscheinen und in der Nähe der Furche einige längere Haare ausbilden.

Lithops

Der griechische Name Lithops bedeutet »wie ein Stein aussehend«. Man sieht diese Bezeichnung manchmal als Pluralbildung an, es handelt sich jedoch um den Gattungsnamen der echten »Lebenden Steine«.

Diese Pflanzen eignen sich vorzüglich für die Pflege im Heim. Sie sind besonders im Fernen Osten sehr beliebt, wo die Miniaturpflanzen gut zu den dort so sorgfältig gepflegten Bonsai-Bäumen passen. Der Stamm liegt unter der Erde, wo die Pflanze eine lange, dicke, fleischige Pfahlwurzel besitzt. In Zeiten langdauernder Trockenheit schrumpft die Wurzel zusammen und zieht den über dem Boden wachsenden Pflanzenteil immer tiefer in die Erde hinein, bis er praktisch unsichtbar wird. Die toten Überreste der alten Blätter sollte man nicht entfernen, besonders nicht, wenn man die Pflanzen an einer sonnigen Stelle im Gewächshaus – vielleicht auf einem hochgelegenen Brett – unterbringt, weil die aus der Zentralspalte herauskommenden neuen Blätter dann besser geschützt sind. Wenn Blüten erscheinen, sind sie oft größer als die ganze Pflanze.

Selbst in Großbritannien wachsen *Lithops*-Pflanzen gut, wenn man sie mit Steinen umgibt, die den Pflanzenkörpern ausreichenden Schatten bieten. Der einzige Punkt, der immer Licht braucht, ist die äußerste Spitze und es gibt Arten, die dort kleine Fenster besitzen, durch die das Licht eindringen kann. Dies ist jedoch ein typisches Merkmal für eine andere Gattung, *Ophthalmophyllum*.

Nachdem die Blüten im September absterben und der Samen gebildet und geerntet ist, hört man mit dem Gießen auf. Erst im April gibt man dann wieder Wasser. Wenn der Winter mild war, wartet man am besten bis Ende April mit dem Gießen, wenn man will, daß die Pflanzen blühen. Wenn man wieder beginnt, Wasser zu geben, sterben die alten Körper sofort ab und in der Mitte bilden sich die neuen. Das bedeutet nicht, daß die Pflanze abstirbt. Der neue Trieb wächst heran bis zur Blütezeit, meistens im August.

Obwohl man diese Pflanzen wie Kakteen im Winter trocken hält, muß man ihnen in dieser Jahreszeit etwas mehr Wärme gönnen. Die Idealtemperatur liegt dann bei etwa 10° C. Außerdem brauchen sie in dieser Zeit volles Sonnenlicht. Wenn man nur ein einziges Gewächshaus zur Verfügung hat, ist es von Vorteil, die Pflanzen mit in die Wohnung zu nehmen und sie auf ein nach Süden gerichtetes Fenster zu stellen. Wenn bei Nacht die Vorhänge zugezogen werden, läßt man sie am besten nicht auf dem Fensterbrett, sondern stellt sie in das Zimmer, weil sonst eine reelle Gefahr besteht, daß sie zu kalt werden.

Man sollte diese Pflanzen nicht zu tief in die Erde eingraben. Wenn sie weiter in den Boden eindringen wollen, werden sie es schon selbst tun, es ist allerdings in unseren Breiten wenig wahrscheinlich, daß dies passiert. Es ist auch vernünftig, sich einen der langen, extrem konischen Blumentöpfe aus gebranntem Lehm zu beschaffen, in denen die noch jungen Pflanzen eine gute Pfahlwurzel ausbilden können.

Man vermehrt diese Art am besten durch Aufzucht aus dem bereitwillig keimenden Samen. Viele Varietäten blühen bereits im zweiten Jahr. Wenn Ableger vorhanden sind, kann man diese natürlich aufziehen.

Dinteranthus

Dinteranthus puberulus gedeiht angeblich am besten zwischen Quarzsteinen, einer Umgebung, die man nicht so leicht schaffen kann. Sie differiert von den anderen Mitgliedern dieser Gruppe, indem gewöhnlich mindestens 2 Sätze von Pflanzenkörpern vorhanden sind, einer auf dem anderen. Die Oberseite der sich verbreitenden Blätter ist ganz flach ausgebildet, die Unterseite scharf keilförmig geformt und nach dem Scheitelpunkt des Pflanzenkörpers hin herumgebogen, so daß eine Form entsteht, die wie ein Stück Käse aussieht, das man aus einem runden Laib herausgeschnitten hat. Obwohl der lateinische Artname auf das Vorhandensein von Haaren auf den Pflanzenkörpern hinweist, kann man solche nur unter Zuhilfenahme eines Vergrößerungsglases erkennen. Die Pflanze fühlt sich allerdings samtartig an. Die schönen goldgelben Blüten erscheinen im Oktober. Die Ruhezeit dauert vom November bis zum Mai.

Pleiospilos

Im Gegensatz zu den auf der vorhergehenden Seite beschriebenen Aizoazeen eignen sich die oben abgebildeten Pflanzen dieser Gattung aufgrund ihrer Größe und wegen ihres wuchernden Wuchses weniger zur Pflege in einer Gruppe. Durch die klumpige Form ihrer Blätter sehen sie Steinen ziemlich ähnlich, so daß ihre Einbeziehung in diesen Abschnitt als gerechtfertigt erscheint.

Pleiospilos bolusii wurde nach Dr. H. M. Louisa Bolus benannt, die zu Beginn unseres Jahrhunderts diese Pflanzengruppe gründlich erforscht hat. Zunächst einzeln wachsend, neigen sie später zu wuchernden Verzweigungen. Die Pflanzenkörper bestehen meist aus einem, manchmal auch aus 2 Blattpaaren. Obwohl die Pflanze fast aufrecht wächst, macht sie wegen der flachen Oberfläche der Glieder, die breiter als hoch sind, einen ausgesprochen breiten Eindruck. Die graugrünen Pflanzenkörper können bei reichlicher Sonnenbestrahlung eine rötliche Färbung annehmen, besonders wenn man sie gleichzeitig trocken gehalten hat. Die Blätter sind mit zahlreichen viel dunkleren Punkten bedeckt, die an der nach innen gekehrten Blattfläche weniger dicht stehen. Blüten werden im Spätherbst bereitwillig gebildet. Nach dem Abblühen setzt man bis Ende März mit dem Gießen aus.

Pleiospilos nelii findet man nicht so oft wie die vorerwähnte Art. Sie sieht *P. bolusii* ähnlich, hat aber nicht den für die vorgenannte Art typischen Kiel.

Rhombophyllum

Rhombophyllum rhomboideum gehört zu einer Pflanzengruppe, bei der die Wachstumsperiode auf die Blütezeit folgt. Sie bilden eine Matte niederliegender Rosetten mit 8 bis 10 dicken, sehr sukkulenten 2,5 bis 5 cm langen und bis 2,5 cm dicken Blättern. Wie der Name andeutet, haben die Blätter eine Rhomboidform. Die Blattoberfläche bildet eine flache Mulde zur Mitte hin, während die Unterfläche zur Blattspitze hin auffällig gekielt ist. Die meisten Varietäten haben weißgeränderte, manchmal auch leicht gezähnte Blätter. Die ganze Pflanze ist mit zahllosen weißen Punkten übersät. Die Blüten erscheinen zwischen Juni und September, oft sind es 3 oder mehr auf einem gemeinsamen Stengel. Sie sind wunderschön goldgelb und außen rötlich und erreichen einen Durchmesser von etwa 4 cm.

Wie bereits erwähnt, wächst die Pflanze weiter, wenn die Blütezeit vorbei ist und verlangt dann bis zum Beginn der Ruhezeit im November einen warmen, sonnigen Platz und regelmäßiges Gießen. Während der Ruhezeit im Winter gönnt man ihr genügend Licht. *R. rhomboideum* benötigt jedoch in dieser Zeit keine so hohen Temperaturen wie einige andere Arten. Etwa 7° C reicht dann völlig aus. Die Pflanzen lassen sich am besten aus den bereitwillig keimenden Samen vermehren. Natürlich eignen sich auch die Ableger zur Aufzucht.

Rhombophyllum nelii sollte man nicht mit *Pleiospilos nelii* verwechseln, obwohl beide nach Professor G.C. Nel benannt worden sind, dem ehemaligen Direktor des Botanischen Instituts in Stellenbosch. Diese Pflanze zeichnet sich aus durch die deutlich zweilappigen Blätter, die an der Rückseite zusammengewachsen sind und dann bis hinunter zur Basis ein einziges Blatt bilden. Die Blätter sind bläulichgrün und überall mit etwas dunkleren Punkten übersät. Mit einem Durchmesser von fast 5 cm sind die leuchtend gelben Blüten dieser Pflanzen erheblich größer als die der vorerwähnten Art.

Lampranthus aureus sieht als Jungpflanze *R. nelii* ähnlich. Der Unterschied wird aber sichtbar, sobald sie ihren charakteristischen Stamm ausbildet, den man klar zwischen den Blättern erkennen kann.

91

Rosettenbildende Sukkulenten

Adromischus cooperi   *Faucaria tigrina*

Diese und die folgenden 4 Seiten sind einer gemischten Gruppe von Sukkulenten gewidmet, die keinen oder einen kaum sichtbaren Stamm besitzen, sondern in Bodennähe eine Rosette ausbilden. In dieser Hinsicht gibt es kaum botanische Unterschiede zur vorerwähnten Gruppe der Mesembryanthemaceen, aber diese Pflanzen fallen als Einzelexemplare nicht so auf und differieren stark in ihren Pflegebedürfnissen. Verwandte Arten finden Sie im Abschnitt über die stammbildenden Sukkulenten, die nicht zu den Wolfsmilchgewächsen zählen, also zum Beispiel bei den Aloë- und Agavenarten.

Es gibt auch zahlreiche Crassulaceen, die Rosetten bilden und auch Pflanzen, deren Stämme so wenig auffallen, daß man sie meist übersieht.

Es ist nicht möglich, etwas Allgemeinverbindliches über die für diese Pflanzengruppe einzuhaltenden Pflegebedingungen auszusagen. Fast alle bilden Ableger, die sich leicht aufziehen lassen, wenn auch manche Arten, wie *Agave americana*, damit warten, bis sie eine beachtliche Größe erreicht haben. Die am häufigsten gepflegten Arten sind die rosettenbildenden Echeverien. Diese häufig als billige Topfpflanzen angebotenen Pflanzen, die man sogar in Parks antreffen kann, werden am Ende dieses Abschnittes auf den Seiten **95** bis **96** beschrieben. Einige der Sukkulenten, wie Sempervivum, sind winterhart und bilden eine Gruppe, die man sowohl im Gewächshaus als auch im Garten ziehen kann.

Die damit eng verwandte Art *Orostachys spinosus* ist nur bedingt winterhart und kann nur in geschützten Lagen als Freilandpflanze kultiviert werden.

Adromischus

Adromischus cooperi ähnelt zwar als Jungpflanze einer Lithops-Art, gehört aber zu den Crassulaceen, was man feststellt, sobald sie blüht. Obwohl diese Pflanzen immer als *A. cooperi* angeboten werden und aus diesem Grunde auch unter diesem Namen abgebildet sind, ist es mehr wahrscheinlich, daß es sich um *A. festivus* handelt, denn die botanisch relevante *A. cooperi* ist nicht mehr als Kulturspezies bekannt. *A. festivus* hat kurze, keilförmige Blätter, die an der Spitze flach und etwas wellig ausgebildet sind. Sie sind graugrün und stark mit rötlichen Flecken marmoriert. Ein auffälliges Merkmal dieser Pflanzen sind die aus den Stämmen hervortretenden Luftwurzeln, wodurch klar erkenntlich wird, daß es sich nicht um ein Mesembryanthemum handelt.

Eine andere oft angebotene *Adromischus*-Art ist *A. maculatus*. Jungpflanzen dieser Spezies entwickeln einen Stamm, der später stärker wird und schließlich eine Höhe von 10 cm erreicht. In anderer Hinsicht ähnelt die Pflanze der vorerwähnten. Die auf einem langen Stengel stehenden weißen Blüten mit rosa Spitze sind ziemlich klein.

Faucaria

Faucaria tigrina wird wegen ihres Aussehens auch Tigerrachen genannt. Hier handelt es sich wirklich um ein Mesembryanthemum. Die gänseblümchenartigen goldgelben Blüten werden im Spätsommer und im Herbst gebildet. Man muß noch bis November gießen und gönnt den Pflanzen dann eine Ruhepause in einem kühlen Gewächshaus bei einer Höchsttemperatur von 7° C, bis sie im Mai wieder mit dem Austrieb beginnen. Trotz ihres gefährlichen Anblicks sind die »Stacheln« oder Zähne an den Blattkanten nicht scharf, sondern sehr weich. Sie brechen leicht ab.

Die Blätter wachsen zusammengedrängt und bilden eine dichte Rosette mit einem leicht rhomboidförmigen Querschnitt. Die Blattspitzen sind kinnartig hochgezogen. Jedes Blatt besitzt 9 oder 10 auf die Mitte der Pflanze gerichtete Zähne mit einer fast haarartigen Spitze. An gut beleuchteten Stellen neigen die Blätter zu einer Rötlichfärbung und es gibt eine spezielle Form – *F. t. splendens* –, bei der diese rötliche Farbe noch auffälliger ausgeprägt ist.

Faucaria tuberculosa hat fast zahnähnliche Warzen, die auf der inneren Blattoberfläche stehen, ähnelt aber in anderer Hinsicht *F. tigrina*.

Obgleich die meisten Faucarias gelb blühen, hat *F. candida* weiße Blüten, *F. felina jamesii* und *F. laxipetala* dagegen sind an der Außenseite der goldgelben Blüten rosa bzw. rötlich überlaufen.

Gasteria verrucosa

Haworthia papillosa

Aloë aristata

Gasteria

Gasteria verrucosa ist mit den Lilien verwandt und blüht auch etwa ähnlich. Sie verträgt Schatten sehr gut, was sie für die Pflege im Haus prädestiniert. Man kann sie im Winter zusammen mit Kakteen bei Temperaturen unter 7° C kultivieren. Die Pflegebedingungen sind im allgemeinen ähnlich wie bei Aloë-Arten, mit denen diese Pflanze eng verwandt ist. Im Sommer schätzt sie den Schatten ähnlich wie die auf der nächsten Seite beschriebene *Aloë variegata*. Für die Vermehrung verwendet man am besten abgeschnittene Blätter, die man als Stecklinge aufzieht, oder einen der zahlreichen Ableger. Eine Samenaufzucht ist nicht zu empfehlen wegen der Gefahr gegenseitiger Hybridisierung, denn es ist nicht immer möglich, die Rassereinheit solcher Pflanzen zu garantieren. Die meisten Gasteria-Arten sind sich in ihrer Jugendform ähnlich, weil sie in diesem Stadium die Blätter nur gegenüberliegend ausbilden. Erst ältere Exemplare wachsen dann rosettenförmig.

Gasteria verrucosa bildet nie vollständige Rosetten, weil sich die Blätter immer gegenüberstehen. Lange Blätter sind leicht gewellt und haben eine rosa getönte Scheide, mit der sie den Stamm umfassen.

Das hervorstechendste Merkmal ist die große Zahl kleiner, weißer, zusammenlaufender Warzen, welche die Blattoberflächen bedecken und der Pflanze ihren Namen gegeben haben.

Aufgrund der außerordentlichen Fruchtbarkeit der Gasterien hat sich eine Anzahl intergenerischer Hybriden gebildet wie x *Gastrolea (Gasteria* x *Aloë)* und x *Gasterhaworthia (Gasteria* x *Haworthia).* Diese Kreuzungen werden jetzt eingeführt.

Haworthia

Haworthia papillosa ist ebenfalls mit zahllosen weißen Warzen bedeckt, hat aber einen eher zur Rosettenbildung neigenden Habitus. Sie bildet nicht so leicht Ableger aus, man kann die Pflanze aber leicht mit Hilfe von abgeschnittenen Blättern vermehren, die man als Stecklinge aufzieht. Die Blattrückseite ist dichter mit Warzen besetzt als die Vorderseite. Die Blüten stehen auf einem langen Stengel, etwas von der Mittelachse entfernt.

H. margaritifera sieht *H. papillosa* ähnlich. Auch sie ist mit zahllosen weißen Warzen bedeckt, bildet aber bereitwilliger Ableger aus. Von dieser Art existieren viele Varietäten, von denen *H.m. corallina* ohne Zweifel die beste ist. Diese Form hat sogar noch mehr weiße Warzen, die sich in der Nähe der viel schlankeren Blattbasis zu einer fast weißen Masse verdichten.

Haworthia cuspidata dagegen hat überhaupt keine Warzen. Ihr auffälliges Merkmal sind die fast durchsichtigen, fensterartigen Flecken an der Spitze der dicken, scharf gekielten, hellgrünen Blätter. An der Seite sind die Blätter leicht gezähnt.

Eine andere bemerkenswerte Pflanze dieser Gruppe ist *H. bolusii*, deren Blattränder so stark mit faserigen weißen »Zähnen« besetzt sind, daß eine dichte Matte weißer Borsten entsteht. Es gibt eine noch borstigere Varietät, *H.b. aranea.*

Aloë

Aloë aristata sieht den vorher beschriebenen Haworthiaarten mit weißen Warzen sehr ähnlich, hat aber viel weniger sukkulente Blätter. Sie ist verdienterweise sehr beliebt, weil sie viele Ableger ausbildet, so daß manche Blumenfreunde sich gezwungen sehen, sie an Freunde zu verschenken. Selbst junge Pflanzen blühen den ganzen Sommer über. Den Pflanzen sollte man etwas Schatten gönnen, wenn man eine Rotfärbung der Blätter vermeiden will. Die rötlichen, röhrenförmigen Blätter stehen auf langen Stengeln etwas von der Mittelachse der Pflanze entfernt.

Die Blätter sind an den Rändern und auf der Oberseite mit kleinen, knorpelartigen Zähnen besetzt. Das Hartwerden und Einschrumpfen der Blattspitzen ist eine ganz normale Erscheinung. Man kann diese Spitzen abschneiden, ohne der Pflanze zu schaden.

Aloë (Fortsetzung)

Aloë variegata wird wegen ihres gescheckten Aussehens auch »Tiger-Aloë« genannt. Sie kommt aus Südafrika und bildet eine stammlose Rosette, die manchmal eine gewisse Größe erreicht, oft wächst sie aber auch als ziemlich niedrige, von vielen Ablegern umgebene Pflanze.

Die dreieckig geformten, oben stark gefurchten Blätter werden in 3 klar erkennbaren Reihen gebildet, wobei jedes aus der Basis des vorhergehenden hervortritt. Bei reifen Exemplaren können sie fast 15 cm lang und über 2,5 cm breit werden. Die weiße Bänderung aus regelmäßigen weißen Punkten findet man auch bei anderen Aloë-Arten. Auf den etwas hornigen Blatträndern sitzen kleine weiße, mit dem bloßen Auge kaum wahrnehmbare Zähne, die man fühlen kann, wenn man mit dem Finger darüber hinwegstreicht. Der meistens einzeln stehende Blütenstengel kann bis zu 30 cm über die Mitte der Pflanze hinausragen. Die etwas herabhängenden, röhrenförmigen, rötlichen Blüten bilden leicht keimende Samen.

Diese Art scheut volles Sonnenlicht, welches die Pflanzenkörper rötlich statt grün werden läßt. Aus diesem Grund kann man sie gut im Heim pflegen, besonders bei ausgesprochen trockenen Luftverhältnissen. Man sollte sie also an kein nach Süden gerichtetes Fenster stellen. Bei Gewächshaushaltung läßt man sie ein wenig trockener als die meisten anderen Aloë-Arten, denn sie hat eine Neigung, schnell wegzufaulen.

Agave

Agaven eignen sich nicht als Pflegeobjekt für Leute mit wenig Geduld und knappem Raum.

Man hat sie oft als Jahrhundertpflanzen bezeichnet, ein Ausdruck, der viele Leute dazu verleitet hat zu glauben, daß »Kakteen« nur einmal in ihrem Leben blühen. Den Namen Jahrhundertpflanze erhielten sie aufgrund ihres langsamen Wachstums und wegen des unregelmäßigen Blühverhaltens. Vielen von uns sind ihre telegraphenmastähnlichen hohen Blütenstengel von Mittelmeerreisen her bekannt.

Agave americana ist eine typische Art, die man ziemlich leicht im Handel bekommen kann. Ihre graugrünen Blätter können bis zu 2 m lang werden. Sie sind an der Spitze mit einem scharfen Stachel besetzt. Es gibt viele Varietäten, so zum Beispiel *Agave americana marginata*, die sich durch wunderschöne breite, weiß- oder cremefarbige Streifen an den Kanten der scharfgezähnten Blätter auszeichnet. Eine andere Varietät, *Agave americana medio picta*, erkennt man an dem blassen Streifen in der Blattmitte.

Die marmorierten Formen von *A. americana* werden häufig mit *Furcraea selloa marginata* verwechselt, die aus Kolumbien stammt. Letztere unterscheidet sich von der ersteren durch den Stamm, der bis zu 1 m hoch werden kann, wenn die Pflanze älter wird, während *A. americana* eine völlig stammlose Rosette bildet. Die Blätter sind viel schmäler als bei *A. americana*, bei welcher Art sie normalerweise im ausgewachsenen Zustand 10 cm breit sind, ein Maß, das bei *Furcraea selloa* nur an der breitesten Stelle des Blattes erreicht wird.

Crassula

Crassula socialis ist ein ausgezeichnetes Objekt für eine kleinere Sammlung. Sie gedeiht gut in einem flachen Tongefäß, in dem sie sich genügend ausbreiten kann. Die stammlosen Rosetten bilden dichte, sich verzweigende Matten, deren einzelne Pflänzchen kaum einen Durchmesser von 1 cm überschreiten. Die hellgrünen, dreieckigen, stengellosen Blätter sind an der Oberfläche leicht gefurcht und haben etwas hornige Kanten. Die im Februar auch schon an jungen Pflanzen erscheinenden Blüten stehen auf kurzen, schlanken Stielen, die sich aus der Rosette entwickeln.

C. columnaris und *C. teres* sehen der obigen Art ähnlich, wachsen aber mehr aufrecht als die abgebildete Pflanze. Die Blätter von *C. teres* sind am Stiel so dicht gefaltet, daß sie praktisch eine ununterbrochene Oberfläche bilden, während die endständigen Blüten von *C. columnaris* sich unter den oberen Blättern verstecken, die viel auffälliger geformt sind als die der vorhergenannten Arten.

Orostachys spinosus

Echeveria carnicolor

Orostachys

Sempervivumarten sind in England wohlbekannt als Haus- oder Dachwurz und sind ein ausgezeichnetes Sammelobjekt, mit denen der Sukkulentenfreund sein Hobby im Garten pflegen kann. Die meisten Arten sind winterhart und man kann sie gut in einem Steingarten ziehen. Es gibt eine riesige Menge verschiedener Formen, jeweils abhängig von der Beschaffenheit des Pflanzbodens. Die in England bekannteste Art ist *Sempervivum tectorum*.

Verschiedene Arten werden von Alpenpflanzengärtnern angeboten. Eine der interessantesten davon ist *S. arachnoideum*, bei der die Spitzen der Blätter lange weiße Borsten entwickeln, die dazu neigen, sich zu verflechten und so der Pflanze ein Aussehen geben, als sei sie mit Spinnenweben bedeckt. *S. soboliferum* (die man jetzt korrekter *Jovibarba sobolifera* nennt) zeichnet sich durch ihre vielen Ausleger aus, die sie nicht nur an der Basis, sondern auch zwischen den Blättern bildet.

Während die Sempervivum-Arten vielfach europäischen Ursprungs sind, handelt es sich bei *Orostachys* um eine eher aus dem asiatischen Raum stammende Gruppe. Obwohl diese Pflanzen meist winterhart sind, kann man sie gut in einem Topf ziehen, weil sie langsamer wachsen als Sempervivum. Am häufigsten sieht man *O. spinosus*, die wild zwischen dem südlichen Ural und Japan vorkommt. Sie bildet eine Rosette mit ungleichmäßig stehenden äußeren und dicht zusammengedrängten inneren Blättern.

Die Blüten von *O. spinosus* sind grünlich gelb. Da es sich um eine zweijährige Pflanze handelt, ist es ratsam, die Samen aufzuheben.

Echeveria

Einige zur Gruppe der Echeverien gehörenden Arten werden erst im nächsten Abschnitt behandelt, es gibt aber viele Formen, die ähnlich wie Sempervivum Rosetten bilden und mit denen ich mich auf dieser und auf der folgenden Seite beschäftigen werde.

Echeveria carnicolor stammt aus Mexiko und bildet dichte Klumpen mit zahllosen Ablegern. Die einzelnen Rosetten haben Durchmesser zwischen 8 und 10 cm und setzen sich aus spatelförmigen Blättern zusammen, die im oberen Teil der Pflanze flach ausgebildet, weiter unten jedoch leicht gekielt sind. Die etwas bereiften Blätter sind purpurrosa, fast fleischfarbig. Diese Pflanzen sollte man nicht mit Malathion behandeln, weil dieses Schädlingsbekämpfungsmittel den Reifbelag schädigt wie das auch bei anderen graufarbigen Arten der Crassulafamilie der Fall ist. Die orangeroten, etwas röhrenförmigen Blüten stehen auf 15 cm hohen Stengeln. Sie erscheinen zwischen Januar und März.

Beim Eintopfen eines Stecklings und beim Umtopfen der Pflanzen sollte man etwas Seggentorf oder sterilisierte Lauberde der Erdmischung beigeben, denn diese Art verlangt einen nährstoffreicheren Boden als die meisten anderen Sukkulenten.

Wie die vorerwähnte Art ist *E. derenbergii* in Mexiko beheimatet. Sie wächst meistens stammlos, obwohl es Formen mit einem ziemlich unscheinbaren Stamm gibt. Die hellgrünen Blätter sind an der Ober- und Unterfläche bereift, was bedeutet, daß man diese Pflanzen nicht mit Malathion behandeln sollte. Die Blütenstiele sind kürzer als die der vorerwähnten Art und die Blätter haben rote Ränder. Wegen ihrer Blühfreudigkeit

Echeveria derenbergii

wird diese Pflanze schon ziemlich lange kultiviert. Sie erregte auch das Interesse der Züchter, die versucht haben, durch Kreuzung mit *E. setosa*, die auf der nächsten Seite abgebildet ist, eine noch schönere Pflanze zu entwickeln. Die so entstandenen Hybriden nennt man *E. × derosa*. Sie wachsen nicht so untertassenförmig und mehr kuppelartig als die abgebildete Art und sind auch nicht so bereift, dafür aber leicht behaart.

Die Hybriden blühen noch bereitwilliger als die Stammform und werden aus diesem Grunde noch mehr kultiviert. Wenn man also Wert darauf legt, die ursprüngliche Art zu besitzen, muß man die Form der Rosette und die Blattoberfläche kritisch prüfen.

Echeveria glauca

Echeveria (Fortsetzung)

Den meisten Echeveria-Arten tut es gut, wenn man sie während des Sommers in den Garten setzt, denn sie wachsen im allgemeinen ziemlich schnell und können bei zu langer Zimmerpflege vergeilen und ausbleichen. Die Sommerluft und die meist kühlere Außentemperatur verhelfen zu einem kompakten Wachstum und die Pflanzenoberfläche kann reifen und aushärten, was die Blütenbildung fördert. Während des Winters brauchen sie nicht besonders viel Wärme, 10° C reicht dann für alle Arten aus und man gießt in dieser Zeit weniger, nur alle 4 bis 5 Wochen. Es ist zwar leicht, diese Pflanzen aus dem Samen aufzuziehen, aber da es sich bei den handelsüblich vertriebenen Exemplaren nicht immer um den reinen Typus handelt, ist es wohl besser, wenn man Stecklinge bewurzelt und aufzieht. Man entfernt lediglich ein Blatt und bedeckt das spitz zulaufende Ende mit einer Mischung aus etwas leichtem Lehm, Torfmull und Sand. Innerhalb kurzer Zeit bildet sich am unteren Ende eine kleine Pflanze. Wenn das Pflänzchen dann groß genug ist, setzt man es mitsamt dem Substrat in einen größeren Topf. Obwohl das »Eltern«-blatt noch ein wenig weiterwächst, entfernt man es, sobald sich das Pflänzchen genügend etabliert hat, weil es der jungen Pflanze sonst die Kraft nimmt.

Echeveria glauca ist eine der auffälligeren rosettenbildenden Arten. Sie bildet bereitwillig Ableger und hin und wieder auch einen kurzen Stamm. Die Rosetten bestehen jeweils aus bis zu 50 Blättern und erreichen einen Durchmesser von ca. 10 cm. Die Blätter sind viel weniger dicht angeordnet als bei den auf der vorhergehenden Seite abgebildeten Arten.

Echeveria pulvinata

Sie sind bläulich gefärbt, noch ausgeprägter spatelförmig ausgebildet, etwas bereift und rot gerändert (besonders stark, wenn man sie in einem Steingarten während des Sommers an eine sonnige Stelle gestellt hat). Die Blätter sind auch viel dünner als die der beiden auf der vorigen Seite beschriebenen Arten und die Blütenstengel sind viel höher und erheben sich manchmal fast 30 cm über die Pflanze. Sie tragen zwischen 12 und 20 tiefrote Blüten, die im Frühjahr erscheinen. Es gibt auch eine Varietät, *E.g. pumila*, die viel schmälere Blätter und gelbliche, an der Basis etwas rote Blüten hat.

Echeveria pulvinata sieht als junge Pflanze silbrig aus, ist aber mit zunehmendem Alter mehr oder weniger mit bräunlichem Filz bedeckt. Obwohl ich diese Art hier unter den stammlosen Pflanzen eingeordnet habe, entwickelt sie einen kurzen Stamm und manchmal sogar Zweige. Es handelt sich jedoch um keine schnellwachsende Spezies und sie ist auch empfindlicher als andere. Die Rosetten werden bei weitem nicht so regelmäßig ausgebildet und sind auch nicht so kompakt wie die der anderen abgebildeten Arten.

Echeveria pilosa ist eine weitere zunächst stammlos wachsende Pflanze, die aber mit zunehmendem Alter einen kurzen Stamm ausbildet. Ähnlich wie die abgebildete Art ist sie mit weichen, kurzen, allerdings weißen Härchen bedeckt. Die Blätter sind jedoch viel regelmäßiger angeordnet und auch viel schmäler.

Echeveria setosa hatte ich schon im Zusammenhang mit *E. derenbergii* erwähnt, mit der man sie vielfach gekreuzt hat. Obwohl beide Arten sich bei der Kulturform leicht kreuzen lassen, wird

Echeveria setosa

von Hybridbildungen in der Natur nicht berichtet. Die Rosetten dieser Art fallen durch die stumpfen dunkelgrünen mit weißen borstigen Haaren (beidseitig) bedeckten Blätter auf. Im April und Juli erscheinen ohne besonderes Zutun die auf einem kurzen Stengel in der Mitte der Pflanze stehenden rötlichgelben Blüten. Der Samen keimt bereitwillig, was wohl auch der Grund war, warum sich die Züchter mit diesen Echeverien so sehr beschäftigt haben.

Es gibt auch eine Kreuzung zwischen *E. harmsii* (Synonym *Oliveranthus elegans*) und *E. setosa*, die man treffend als *E.* Set-Oliver bezeichnet. Sie hat weniger dichte, gefälligere Rosetten und längere Blütenstengel sowie größere Blüten als die Stammform.

Sukkulenten mit aufrechten, bogenförmigen oder hängenden Stämmen

Aloë arborescens

Im folgenden Abschnitt beschäftige ich mich mit einer Reihe verschiedener Sukkulenten, die sich durch einen aufrechten, bogenförmigen oder hängenden Stamm auszeichnen. Die einzelnen hier beschriebenen Arten gehören natürlich zu vielen verschiedenen Familien und ich habe mich auch nicht bemüht, die abgebildeten Spezies in eine botanisch korrekte Reihenfolge zu bringen, sondern wählte die ins Auge fallenden oberflächlichen Wuchsmerkmale der Pflanzen. Ich beginne mit der größeren Gruppe der Arten mit aufrechten Stämmen und befasse mich am Schluß mit den Sukkulenten mit hängenden Stämmen.

Da die Arten aus so vielerlei verschiedenen Familien stammen, lassen sich keine allgemeinverbindlichen Pflegebedingungen aufführen. Diese sind daher unter den betreffenden Arten nachzulesen.

Aloë

Die *Aloë*-Arten fallen unter 2 verschiedene Kategorien: Pflanzen, die Stämme bilden und solche, die keinen ausgeprägten Stamm besitzen. Die letzteren Arten sind auf den Seiten **93** bis **94** beschrieben.

Aloë ferox benötigt einen sonnigen Platz, ähnlich wie auch die andere hier behandelte Aloë dieses Typs, *A. arborescens*. Wenn diese Pflanzen alt genug sind, kann man sie im Freien auspflanzen, sobald eine frostfreie Witterung zu erwarten ist, um sie wieder hereinzuholen, bevor mit den ersten Frösten gerechnet werden muß. Während des Winters

Haworthia reinwardtii

hält man sie verhältnismäßig trocken, weil zu viel Wasser das Risiko des Faulens erhöht. In einem Gewächshaus mit Kakteen kann man sie wahrscheinlich den ganzen Winter über völlig trocken halten, während man in der Wohnung gezogene Exemplare etwa alle 6 Wochen gießen sollte. Aloë-Arten muß man ein gut wasserdurchlässiges Substrat geben, das besonders viel Sand enthält und am Boden des Topfes sollte man ein paar Topfscherben einlegen. *A. arborescens* kommt aus Natal in Südafrika, wo diese Pflanzen buschartig wachsen. Die bläulichen Blätter entwickeln einen harten, gezähnten Rand und dekorativ gebogene, spitzige Formen. *A. arborescens* blüht im Winter, allerdings erst, wenn sie ein gewisses Alter erreicht hat. *A. ferox* ist in Südafrika weit verbreitet. Diese Pflanzen haben aufrechter wachsende Blätter als die vorerwähnte Art und die Zähne an den Blatträndern sind leicht rötlich gefärbt. Die von älteren Exemplaren ausgebildeten Blütenstengel sind verästelt und tragen traubenartig angeordnete Blüten, die wie rotglühende Feuerhaken aussehen. Ein charakteristisches Merkmal dieser Art sind die an der unteren Blattrippe und manchmal auch auf der Oberseite der Blätter aufgereihten Stacheln.

Haworthia

Haworthia reinwardtii ist eine engverwandte Art, die sich wegen ihres verhältnismäßig langsamen Wuchses und wegen ihrer Blühfreudigkeit gut als erstes Objekt einer Sammlung eignet. Was die Kulturbedingungen angeht, stellt sie ähnliche Ansprüche wie die zuvor behandelten Aloë-Arten, man muß diesen Pflanzen jedoch im Sommer etwas Schatten gönnen und sollte sie auch nicht vollständig austrocknen lassen. An der Basis bilden sie leicht wurzelnde Rosetten. Man kann diese Art auch aus dem Samen ziehen, so vermehrte Pflanzen entsprechen jedoch selten dem echten Typus. Es gibt viele anerkannte Varietäten von *H. reinwardtii*. Die Stammform bildet einen bis zu 15 cm hohen Stamm, um den herum die Blätter in einer dichten Spirale angeordnet sind. Die jüngeren Blätter wachsen zunächst aufrecht und werden im Laufe der Zeit flacher. Ihre Oberfläche ist mit einigen Warzen bedeckt, während auf der Unterseite in regelmäßigen Abständen weiße Warzen stehen, die der Pflanze ihr charakteristisches Aussehen geben. Diese Art blüht sehr bereitwillig in den Wintermonaten und ihre Ruhezeit fällt – im Gegensatz zu der der Kakteen – in die Sommermonate (Juni bis September). Weil diese Pflanzen Schatten vertragen, kann man sie wie andere in der Wohnung gezogene Pfleglinge behandeln, besonders weil sie nicht unbedingt an einer sonnigen Stelle stehen müssen wie andere Varietäten.

Crassula lycopodioides

Cotyledon undulata

Crassula falcata

Crassula

Crassula lycopodioides ist eine ausgezeichnete kleine Topfpflanze. In Südwestafrika bildet sie kleine Büsche, die noch nicht einmal 10 cm hoch werden. Um die schlanken Stämme herum stehen zahllose kleine grüne, dreikantige Blätter und bilden ein sehr gleichmäßiges Muster. Die Blüten sind fast mikroskopisch klein und tief in den Axillen der Blätter versteckt. Man kann die Pflanze leicht durch Stecklinge vermehren, die sich bereitwillig bewurzeln und die man von einem beliebigen Teil des Stammes abschneiden kann. Wegen ihres attraktiven Aussehens und ihrer großen Widerstandsfähigkeit haben diese Pflanzen das Interesse der Züchter geweckt, die zahlreiche Varietäten auf den Markt gebracht haben. Die interessanteste Form ist zweifellos die marmorierte *C.l. variegata*, die sich durch silbrige Blätter und auch durch das bereitwillige Wurzelaustreiben von Stecklingen auszeichnet. *C.l. monstrosa* erkennt man an den kammartig aufgefächerten Blättern an der Stammspitze. Sie neigt dazu, zur alten Form zurückzukehren, und es ist daher angebracht, die der Stammform ähnelnden Stämme wegzuschneiden, damit die interessantere Varietät sich durchsetzt. Es gibt auch eine Form, die man *C.l. pseudolycopodioides* nennt. Sie hat viel dickere Stämme als die Stammform und graugrüne Blätter. Ein ungewöhnliches Merkmal dieser Pflanzen ist ihre Neigung, junge Triebe aus praktisch allen Blattaxillen hervorzubringen. Kultivierte Formen unterscheiden sich von den wild wachsenden durch zerbrechlichere, mehr herabhängende Stämme mit offener angeordneten Blättern. Die Stammform mit ihren dichter wachsenden Blättern wird selten kultiviert.

Cotyledon

Cotyledon undulata ist eine schöne Pflanze, die sehr oft kultiviert wird und die man leicht aus dem Samen ziehen kann. Ausgewachsene Exemplare erreichen eine Höhe von fast 60 cm. Die jungen Triebe sind mit einem dichten, mehlartigen Belag überzogen. Die wie kleine Kammuscheln aussehenden wellenförmigen Blätter sind gegenständig ausgebildet und wie die jungen Stämme mit dichten weißen Flocken besetzt. Man muß sehr darauf acht geben, daß Insektizide diesen bei Crassula- und Cotyledon-Arten auftretenden weißen Belag nicht schädigen. Im Zweifelsfall sollte man diese Pflanzen nur mit Wasser besprühen. Der Blütenstengel ist sehr lang und trägt eine Traube hängender, röhrenförmiger orangeroter Blüten. Sie werden durchgehend vom späten Frühjahr bis zum zeitigen Sommer ausgebildet.

Crassula

Crassula falcata wird oft auch unter dem Namen *Rochea falcata* angeboten und ist in Südafrika beheimatet. Wie bei *Cotyledon undulata* bildet diese Pflanze Reihen gegenüberliegender Blätter, die den Stiel umfassen. Man kann sie durch Stecklinge oder aus dem Samen vermehren. Anfang des Sommers werden regelmäßig Blüten ausgebildet. Es ist angebracht, Stecklinge unmittelbar nach dem Abblühen abzuschneiden, weil man dann damit rechnen kann, daß diese bereits in der kommenden Saison zum Blühen kommen. Die graugrüne Färbung kann durch verschiedene Insektizide geschädigt werden, wie ich dies bereits an anderer Stelle erwähnte. Die Blüten dieser Varietät sind hell scharlachfarbig, manchmal auch orangerot. Einige der echten Rocheas verbreiten einen schweren Duft. Zwei der besten davon sind *R. coccinea*, mit einem hyazinthenartigen Duft, und *R. odoratissima*.

Sie ziehen einen sandigen Pflanzgrund vor. Stecklinge sollte man in einem kleinen Topf oder in einer Sämlingsschale aufziehen, die mit einer Mischung von Torfmull und Sand (halb und halb) gefüllt sind. Wenn sich die Pflänzchen entwickeln und groß genug geworden sind, daß man sie eintopfen kann, fügt man noch etwas Lehm hinzu, um dem Substrat mehr Substanz zu verleihen. Ein leichter Tomatendünger zusammen mit einer regelmäßigen Auflockerung fördern eine reiche Blütenbildung kurz nach Wiederbeginn des Gießens im Januar.

Crassula perforata kann man leicht an ihren langen, hängenden, unverzweigten Stämmen erkennen, die zunächst ziemlich sukkulent sind, mit zunehmendem Alter jedoch hart werden. Die Blätter

Crassula perforata

Kalanchoë

Kalanchoë fedtschenkoi marginata

sind durchwachsen (was bedeutet, daß der Stamm mitten durch die Blätter hindurchgehend erscheint) und an den Spitzen stark zusammengekniffen. Die allgemeine Färbung der Pflanze ist graugrün, aber die Blätter sind dicht mit kleinen roten Punkten und feinen grauen Haaren bedeckt. Ähnlich wie auch bei den bereits vorher erwähnten Arten sollte man fachlichen Rat einholen, bevor man diese Pflanzen spritzt. Die Blüten erscheinen an den Enden der Stämme im späten Frühjahr.

Es gibt noch mehrere andere Crassula-Arten mit durchwachsenen Blättern. Eine der am häufigsten kultivierten Pflanzen dieser Art ist *C. rupestris*, die ebenfalls von der Kapprovinz kommt, aber im allgemeinen kleinere und fettere Blätter hat und deren Stämme sich leichter verzweigen als bei *C. perforata*. Sie wächst daher buschiger, ihr fehlen jedoch die dekorativen Punkte auf den Blättern. *C. brevifolia* ist eine typische Vertreterin einer etwas ähnlichen Crassula-Gruppe, bei der die Blätter so dick werden, daß sie den Stamm vollständig verdecken. Dieses Merkmal ist am extremsten bei *C. arta* zu beobachten, die aussieht wie eine mit Knoten besetzte Säule.

Die zur Gattung *Kalanchoë* (das e am Ende des Wortes spricht man als separaten Vokal aus) gehörenden Pflanzen findet man wild wachsend in Madagaskar, aber manche davon haben den Indischen Ozean überquert und sind jetzt in China und Malaysia heimisch. Im allgemeinen schätzen sie einen sonnigen Fensterbankplatz, obwohl kleinblättrigere Arten wie *K. fedtschenkoi*, *K. daigremontiana* usw. auch mit einem schattigeren Platz zufrieden sind. Im Winter sollte man sie ziemlich kühl halten und nur sehr sparsam gießen. Die Vermehrung geschieht am besten durch Bewurzeln und Aufziehen von Stecklingen. Einige Arten entwickeln auch an den Blättern winzige Pflänzchen, die man aufziehen kann.

Kalanchoë fedtschenkoi bildet einen dichten Strauch mit zahlreichen aufrecht wachsenden Zweigen, die sich mit zunehmendem Alter der Pflanze nach unten biegen können. Die graugrünen Blätter sind abgerundet und an den Rändern leicht eingebuchtet. Die bräunlichen, röhrenförmigen Blüten stehen auf langen, endständigen Stengeln. Die marmorierte Form, *K.f. marginata*, entwickelt zwar nur selten haltbare, schöne Blüten, zeichnet sich aber durch einen dekorativen cremefarbigen Blattrand aus, der wunderschön mit dem roten Band an der gleichen Kante kontrastiert. Sie neigt etwas zum Wuchern und es ist zu raten, die Pflanze rigoros zurückzuschneiden, weil sie sonst mit ihren langen, ausladenden Stämmen, von denen die meisten Blätter abgefallen sind, ziemlich unansehnlich wirkt.

Kalanchoë blossfeldiana kann man jetzt das ganze Jahr über blühend erhalten, weil man durch Simulierung der Winterbedingungen (Abdunkeln) die Blüte künstlich fördern kann. Aus diesem Grund hat sich diese Art einen Namen als beliebte Zimmerpflanze gemacht, die vor allem das Weihnachtsfest verschönt. Es werden viele Hybriden angeboten, die in allen möglichen Farben blühen, rot, rosa oder orange. Ihr Substrat benötigt etwas mehr Torfmull als die vorhergenannten Arten, am besten nimmt man Torfmull, Sand und Lehm zu gleichen Teilen. Während der Wachstumsperiode schneidet man am besten die weichen Triebe der Stämme ab, damit sich eine buschige Pflanze entwickelt. Die »Kurztagebehandlung« ist relativ einfach. Man dunkelt die Pflanzen im Sommer für 15 bis 20 Tage ab, um so künstlich einen 12½-Stundentag zu erreichen. Sie wachsen dann ganz normal weiter und etwas über 3 Monate später entwickeln sich die Blüten. Im allgemeinen kann man davon ausgehen, daß die Pflanzen um so reicher blühen und um so eher ihre Blütenknospen ansetzen, je länger man sie abdunkelt. Auf der anderen Seite kann man in Fällen, wo man das Wachstum fördern will, um große Exemplare heranzuziehen, die Pflanze im Winter an eine helle Stelle im Wohn- oder Eßzimmer stellen. Sie wird dann schnell heranwachsen, allerdings auf Kosten einer spärlicheren Blütenknospenbildung. Für kleinere Sammlungen gibt es eine sehr dekorative Hybride, genannt 'Tom Thumb', die ziemlich kompakt bleibt.

Kalanchoë tubiflora

Kalanchoë (Fortsetzung)

Sowohl *Kalanchoë tubiflora* als auch *K. daigremontiana* zeichnen sich durch ihre Fähigkeit aus, an den Blatträndern kleine Pflänzchen auszubilden. Die erstgenannte Art sieht man etwas seltener als die letztere. Sie hat schlanke, aufrecht wachsende, bei der Kulturform bis zu 60 cm hohe Stämme, die von zahllosen zylindrischen Blättern umgeben sind. Die Blätter sind an der Oberfläche leicht gefurcht und sehen gefleckt oder marmoriert aus. Die Adventivpflänzchen (wie man sie in der Fachsprache nennt) erscheinen an der äußersten Spitze der Blätter und entwickeln schon bald ein winziges Wurzelwerk, obwohl sie noch immer am Blatt haften. Der Blütenstengel oder -stand wird am Ende des Hauptstammes während der Wintermonate ausgebildet. Die rötlichen Blüten, die an länglichen Stengeln hängen, sind nicht besonders attraktiv, denn sie öffnen sich nie vollständig. Diese Pflanzen verzweigen sich nur sehr selten. Wenn der Blütenstand erst einmal im zweiten oder dritten Jahr ausgebildet worden ist, sterben sie meistens von oben her ab, denn zu diesem Zeitpunkt haben sie schon eine große Menge Adventivpflänzchen hervorgebracht. Die Pflänzchen etablieren sich normalerweise an der Basis der Mutterpflanze im gleichen Topf. Wenn man eine Vermehrung vornehmen oder Ableger an Freunde verschenken möchte, nimmt man am besten ein vollständiges Blatt und legt es auf eine Mischung aus Torfmull und Sand, oder man gräbt einige der am Boden wachsenden Pflänzchen heraus und setzt sie einzeln in kleine Töpfe.

Kalanchoë daigremontiana

Kalanchoë daigremontiana kommt wie die vorhergenannte Art aus Madagaskar, wo sie bis zu 1 m groß wird. Diese Pflanzen sind robuster als *K. tubiflora*. Die Stämme sind meistens unverzweigt und bräunlich gefärbt. Sie tragen dreieckige Blätter, die mit zunehmendem Alter abfallen. Die Adventivknospen wachsen in großer Zahl an den welligen Blatträndern und es ist nicht ungewöhnlich, daß selbst diese kleinen Pflänzchen ihrerseits noch am Brutblatt schon wieder neue Miniaturpflanzen ausbilden. Die Oberfläche der hellgrünen Blätter ist normalerweise glatt. Wenn man die Pflanze aber im Winter zu kühl hält, können sich darauf kleine Grübchen bilden, was jedoch dem Wachstum nach Beginn der wärmeren Jahreszeit nicht schadet. Die Blüten sind viel dekorativer als bei *K. tubiflora*. Sie öffnen sich nicht nur etwas weiter, sie stehen auch auf kürzeren Stielen und bilden eine dichte Traube. Diese Pflanze ist besonders für Kinder sehr interessant, die von den vielen während des Sommers gebildeten Adventivpflänzchen fasziniert sind. Während der warmen Jahreszeit kann man sie in den Garten stellen, wodurch man die neuen Triebe etwas kürzer halten kann, um unkontrolliertes Wuchern zu verhüten.

Kalanchoë beharensis

Kalanchoë beharensis wird nicht so häufig kultiviert, was wohl daran liegt, daß diese Pflanze langsamer wächst als viele andere Vertreterinnen ihrer Gattung. Außerdem erreicht sie eine beachtliche Größe. Es handelt sich jedoch um ziemlich eindrucksvolle Pflanzen. Die Stämme können 1,25 m hoch werden. Sie sind in der Nähe der Basis glatt, zur Spitze hin jedoch mit wolligen Haaren besetzt. Die Blätter haben stark gewellte Ränder und sind wie der obere Stamm mit braunen, wolligen Haaren bedeckt, was der Pflanze ein »rostiges« Aussehen verleiht. Nur bei älteren Exemplaren werden Blüten ausgebildet. Kulturformen werfen die meisten unteren Blätter ab. Es ist möglich, den oberen Teil der Pflanze sauber abzuschneiden, um aus einem großen, wuchernden Exemplar ein kleineres und attraktiveres zu machen. Die Restpflanze wird mit Sicherheit wieder ausschlagen und steht dann zur Erzeugung weiterer Stecklinge zur Verfügung.

Sedum pachyphyllum   *Echeveria harmsii*   *Crassula portulacea*

Sedum

Sedum pachyphyllum gehört zu einer Gruppe aufrechtwachsender Sedumarten, die sich durch dünne, aufrechte oder halbhängende Stämme auszeichnen und sukkulente, zylindrische Blätter ausbilden. In England nennt man *S. pachyphyllum* »Jelly beans« (»Geleebohnen«), was ihr Erscheinungsbild recht treffend beschreibt. Die sich verzweigenden Stämme sind dicht mit spiralig wachsenden zylindrischen, grauen, keulenförmigen Blättern besetzt. Jüngere Blätter haben aufrecht stehende Spitzen, die sich mit zunehmendem Alter der Pflanze abflachen. Die bläulich-grüne Bereifung kann man leicht abreiben und man muß beim Spritzen mit bestimmten Insektiziden, besonders Malathion, aufpassen, daß man diesen Belag nicht schädigt. Das auffälligste Merkmal dieser Spezies bildet jedoch der rote Fleck auf den Blattspitzen, der bei den beiden ähnlichen Formen, *S. allantoides* und *S. ebracteatum* nicht vorhanden ist. Die Blüten von *S. pachyphyllum* sind gelb und erscheinen im zeitigen Frühjahr an gut etablierten Pflanzen. Eine andere, ähnlich aussehende Art ist *S. rubrotinctum*, bei der das gesamte Blatt, also nicht nur die Blattspitze, rot gefärbt ist. Wenn man diese Sedumart während des Sommers an einen sehr hellen Platz stellt, kann die gesamte Pflanze sich rötlich färben.

Alle diese Varietäten vermehrt man am besten während des Frühjahrs durch Entfernen von Blättern, die man auf das Kultursubstrat auflegt bzw. an der Basis leicht hineindrückt. An der Unterseite solcher Blätter bilden sich dann bald junge Pflänzchen, die man separat eintopfen kann, sobald sie groß genug geworden sind.

Echeveria

Echeveria harmsii wird noch oft unter ihrem alten Namen *Oliveranthus elegans* angeboten, aber die beiden Arten sind absolut identisch. Es handelt sich um eine der schönsten kultivierten Sukkulenten, die noch dazu sehr leicht zu pflegen sind. Die Pflanze wächst als kleiner Busch und entwickelt schließlich einen holzigen Stamm, der ihr das Aussehen eines kleinen Baumes gibt. Die etwa breit lanzettlich geformten Blätter kann man leicht entfernen, um sie als Stecklinge aufzuziehen. Die Blüten werden aus langen Stengeln auch schon bei ganz jungen Exemplaren aus den Seiten der Stämme ausgebildet. Jeder Stamm trägt 1 oder 2 rote, gelbgeränderte röhrenförmige Blüten. Obwohl die meisten Blüten im Frühjahr erscheinen, können größere Exemplare noch eine ganze Zeit weiterblühen. Es ist auch ratsam, die Pflanze von Zeit zu Zeit zurückzuschneiden, wodurch man einen mehr verzweigten Wuchs fördert und damit verhindert, daß zu lange, unansehnliche Formen entstehen.

Crassula

Crassula arborescens, *C. portulacea* und *C. lactea* gehören zu einer Gruppe von Sukkulenten mit ovalen Blättern. Sie sehen alle aus wie kleine Bäume. Im Volksmund heißen sie Jade- oder Talerbaum.

C. arborescens wird im ausgewachsenen Zustand am größten. Die Blätter laufen am Stamm spitz zu und werden vor dem manchmal grün gefärbten anderen Ende breiter.

Kultivierte Pflanzen blühen nur selten und man hat diese Art daher mit den beiden anderen oben erwähnten gekreuzt, die blühwilliger sind. *C. portulacea* sieht ähnlich aus, aber ihre Blätter laufen am Stammansatz nicht so spitz zu. Blüten werden bereitwillig gebildet und die Wurzeln sind angeblich eßbar. Bei einigen der unter dem Namen *C. portulacea* angebotenen Pflanzen handelt es sich mit Sicherheit um *C. obligua*, eine Art mit weniger abgerundeten, am äußeren Ende etwas zugespitzten Blättern, die aber der obengenannten Spezies sonst in fast jeder Hinsicht gleicht. *C. lactea* ist die kleinste dieser Gruppe. Sie hat zusammengewachsene Blätter. Ihre Aufnahme in eine Sammlung lohnt sich. Ältere Exemplare entwickeln im Dezember problemlos stark duftende Blüten. Alle 4 hier erwähnten Arten profitieren, wenn man sie im Sommer an ein sonniges Plätzchen in einem Steingarten stellt, damit ihre holzigen Teile gut für die kommende Blüte ausreifen können. *C. lactea* sollte man gelegentlich im Frühjahr zurückschneiden, um einen Austrieb im unteren Bereich des Stammes zu fördern. Andernfalls neigt die Pflanze zum Wuchern, was sich bei einer kleineren Sammlung unangenehm bemerkbar macht.

Echeveria gibbiflora

Aeonium arboreum atropurpureum

Echeveria leucotricha

Aeonium

Pflanzen der Gattung *Aeonium* sind meist ungeeignet für eine kleinere Sammlung oder für Amateure. Die gewöhnlich im Handel erhältlichen Arten werden häufig ziemlich groß und verlangen auch im Winter etwas höhere Temperaturen von mindestens 10° C, was in Innenräumen nicht immer einzuhalten ist. Im Sommer profitieren sie, wenn man sie mit dem Topf in den Garten stellt. Da sie aber stets etwas Feuchtigkeit brauchen, setzt man den Topf in eine kleine Erdgrube, um ein Austrocknen zu vermeiden. Abgeblühte Zweige neigen bei manchen Arten zum Absterben, einige treiben unter dem Blütenstand nicht mehr aus, so daß es sich empfiehlt, im August den frischen Samen auszusäen, um immer eine Reserve dieser Pflanzen zur Verfügung zu haben. Die abgebildete Spezies, *Aeonium arboreum atropurpureum*, ist eine der attraktivsten. Die Rosetten aus purpurroten Blättern stehen auf langen, schlanken Stämmen. Das Abfallen der unteren Blätter bei zunehmendem Alter der Pflanze ist ganz normal. Es gibt noch verschiedene andere Formen von *A. arboreum*, zum Beispiel eine weiß marmorierte Pflanze, *A.a. albovariegatum*, sowie eine gelb/grüne Form, *A.a. luteovariegatum*. Außerdem existieren noch einige interessant aussehende Cristatformen.

Echeveria

Eine gewisse Ähnlichkeit zeigt *Echeveria gibbiflora*. Dies ist eine sehr hübsche Pflanze mit aufrechten, sich verzweigenden Stämmen, die, wenn sie größer werden, manchmal eine Stütze benötigen. Die am häufigsten kultivierte Art hat lange Blätter (25 cm und länger), die am Stammansatz auffällig gekielt sind. Auch bei dieser dekorativ graugrün gefärbten Art muß man sehr vorsichtig mit Insektiziden sein.

Im Herbst und Winter werden problemlos zahlreiche, auf langen Stengeln stehende hellrote bis orangefarbige Röhrenblüten ausgebildet. Junge Pflänzchen bilden sich gelegentlich an der Blattbasis auf der Rosette, manchmal auch an den Seiten der Blütenstengel.

Außer der Stammform existieren mehrere interessante Zuchtformen. *E.g. carunculata* ist eine etwas bizarre Form mit warzigen Erhebungen auf den Blattoberseiten. *E.g. crispata* hat dekorativ gewellte Blattränder und *E.g. metallica* zeichnet sich durch ihre bronzefarbenen Blätter aus. *E. violescens* wird manchmal unter dem zuletzt erwähnten Namen angeboten, hat aber mehr purpurfarbene Blätter.

Echeveria leucotricha sieht *E. gibbiflora* äußerlich sehr ähnlich, wird aber lange nicht so groß und die Blätter bilden keine so gleichmäßige Rosette. Wenn man sie jedoch näher betrachtet, wird man feststellen, daß ihre graue Färbung von dicht wachsenden weißen Haaren und nicht von einem grauen, mehlartigen Belag herrührt. Ihr fehlt der Kiel an der Blattbasis, durch den sich die vorher erwähnte Art auszeichnet und an der Blattspitze befindet sich ein kleiner Fleck aus braunen Haaren. Die roten Blüten erscheinen im Frühjahr.

Echeverien eignen sich vorzüglich für Leute, denen nur wenig Platz oder kein Gewächshaus zur Verfügung steht. Diese Pflanzen sind praktisch nicht kaputtzukriegen und die meisten Varietäten bilden problemlos ihre Blüten aus. Sie ziehen ein etwas sandigeres Substrat als andere Sukkulenten vor. Wenn sie eine Marken-Kakteenerde verwenden, mischen Sie etwas gewaschenen Flußsand bei, damit das Wasser besser ablaufen kann. Auch bei diesen Pflanzen ist es von Vorteil, wenn man sie im Sommer in den Garten stellt. Sie wachsen dann nicht so schnell und behalten ihre Form. Außerdem kann in dieser Zeit das Holz aushärten, womit man sich Stützungsmaßnahmen erspart. Die Vermehrung ist höchst einfach. Man bricht einfach ein Blatt ab und legt es auf das Sämlingssubstrat (oder steckt es etwas in das Substrat hinein). Junge Pflanzen bilden sich dann aus der Blattbasis heraus. Man kann auch einfach den Oberteil der Pflanze abschneiden und in neues Substrat einsetzen, wo er schnell Wurzeln bilden wird. Die beste Zeit für die Aufzucht von Stecklingen ist natürlich das Frühjahr, weil die Bewurzelung dann besonders schnell vonstatten geht. Auch eine Aufzucht aus dem Samen ist möglich. Wenn es sich bei der Pflanze jedoch um kein reinrassiges Exemplar handelt, könnten Sie unter Umständen enttäuscht sein, wenn das Resultat nicht mit dem Originalexemplar übereinstimmt, denn viele der im Handel angebotenen Formen sind in Wirklichkeit Kreuzungen.

Senecio articulatus globosus　　　*Caralluma hesperidum*　　　*Senecio stapeliaeformis*

Senecio

Obwohl *Senecio articulatus globosus* von runder, offensichtlich stammloser Gestalt ist, muß man sie gerechterweise in diesem Abschnitt über stammbildende Sukkulenten mit einbeziehen. Es handelt sich um eine ungewöhnliche, faszinierende Pflanze, deren Stammform, *S. articulatus*, einen ganz normalen Stamm ausbildet. Die abgebildete Varietät, die man öfter kultiviert als die Stammform, hat eine so aufgeblasene, geschwollene Form angenommen, daß sie fast kugelförmig wächst, obwohl sie noch immer in der Nähe der Spitze der runden Stämme ein paar pfeilförmige Blätter trägt. Die Pflanzenkörper brechen leicht ab und man kann sie als Stecklinge bewurzeln und aufziehen. Es ist jedoch schwierig, ein ausreichend großes Exemplar zu entwickeln. Wenn diese Pflanzen gut gedeihen sollen, muß man ihnen in der Wohnung oder im Gewächshaus den allersonnigsten Platz zuweisen. Sollten sich die Pflanzenkörper wieder zu der zylindrischen Urform zurückentwickeln, muß man sie abschneiden, weil sonst die ganze Pflanze diese Form annimmt.

Senecio ist das lateinische Wort für Kreuzkraut und diese sukkulent wachsenden Arten sind ein gutes Beispiel dafür, wie die Natur dazu neigt, unterschiedliche und anpassungsfähige Formen auszubilden. Die Ähnlichkeit zeigt sich noch offensichtlicher bei Arten wie *S. macroglossus variegatus*, einer Pflanze, die auf den ersten Blick wie Efeu aussieht, aber kreuzkrautähnliche Blüten hervorbringt. Wenn man die letztgenannte Art zum Blühen bringen will, muß man sie regelmäßig zurückschneiden, um zu verhindern, daß sie sich wuchernd ausbreitet. Am besten zieht man sie an einem Reifen und hält

sie im Winter sehr kühl. Alle diese Maßnehmen tragen dazu bei, daß die Stämme genügend ausreifen, damit Blüten gebildet werden können.

Senecio stapeliaeformis wird oft unter dem Namen *Kleinia stapeliaeformis* angeboten. Diese Pflanzen ähneln den beiden zuvor beschriebenen Arten. Sie besitzen schlanke, aufrecht wachsende Stämme, die sich später durch Verzweigung unter dem Boden zu einem Klumpen entwickeln. Die graufarbigen Stämme haben 5 bis 7 spitzwinklige Kanten. Ihr auffallendstes Merkmal sind die dunkelgrünen Linien an den Seiten der Pflanzenkörper, deren Kanten in regelmäßigen Abständen mit kleinen Blättern besetzt sind. Blüten werden problemlos ausgebildet, wenn man die Pflanzen während ihrer sommerlichen Ruhezeit trocknen läßt. Die roten, gänseblümchenähnlichen Blüten sehen recht dekorativ aus. Die Neigung dieser Spezies, Klumpen zu bilden, kann man fördern, indem man sie in flachen Schalen zieht und ihnen ein Substrat aus Lehm und Sand gibt, das man auch für die beiden vorerwähnten Arten verwendet. Es gibt eine etwas ähnliche Art, *S. kleinia*, die man manchmal mit *S. stapeliaeformis* verwechselt. Die Stämme dieser Pflanzen, die sich über dem Boden verzweigen, können 1 m hoch und größer werden, während die abgebildete Art selten eine Höhe von über 25 cm erreicht. Die Blätter werden viel länger als bei *S. stapeliaeformis*. Bei ausgewachsenen Exemplaren können sie eine Länge von bis zu 15 cm erreichen.

Caralluma

Auch Carallumas haben Verwandte in England, die man Schwalbenwurz oder *Vincetoxicum* nennt. Sie sehen den auf der nächsten Seite beschriebenen Stapelias sehr ähnlich und benötigen wie diese einen kleinen Topf oder eine breite Schale, weil sie ein sehr flaches, weitreichendes Wurzelsystem ausbilden und schließlich einen ziemlich großen Klumpen entwickeln. *Caralluma hesperidum* ist die Art, die am meisten kultiviert wird. Sie stammt aus Marokko und hat vierkantige, rotgepunktete grüne Stämme. An den Seiten der Stämme stehen kleine, fleischige Zähne. Im Gegensatz zu den Stapelias bilden diese Pflanzen ihre Blüten aus der Spitze heraus und nicht aus der Basis. Die Blütenstengel bringen meist eine ganze Traube hervor. Bei dieser Art besteht letztere aus 10 etwas weichen, fünfeckigen purpurnen bis braunen samtartigen Blüten.

Echidnopsis cereiformis ist damit eng verwandt. Wie ihr Name andeutet, sieht sie eher aus wie ein stacheloser Kaktus. Wie *Caralluma hesperidum* bilden diese Pflanzen die Blüten aus den Enden der Stämme heraus, aber im Gegensatz zu dieser Art kommen sie einzeln aus den Seiten der Stämme und nicht als Trauben aus den Spitzen. Die Kanten sind auch nicht nahezu so scharfwinklig und es gibt viel mehr Formen mit Warzen als mit Stacheln an den Kanten.

Stapelia

Stapelien eignen sich nicht für Leute mit empfindlichen Nasen. Sie werden von Schmeißfliegen bestäubt. Um diese Insekten in ihrer Heimat in Südafrika und Ostindien anzulocken, verbreiten sie einen Aasgeruch, der so stark ist, daß viele Leute trotz der bizarren Blüten auf eine Haltung in der Wohnung verzichten. Im übrigen bereitet ihre Pflege jedoch wenig Schwierigkeiten, obwohl sie meist erst blühen, wenn sie schon eine beachtliche Größe erreicht haben. Im Winter brauchen sie eine ziemlich kühle Ruhezeit, möglichst an einem hellen Fensterplatz, denn sie verlangen dann viel Licht. Obwohl man sie in dieser Zeit möglichst trocken halten sollte, dürfen diese Pflanzen nicht einschrumpfen. Während der Wachstumszeit muß man die Pflanzen reichlich gießen und an heißen Tagen sogar mit einem Zerstäuber besprühen. Wenn Sie diese Arten vermehren wollen, können Sie im Frühling einen der Pflanzenkörper abschneiden. Vor der Bewurzelung müssen solche Stecklinge jedoch zunächst getrocknet werden, weil sie sonst im Substrat schnell wegfaulen. Am besten verwendet man eine geschlossene Sämlingsschale für die Aufzucht oder man stülpt ein Marmeladenglas über den Topf, in dem man den Steckling aufzieht. Wie die auf der vorherigen Seite beschriebenen Arten gedeihen diese Pflanzen am besten in flachen Schalen.

Stapelia grandiflora ist eine der eindrucksvollsten Arten. Die scharfkantigen Rippen und die Stämme der Pflanze sind mit weichen Haaren bedeckt. Die ziemlich großen Blüten sind an den Rändern der mit seitlichen Höckern besetzten purpurählich gefärbten Hüllblätter ebenfalls behaart. *S. gigantea* ist sogar noch eindrucksvoller. Ihre Blüten erreichen einen Durchmesser von bis zu 35 cm. Diese Art wird jedoch selten im Handel angeboten.

Stapelia variegata ist die bei weitem am häufigsten gepflegte Art, die im Sommer leichter zu pflegen ist und die weniger zum Abfaulen neigt. Es handelt sich um eine äußerst variable Spezies. Vielen der verschiedenen Formen hat man eigene lateinische Namen gegeben. Die Stammform besitzt graugrüne, etwas abgeflachte, bis zu 10 cm große Pflanzenkörper mit zahllosen purpurfarbigen Flecken, denen die Spezies ihren Namen verdankt. Auch die Blüten sind stark gelb und purpurfarbig gefleckt. Die Pflanze macht dadurch einen ziemlich kränklichen Eindruck. Die verschiedenen Formen unterscheiden sich meistens durch unterschiedlich gefärbte Flecken auf den Blütenblättern. Es gibt jedoch auch eine Cristatform, die man ziemlich häufig sehen kann.

Cyanotis

Cyanotis somaliensis ist mit der besser bekannten Tradecsantie (einer Ampelpflanze) verwandt und kann eigentlich nur als halbsukkulente Pflanze bezeichnet werden. Sie gilt als Schmuck jeder Sammlung. Man kann sie im Winter bei Temperaturen von 7° C halten. Die ziemlich schwachen, etwas hängend ausgebildeten Stämme sollten zu Beginn der Wachstumsperiode leicht zurückgeschnitten werden. Die sich am Stamm verjüngenden und stengelumfassend ausgebildeten mittelgrünen Blätter sind ziemlich lang und haben eine ausgesprochene Blattscheide. Sie sind dicht mit langen, seidigen grauen Haaren bedeckt. Man vermehrt die Pflanzen durch Teilung der mattenartig wachsenden Klumpen, zu denen sie sich entwickeln, wenn man sie stark zurückschneidet oder die im Frühjahr abgeschnittenen Ableger bewurzelt. Diese Art blüht problemlos an den Enden der Stengel aus den Achseln der obersten Blattbüschel heraus. Wie bei den Tradescantien werden dreiteilige Blüten ausgebildet. Sie sind blau und erscheinen im Sommer.

In diesem Zusammenhang möchte ich noch eine andere kleine Pflanze erwähnen, die mit der vorgenannten nicht verwandt ist, aber häufig angeboten wird. Es handelt sich um die im Volksmund als Liebesröschen bezeichnete *Anacampseros rufescens*. Sie sieht *Cyanotis* etwas ähnlich, ist aber unbehaart und hat viel fleischigere, leicht purpurfarbene Blätter. Diese Pflanzen kennt man schon sehr lange. Man sagte ihnen die Fähigkeit nach, eine verlorene Liebe wiederzugewinnen.

Sie schätzen einen möglichst hellen Platz an einem Fenster oder in einem Gewächshaus.

Tradescantia

Tradescantia navicularis sieht *Anacampseros rufescens* sogar noch ähnlicher als die mit ihr verwandte Art *Cyanotis somaliensis*. Sie kommt aus dem nördlichen Peru. Dort bilden diese Pflanzen niedrig wachsende, ausdauernde, wuchernde Stauden. Die Kulturform neigt weniger zur Klumpenbildung. Wie *Cyanotis somaliensis* muß man diese Pflanzen daher zu Beginn der Wachstumszeit stark zurückschneiden, um eine kompakte Wuchsform aufrechtzuerhalten. Die stark gekielten, stengelumfassenden Blätter stehen in 2 Reihen auf jeder Seite des Stengels. Die lateinische Artbezeichnung 'navicularis' ist ein Hinweis auf die kahnartige Blattform. Es handelt sich um verhältnismäßig langsam wachsende Pflanzen, die man wie die sukkulenten *Senecio*-Arten gern in eine Sammlung aufnimmt, weil ihre Zugehörigkeit zu der Familie der Sukkulenten nicht sogleich zu erkennen ist. Sie hat auch ziemlich dekorative rosa Blüten, die während des Sommers und durch den ganzen Herbst gebildet werden und die sehr zur Beliebtheit dieser Pflanzen beitragen. Sie stehen auf kurzen Blütenstengeln, die an den Spitzen der Stämme aus den Achseln der Blätter hervortreten. Wie alle Tradescantien läßt sich diese Art leicht durch Abschneiden der Endtriebe und deren Bewurzelung vermehren.

Sedum

Es ist manchmal schwer, einwandfrei zu unterscheiden zwischen *Sedum*-Arten, die man in Gewächshäusern halten sollte und solchen, die als Zimmerpflanzen verwendbar sind. Viele Sedumpflanzen sind in England heimisch, besonders *Sedum anglicum*, dort »stonecrop« (»Steinkraut«) genannt, sowohl *S. lineare* als auch *S. sieboldii* sind völlig winterhart, wenn man sie an geschützten Stellen anpflanzt. Der echte Amateur wird sie als Brücke zwischen den im Garten gezogenen Arten und den in Innenräumen kultivierten Pflanzen betrachten.

Die oben abgebildete Spezies ist *S. lineare variegatum*, eine sehr attraktive Pflanze mit gebogenen Stengeln, die dicht mit hellgrünen lanzettförmigen Blättern, von denen jeweils 3 in gleicher Höhe wachsen, besetzt sind. Die Blattränder sind heller gefärbt. Wie die folgenden Arten entwickelt sie zweierlei Stengel: blütentragende und solche ohne Blüten. Die Stengel, die später Blüten ausbilden, sind länger als die anderen und können eine Länge von bis zu 15 cm erreichen. Die Stammform, *S. lineare*, ist viel blühfreudiger als die buntblättrige Form. Man muß daher darauf achten, daß man alle Zweige, die nicht geränderte Blätter tragen, also zur Urform zurückkehren, abschneidet, weil sie sonst bald die anderen Zweige überwuchern und letzten Endes dominieren würden.

Es gibt eine der oben beschriebenen etwas ähnliche Art: *S. bergeri*. Diese Pflanze kommt aus dem Fernen Osten und hat viel größere, einfarbige, an der Spitze gespornte Blätter.

Sedum sieboldii medio-variegatum ist eine ausgezeichnete Topfpflanze. Sie kommt aus Japan und stirbt im Winter bis in Bodennähe ab. Man stellt sie dann am besten auf einen kühlen Platz. Wenn man sie in einer Wohnung zieht, ist dies vielleicht ein Fensterbrett in einem Gästeschlafzimmer. Sobald es draußen wärmer wird, bilden sich von der Mitte her in gleichmäßigen Abständen neue Triebe aus mit fast kreisförmigen, grauen, oft rot überlaufenen Blättern, die in der Mitte einen auffälligen gelben Fleck aufweisen. Wie bei *S. lineare variegatum* stehen die Blätter jeweils zu dritt am Stengel, so daß sie in etwa so aussehen wie ein geflecktes Kleeblatt. Man kann diese Pflanzen in flachen Schalen, Ampeln oder Fensterkästen ziehen. Auch in diesem Fall ist darauf zu achten, daß sich keine Triebe mit ungefleckten Blättern bilden. Wenn man diese nicht abschneidet, stören sie nicht nur den Gesamteindruck der Pflanze. Sie können die anderen Stengel sogar vollständig überwuchern. Auch diese Art hat blühende und nicht blühende Stengel. Erstere sind länger und entwickeln Anfang August eine Traube rötlichrosafarbiger Blüten. Nach dem Abblühen sterben die Stengel bis zum Wurzelstock ab. Während der winterlichen Ruhezeit gießt man nur etwa einmal im Monat, damit die Wurzeln nicht vollständig austrocknen. Zum Zwecke der Vermehrung schneidet man die nicht blühenden Stengel ab oder teilt ältere Pflanzen in verschiedene Klumpen auf. Die letztgenannte Maßnahme kann sich dann als notwendig erweisen, wenn sich ein etwas einseitiger Wuchs entwickelt, weil das Wurzelsystem zu alt geworden ist und keine neuen Triebe mehr ausbilden kann.

Pachyphytum amethystinum

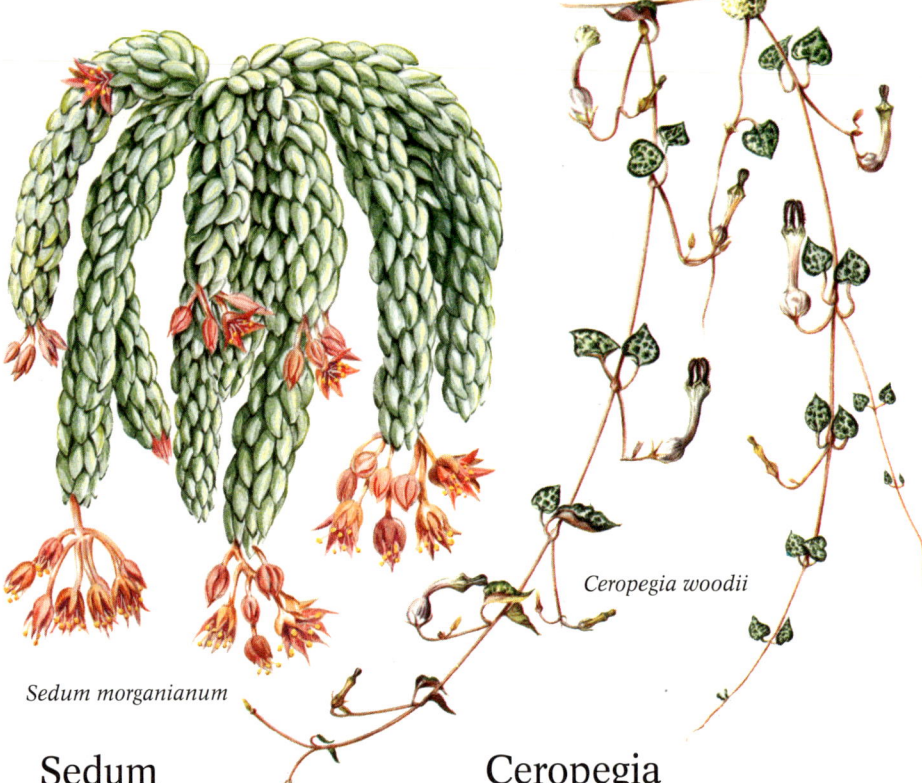

Ceropegia woodii

Sedum morganianum

Pachyphytum

Die auf dieser Seite beschriebenen Arten benötigen alle eine gewisse Stütze, wenn sie aufrecht wachsen sollen. Sie eignen sich kaum für kleine Sammlungen, obwohl man die ihrer Natur nach hängend wachsende Art *Sedum morganianum* gelegentlich als Fensterampelpflanze sehen kann.

Graptopetalum amethystinum ist eine schöne, buschig wachsende Sukkulente, die eng mit Echeveria und Pachyphytum verwandt ist. Man verkauft sie noch immer häufig als *Pachyphytum amethystinum*. Obwohl die jungen Triebe ziemlich aufrecht wachsen, entwickeln sie sich mit zunehmendem Alter der Pflanze seitwärts oder liegend und verzweigen sich dabei von der Basis aus. Die Blätter stehen in unregelmäßigen Abständen an den Stämmen und brechen bei der geringsten Berührung ab, so daß die immer mehr entblätterten Stämme mit der Zeit nackt aussehen. Die sehr dicken, oben stark abgeflachten Blätter gaben der Art wegen ihres amethystfarbigen Überzuges auf bläulichem Grund ihren Namen. Der blühfähige Trieb tritt seitlich vom Stamm unter den Blättern heraus. Er bringt im zeitigen Frühjahr auf kurzen seitlichen Stengeln stehende blaßgelbe Blüten hervor.

Pachyphytum bracteosum sieht im allgemeinen ähnlich aus, ist aber meist stabiler, hat längere Stämme und hat vor allem nicht die Amethystfärbung der abgebildeten Art. Die Blätter dieser Spezies sind stattdessen mit einem weißlichen Belag bedeckt, wodurch sie etwas bereift aussehen.

Beide Arten sollte man nicht mit Malathion spritzen, was ich schon im Fall der bereift aussehenden Crassula-Arten empfohlen haben.

Sedum

Sedum morganianum ist nicht einfach zu ziehen. Sie hat ein ziemlich dürftiges Wurzelsystem. Kultivierte Pflanzen neigen dazu, an der Basis wegzufaulen. Wenn man die notwendigen Voraussetzungen zur Verfügung hat, kann es sich daher empfehlen, den Wurzelballen aus der mit der Pflanze gelieferten Erde herauszuklopfen und sie zusammen mit Moos an einem Stück Rinde oder an einem Holzstamm zu befestigen. Man bedeckt dabei die Wurzelballen vollständig mit Moos und bindet das Ganze mit Draht auf der Unterlage fest. Wasser kann dann gut ablaufen. Man muß solcherart gezogene Pflanzen jedoch regelmäßiger gießen als in Töpfen gezogene Exemplare. Die vollständig mit schönen bläulichgrauen Blättern besetzten hängenden, am Ende leicht zugespitzten Stämme sind ein herrlicher Anblick. Die hellrosa bis tiefpurpurfarbigen, in Blütenständen am Ende der Triebe stehenden Blüten bilden einen eindrucksvollen Kontrast zu den grauen Blättern. Diese Pflanzen lassen sich am besten mit Hilfe von abgeschnittenen Stämmen vermehren, die man bewurzelt. Es ist ratsam, immer Reservepflanzen aufzuziehen, damit man Ersatz hat, wenn ein Exemplar wegfault. – Es handelt sich um eine sehr dekorative Art, einen Schmuck jeder Sammlung. Die extra Mühe, die man mit der Aufzucht von Stecklingen hat, lohnt sich also in jedem Fall.

Ceropegia

Ceropegia woodii ist eine meiner Lieblingspflanzen. Sie wird auch von Gärtnern angebaut, die sich sonst nicht mit Sukkulenten beschäftigen. Wenn sie voll zur Wirkung kommen soll, braucht man schon ein Gewächshaus, denn sie neigt sehr zum Wuchern und man muß sie daher sorgfältig ziehen. Wenn man weniger Platz zur Verfügung hat, ist es besser, diese Pflanzen um einen Reifen wachsen zu lassen, weil sie dann durch die bessere Luftzirkulation reifere Triebe ausbildet als dies beim Anbinden an einen Stock der Fall ist. Die langen Zweige bringen kleine Knollen hervor, die man wegschneiden und zur Vermehrung bewurzeln kann. Außer diesen Knollen tragen die dünnen Zweige in bestimmten Abständen viele herzförmige, grau und purpurfarbig gesprenkelte Blätter. Es kann notwendig werden, die jungen Triebe etwas zu beschneiden, um die Bildung solcher Blätter zu fördern und damit das wuchernde Wachstum der langen Zweige einzudämmen. Die eigenartig aussehenden purpurn-grauen Blüten mit 5 dunkelfarbigeren, an der Spitze zusammengewachsenen Hüllblättern werden in Abständen an den Stengeln ausgebildet. Die Samen sehen aus wie die von Löwenzahnpflanzen. Die Knollen kann man als Pfropfunterlage für einige der empfindlicheren Stapelien, *Hoodia*- und *Echidnopsis*-Arten verwenden. Zu diesem Zweck gräbt man die Knolle zu zwei Dritteln in den Boden ein, schneidet den oberen Teil ab und fügt den gewünschten Pfröpfling ein.

Sachregister

Bonsai für das Zimmer. Von → **W. Kawollek**, Kassel. 2. verbesserte Auflage. 128 Seiten mit 48 Farbfotos und 51 Zeichnungen. Kt. → **DM 14,80** (Ulmer Taschenbuch 2).

Bromelien. Tillansien und andere kulturwürdige Bromelien. Von → **Prof. Dr. W. Rauh** unter Mitarbeit von → **H. Lehmann**, Heidelberg. Neubearb. 2. Aufl. 410 Seiten mit 134 Farbfotos, 362 Schwarzweißfotos und 88 Zeichn. Ln. mit Schutzumschlag → **DM 108,-**

Die Pflanzen im Haus. Ein Handbuch für die erfolgreiche Pflege aller Zimmerpflanzen. Von → **Karlheinz Rücker**, Stuttgart. 386 Seiten mit 467 Farbfotos und 320 Zeichn. Ln. mit Schutzumschlag → **DM 98,-**

Kakteen. Kultur, Vermehrung und Pflege. Lexikon der Gattungen und Arten. Von → **Dr. W. Cullmann**, Marktheidenfeld. Völlig neubearb. und neugest. 5. Aufl. von → **Dr. E. Götz** und → **Dr. G. Gröner**, Stuttgart. 340 Seiten mit 404 Farbfotos und 50 Zeichn. Großformat. Ln. mit Schutzumschlag → **DM 98,-**

Kakteenpflege. Eine Anleitung. Von → **Z. Fleischer †**, und → **B. Schütz**, Listopad. 338 Seiten mit 100 farbigen und 50 Schwarzweißfotos sowie 19 Zeichnungen. Pp. → **DM 28,-**

Zimmerpflanzen. Alte und neue Arten, ihre Behandlung und Vermehrung. Von → **Dr. h.c. F. Encke**, Greifenstein. Überarb. und ergänzte 12. Aufl. 191 Seiten mit 108 Farbfotos und 36 Zeichn. Kst. → **DM 19,80**

Sukkulenten für Zimmer und Fensterbank. Von → **W. Kawollek**, Kassel. 128 Seiten mit 125 Farbfotos und 15 Zeichnungen. Kt. → **DM 14,80** (Ulmer Taschenbuch 12).

Erhältlich in Ihrer Buch(Fach)handlung oder beim
Verlag Eugen Ulmer
Postfach 700561, 7000 Stuttgart 70

VERLAG EUGEN ULMER

Orchideentafeln. Aus »Curtis's Botanical Magazine«. Herausg. von → **S. Sprunger,** Basel, mit einer Einführung von → **Ph. Cribb,** London. Etwa 520 Seiten mit 1176 Orchideentafeln. Ln. mit Schutzumschlag → **DM 360,-**

Orchideenkultur. Botanische Grundlagen, Kulturverfahren, Pflanzenbeschreibungen. Hrsg. von → **Dr. G. Fast,** Freising, mit Beiträgen zahlr. intern. Fachleute. Durchgesehene 2. Aufl. 460 Seiten, 32 Farbtafeln mit 119 Bildern, 113 Zeichn. und Schwarzweißfotos. Leinen mit Schutzumschlag → **DM 108,-**

Karnivoren. Biologie und Kultur der insektenfangenden Pflanzen. Von → **A. Slack,** England. Aus dem Englischen von → **Dr. S. Volk,** Schorndorf. 272 Seiten mit 106 Schwarzweißfotos, 70 Zeichnungen und 16 farb. Tafeln. Ln. → **DM 88,-**

Zander Handwörterbuch der Pflanzennamen. Von → **Dr. h.c. F. Encke,** Greifenstein, → **Dr. G. Buchheim,** Pittsburgh und → **Dr. S. Seybold,** Stuttgart. Neubearb. u. erw. 13. Aufl. 770 Seiten. Ln. → **DM 68,-**

Orchideenatlas. Die Kulturorchideen. Lexikon der wichtigsten Gattungen und Arten. Von → **H. Bechtel,** Düsseldorf, → **Dr. P. Cribb,** Kew, und → **Dr. E. Launert,** London. Überarb. 2. Auflage. 475 Seiten mit 720 Farbaufnahmen von H. Bechtel, 120 Tabellen und 150 Zeichn. Ln. mit Schutzumschlag → **DM 228,-**

Die Blüte. Eine Einführung in Struktur und Funktion, Ökologie und Evolution. Von → **Prof. Dr. D. Heß,** S-Hohenheim. 458 Seiten mit 157 Farbfotos, 152 Zeichn. und 28 Tab. Kst. mit Schutzumschlag → **DM 68,-**

Das Kleingewächshausbuch. Technik und Pflanzenpflege. Von → **M. Walter,** Waldbach. 2. Aufl. 174 Seiten mit 59 Farbfotos, 113 Schwarzweißfotos und Zeichn. Pp. → **DM 36,-**

Erhältlich in Ihrer Buch(Fach)handlung oder beim
Verlag Eugen Ulmer
Postfach 700561, 7000 Stuttgart 70

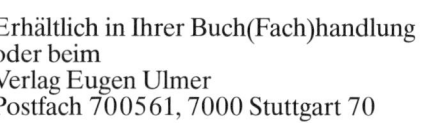